应用型本科高校创新创业的教育机能与实践范式研究

倪 杰 吴远征 / 编著

中国矿业大学出版社
· 徐州 ·

图书在版编目(CIP)数据

应用型本科高校创新创业的教育机能与实践范式研究/倪杰,吴远征编著. —徐州:中国矿业大学出版社,2022.12

ISBN 978-7-5646-5585-3

Ⅰ. ①应… Ⅱ. ①倪… ②吴… Ⅲ. ①高等学校—创造教育—研究—中国 Ⅳ. ①G640

中国版本图书馆 CIP 数据核字(2022)第 207002 号

书　　名 应用型本科高校创新创业的教育机能与实践范式研究
编　　著 倪　杰　吴远征
责任编辑 万士才　孙　浩
出版发行 中国矿业大学出版社有限责任公司
(江苏省徐州市解放南路　邮编 221008)
营销热线 (0516)83885370　83884103
出版服务 (0516)83995789　83884920
网　　址 http://www.cumtp.com　**E-mail**:cumtpvip@cumtp.com
印　　刷 徐州中矿大印发科技有限公司
开　　本 787 mm×1092 mm　1/16　**印张** 12.5　**字数** 304 千字
版次印次 2022 年 12 月第 1 版　2022 年 12 月第 1 次印刷
定　　价 49.00 元

前　言

今天的中国，比历史上任何时候都更接近中华民族伟大复兴目标的实现，比以往任何时候都更迫切需要有理想、有本领、有担当的青春力量。创新创业教育作为高校人才培养模式的新探索，是高等教育主动适应、积极回应时代呼唤的重大举措，将直接影响甚至引领未来世界高等教育的发展。党的十八大以来，习近平总书记多次做出重要指示，强调要加快教育体制改革，注重培养学生创新精神，造就规模宏大、富有创新精神、敢于承担风险的创新创业人才队伍。党的十九大报告指出，"创新是引领发展的第一动力，是建设现代化经济体系的战略支撑"。主动适应经济发展新常态，推进教学、科研、实践紧密结合，培养学生的创新精神、创新意识和创业能力是创新创业教育的核心。党的十九届五中全会提出，要"强化就业优先政策，建设高质量教育体系"，对创新创业教育提出了更高的要求，需要在原有的教育主体、教育内容、教育程序和教育评价的基础上进一步深化创新创业教育改革，建设高质量创新创业教育体系，培养德智体美劳全面发展的社会主义建设者和接班人，更好地服务高质量发展和现代化建设。

作为新时代我国高等教育的重要组成部分，应用型本科高校在我国高等教育序列中占据着重要位置，应用型本科高校创新创业教育能否适应新时代对创新创业人才的要求，既是高等教育改革能否顺利进行的关键问题，更将对国家创新驱动发展战略、人才驱动战略，建设创新型国家产生重要影响。应用型本科高校开展创新创业教育，是深化高等教育教学改革，培养学生创新精神和实践能力的重要途径；是落实以创业带动就业，促进高校毕业生充分就业的重要措施。应用型本科高校开展创新创业教育，既要重视创新创业教育理论内涵的研究，对应用型本科人才创新创业能力的构成体系及与之相对应的创新创业教育的构成体系进行深入研究，更要在充分调研创新创业教育发展现状和问题的基础上，对现阶段应用型本科高校创新创业教育涉及的师资建设、课程体系建设、实践基地建设、运行机制和管理体系等进行深入研究。同时，关注政策扶持、企业参与和高校软硬件资源共享等机制的建设，促进创新创业教育的高质量提升。

本书在对应用型本科高校创新创业教育的理论研究和发展实践进行综述的基础上，调研了应用型本科高校创新创业教育发展的现状和存在的问题。基于系统协同发展的理念，围绕“多主体、全过程、一体化和高质量提升”的逻辑框架，以应用型本科高校大学生创新创业能力体系的提升为目标，构建了应用型本科高校创新创业教育的理论体系、内容体系和管理体系。在对应用型本科高校创新创业教育的内容体系和管理体系进行分析的基础上，针对发展的现状和存在的问题提出了基于多维动态创新模型的创新创业教育的提升策略。同时，对创新创业教育成效的典型实践案例进行了系统分析，进一步增加了应用型本科高校创新创业教育理论体系的实践针对性。本书围绕创新创业教育的理论体系构建、内容体系深化、管理机制创新和实践案例研究等进行了专题研究。

（1）创新创业教育的理论体系研究。在对我国创新创业教育的发展现状和问题进行分析的基础上，结合创新创业教育的理论基础，构建了与高级应用型人才创新创业能力相对应的创新创业教育体系，实现了能力体系与教育体系的逻辑关联。大学生的创新创业能力涵盖了创新创业的内驱力、领导力和行动力。与之相对应的创新创业教育体系涵盖了创新创业教育的理论体系，创新创业教育的管理团队、师资队伍和学生群体等的主体体系，创新创业教育课程的内容体系和创新创业教育实践的平台体系等模块。通过对创新创业教育体系的科学化、规范化、系统化设计与实施，促进应用型人才创新意识和创业能力的综合提升。

（2）创新创业教育的内容体系建设，涵盖了应用型本科高校创新创业教育开展涉及的师资队伍建设、课程体系建设、实践基地建设等关键内容。

① 针对师资队伍建设在教育理念、师资来源、行业专业性、师资结构、评价机制等方面存在的问题，从政府、高校和教师三个层面，构建涵盖创新创业教育师资队伍“制度设计、执行控制、质量监督、评价反馈、优化提升”等五个维度的质量保障体系。② 建立多层次、立体化的涵盖公共课程、专创结合课程和科学人文辅助课程的创新创业教育课程体系，采用灵活多样的教学方法，强化课程实施的全过程评价，提升课程实施的效果。③ 创新创业实践基地是学生提升创新创业能力和创新创业项目成功孵化的大门和窗口。通过对创新创业实践基地建设的硬件设施、导师队伍、学生队伍和管理体系等四个方面的建设情况进行概要分析，立足应用型本科高校实践基地建设的本地化战略，形成本地企业推动高校实践基地建设，高校反哺本地企业发展的良好局面。

（3）创新创业教育的管理体系建设，涵盖了创新创业教育的运行机制分析、管理体系设计以及校际联盟共享的服务体系建设。① 运行机制研究方面，充分考虑了主体维度的基础支撑作用、驱动维度的高质量推动作用和过程维度的内容深化作用，构建了涵盖管理机制、服务机制、激励机制和评价机制“四位一体”的运行机制。② 管理体系研究方面，从创新创业教育主体的层次维度、运行管理客体的领域维度和创新创业教育的过程维度三个维度构建创新创业教育的“三维金字塔体系”，提升创新创业教育的内涵建设与运行管理。③ 校际联盟管理体系方面，提出“双钻石”联盟管理模型，涵盖了应用型本科高校联盟机制、创新创业实践联盟管理机制、对外合作机制、评估机制以及外部的资金环境资源和政策环境资源，旨在及时有效地解决各高校联盟成员在合作引导大学生创新创业实践时遇到的难题，实现资源齐分享、难题共分担的管理服务宗旨。

（4）创新创业教育的实践案例研究。将金陵科技学院开展创新创业教育实践的教育理念、制度扶持、课程体系设计、师资队伍建设、支撑平台建设等方面进行了专题汇总，进一步对学校通过专业整合、人才培养模式转变、政产学研合作、知识产权保护、提升学生创新创业能力和服务地方产业发展等方面提出了一系列针对性措施，取得了一定的成效。结合作者指导学生参加创新创业竞赛和大学生创新创业训练计划的项目案例，对涉及“互联网+视角”的南京云之印有限责任公司项目实践案例和生态经济视角的“换然益心”环保科技有限公司项目实践案例的创新创业项目进行了案例分享。

在对应用型本科高校创新创业教育的理论和实践体系的研究过程中，本书在理论体系、内容体系、管理机制、战略联盟（实践研究）等方面进行了以下创新性探索：

(1) 理论体系创新方面，构建了与高级应用型人才创新创业能力相对应的创新创业教育体系，实现了创新创业教育体系与创新创业能力体系的关联。大学生的创新创业能力涵盖了创新创业的内驱力、领导力和行动力。与之相对应的创新创业教育体系涵盖了创新创业教育的理论体系，创新创业教育的管理团队、师资队伍和学生群体等的多维主体体系，创新创业教育课程的内容体系和创新创业教育实践的平台体系等模块。通过对创新创业教育体系的科学化、规范化、系统化的设计与实施，为应用型人才创新意识和创业能力的提升提供了理论和实践支撑。

(2) 内容体系创新方面，从政府、高校和教师三个层面构建了涵盖创新创业教育师资队伍全过程的“制度设计、执行控制、质量监督、评价反馈、优化提升”等五个维度的质量保障体系。同时，充分考虑质量保障体系的可持续性和动态性，基于全面质量管理的 PDCA 循环理论指导创新创业教育师资队伍建设的全过程，实现了师资队伍建设的多层次相互协调、循环递进螺旋上升。

(3) 管理机制创新方面，构建创新创业教育运行管理的三维金字塔体系结构，对创新创业教育主体的层次维度、运行管理客体的领域维度和创新创业教育的过程维度三个维度进行了系统分析。该体系充分考虑了创新创业教育开展过程中主体维度的基础支撑作用、驱动维度目标导向下的高质量推动作用、过程维度的内容深化作用、运行机制维度的“四位一体”提升作用。

(4) 战略联盟（实践研究）创新方面，鉴于大学生创新创业实践联盟能够将参与高校的优势放大，针对应用型本科高校联盟就大学生创新创业实践合作管理提出“双钻石”联盟管理模型，涵盖了应用型本科高校联盟机制、创新创业实践联盟管理机制、对外合作机制、评估机制以及外部的资金环境资源和政策环境资源。通过“互联网＋应用型高校联盟创新创业服务管理”模型，为进一步推动应用型本科高校联盟在大学生创新创业活动方面真正实现“开放共享、跨界融合、互联互通、颠覆性创新”，做出了突破性尝试。

本书是在教育部教育综合改革重大课题研究项目《地方普通本科高校人才培养与就业联动机制研究》（项目编号：17JGWT0005）、江苏省高等教育教学改革研究重点项目《应用型本科高校新文科创新创业教育多维融合体系的研究与实践》（项目编号：2021JSJG147）和江苏省教育科学“十四五”规划2021年度课题《应用型本科高校创新创业教育思创融合育人模式的研究与实践》（项目编号：D/2021/01/85）部分研究成果及前期研究成果的基础上修改、完善而来，得到了金陵科技学院商学院“十四五”江苏省重点学科工商管理学科的资助。

鉴于本书作者所在单位金陵科技学院是教育部应用科技大学改革试点战略研究单位、中国应用技术大学（学院）联盟创始单位、长三角地区应用型本科高校联盟主席单位，部分内容案例以我校开展创新创业教育的教学实践为基础，围绕研究主题深化展开。本书由金陵科技学院倪杰教授和吴远征老师设计本书的总体框架和各章节的具体内容，对全书进行统稿和详细修改并承担了部分章节的编写。参加编写和资料搜集的人员还有庞海燕、吴学松、朱骅、沈皆希、韦佳、申瑞等老师。同时，在本书撰写期间，正值本书作者吴远征老师参加学校的访学项目，得到了导师南京农业大学经济管理学院朱战国教授的指导，对本书研究框架和内容提出了诸多建设性修改意见。

本书具体编写分工如下：

第一章　创新创业教育的发展现状及问题分析　吴远征、吴学松

第二章　应用型本科大学生创新创业能力的构成体系　倪杰、庞海燕

第三章　应用型本科高校创新创业教育的构成体系　韦佳、倪杰

第四章　应用型本科高校创新创业教育的师资队伍建设　朱骅、庞海燕

第五章　应用型本科高校创新创业教育的课程体系建设　吴远征、韦佳

第六章　应用型本科高校创新创业教育的实践基地建设　朱骅、沈皆希

第七章　应用型本科高校创新创业教育的运行机制　申瑞、倪杰

第八章　应用型本科高校创新创业教育的管理体系　申瑞、倪杰

第九章　应用型本科高校联盟创新创业教育的管理机制　沈皆希、吴远征

第十章　应用型本科高校创新创业教育的实践案例　朱骅、吴远征

创新创业教育是一个多主体、全过程、一体化和高质量提升的系统过程，我国创新创业教育在理论体系建设、师资队伍建设、课程体系建设、实践基地建设、运行机制建设和组织管理体系建设等方面的研究都取得了一些富有价值的成果，但创新创业教育，特别是应用型本科高校的创新创业教育研究与实践仍然任重道远。鉴于本书作者的专业限制以及理论功底等存在诸多不足，尽管本书在写作过程中查阅了大量文献并到部分院校、专业进行了实地调研，但研究内容还存在诸多不足之处，许多问题还需要进一步深入探讨，希望各位专家、学者、同行对本书的不足之处提出宝贵的意见和建议。我们将以本书作为一个新的起点，重新出发，与国内外同行、学者相互学习交流，以期取得更有意义的理论和实践研究成果。

目　录

第一篇　理论体系篇

第二篇　内容体系篇

第三篇　管理机制篇

第四篇　实践研究篇

第一篇

理论体系篇

第一章　创新创业教育的发展现状及问题分析

第一节　创新创业教育开展的背景和意义

一、创新创业教育开展的背景

当前世界经济发展进入转型期，我国经济发展进入新常态，社会经济下行压力加大，经济增长放缓，如何激发经济发展新动能已成为时下经济发展的最大关注点。创新创业是一个国家或地区经济增长的核心动力，创新创业能够推动经济发展、产业升级以及经济结构的转型升级，同时创造就业，推动社会科技进步。创新创业是促进一个国家经济增长的催化剂，而创新创业精神更是实现当今经济活力和地区竞争力的决定性因素。创新创业教育对于促进学生全面发展、推动大学生就业、提高高等教育质量、服务创新型国家建设等方面均具有重要的作用。我国的经济社会发展处于转型期，产业结构处于调整期，全面培养大学生的创新创业精神不仅是经济社会发展的内在要求，更是推动我国经济高质量发展的重要历史使命。

创新创业是经济发展的重要驱动力。目前，研究已经证明创新创业可以提高生产率和生产质量，进而对经济发展具有积极贡献。创新创业教育还应该让学生将创新创业作为一种可行的职业选择。创新创业教育在塑造人的态度、提升个人技能以及促进文化形成等方面起到了非常重要的作用。虽然创新创业教育被认为是创新创业行为中一种重要的投入要素，其产生的实际影响却鲜为人知。同时，对创新创业教育的研究，特别是对中国教育情境下创新创业教育的研究，目前还没有创新创业影响机制和影响程度等方面可靠的实证研究结果。

当今世界正面临着经济全球化、“互联网＋”时代以及知识与创新经济发展的三大趋势。在这个大背景下，如何培养大学生创新创业意识和能力、激发大学生的创新创业活力变得十分重要。创新创业教育被认为是培养和发展年轻一代创新创业激情、创新创业精神以及创新创业行为的重要方式之一。大学生在促进经济发展方面扮演了很重要的角色。研究表明,大学生创新创业更容易成功,大学生创办或参与创办的企业发展前景更好。通过将知识转变为社会价值,大学生创新创业已经成为社会经济发展的动力之一。因此,各国政府开始高度关注潜在大学生创新创业者的能力和发展。创新创业是世界发展大势所趋,是国家发展动力之源,加强创新创业教育是高等教育的时代使命,因此,了解影响学生创新创业意向的因素及路径至关重要。创新创业教育也是高校实现人才培养、科学研究与服务社会功能的重要途径之一。高校必须面向未来、积极谋划,实现创新创业实践与推进产业变革的良性互动。在我国,创新创业教育起步较晚。近年来,国家陆续颁布了多项相关政策以促进创新创业教育的开展,创新创业教育改革已经取得显著成效。然而,我国的创新创业教育发展较西方发达国家还有着不小的差距。与美国、日本等国家完备的创新创业教育体系、先进的教育理念和创新创业条件相比,我国的创新创业教育仍处于起步阶段。面对新形势,中国要将创新驱动发展作为解决发展问题的优先战略,将创新创业人才培养作为推动国家发展、民族振兴的重要支撑。

在我国大力开展创新创业教育意义深远。创新创业教育已经成为国家发展素质教育的新突破,成为高等教育人才培养模式的新探索,成为大学生企业家精神塑造、创新型人才培养的新平台,为创新型国家建设提供了强大的人才和智力支撑。应用型本科高校与地方经济、社会发展有着天然联系,为地方经济、社会发展提供人才和智力支持,有着不可替代的重要意义。因其数量众多、分布广泛、办学模式多元等特点,正成为推动"大众创业、万众创新"的重要力量。应用型人才教育作为我国高等教育由精英教育向大众教育转变的产物,更加重视学生实践能力的培养,而创新创业教育更侧重于学生实践能力的培养。我们要把创新创业教育贯穿于应用型人才培养的全过程,让创新的基因根植于学生的学习与发展中,培养与造就更多适应和引领创新发展的高级应用型人才。目前,我国高等院校创新创业教育已经在大胆尝试与创新中完成了从无到有的初级目标,未来就要看创新创业教育能为国家、社会、高等教育和广大学生创造何种新的价值。当前,创新创业教育已完成国家层面的顶层设计,相关研究不断深入。在进一步探究创新创业教育对学生创新意识和创业能力培养的影响机制时,应当厘清应用型人才的能力需求体系及与之对应的创新创业教育的构成体系之间的逻辑关系,对创新创业教育的构成体系进行深化研究,促进创新创业教育质量的提升。

二、创新创业教育开展的意义

1. 推动创新型国家建设的需要

创新是一个民族进步的灵魂，是一个国家兴旺发达的不竭动力。一个拥有创新能力和大量高素质人力资源的国家，将具备发展知识经济的巨大潜力；一个缺少雄厚科学储备和创新能力的国家将失去知识经济带来的机遇。21 世纪的竞争是经济和综合国力的竞争，实际是科技和教育的竞争，归根到底是高素质人才的竞争。高校是人才培养的摇篮，培养和造就基础宽厚、富有创新精神、能够应付未来社会发展和挑战的人才，是各类高校在教育创新中担负的首要任务。大力培养大学生创新创业能力是建立高校创新体系的关键环节和基础内容，能有效地支持和推动国家创新体系的建立，对建设创新型国家也会起到积极的作用。

大力推进高校创新创业教育是高校对我国建设创新型国家战略的主动回应。党的十八大报告提出，要“实施创新驱动发展战略”，党的十九大报告进一步提出，要“建设知识型、技能型、创新型劳动者大军”“促进我国产业迈向全球价值链中高端”。建设创新型国家，其中的关键就是拥有人才，拥有具备创新创业精神的人才。高校创新创业教育正是为国家培养和输送综合素质过硬的创新创业型人才的重要途径。它会最大限度地激发和培育学生的创造性思维、创新创业潜能、创新创业精神与创新创业能力，提升大学生的创新创业综合素质。通过实施高校创新创业教育，为国家培育出具备创造力和实践力的创新创业人才，促进自主创新能力的提升，进而有利于创新型国家的建设。

党的十九大报告中指出，要“加快建设创新型国家”“鼓励创业带动就业”“提供全方位公共就业服务，促进高校毕业生等青年群体、农民工多渠道就业创业”。推动大学生创新创业工作，不仅是推动创新驱动、解决大学生就业创业问题的手段，更是增强市场发展活力、吸引和留住人才的重要手段，因此提升高校创新创业教育质量显得日益迫切。推进高校的创新创业教育建设，能够激发大学生的自主创新创业意识，培养他们的创新创业能力，提升他们的创新创业综合素质；积极转变学生的就业观念，把就业的强大压力转化为创新创业的强大动力。就此，既充分提高了学生的竞争力，又大大缓解了社会强大的就业压力，缓解了劳动力过于饱和与社会岗位需求不足之间的矛盾，有利于经济社会的长期稳定发展。

2. 适应社会主义市场经济发展的需要

随着市场经济的发展，城乡产业结构将依据市场的不断变化进行相应的调整，从而带来劳动力的转移和职业岗位的转换。新时代高级应用型人才不仅需要具备新技术、新工艺的实施以及新产品的开发和创造能力，还必须具备创新创业能力。因此，不断加强大学生创新创业能力的培养正是适应了社会主义市场经济对人才培养的要求，同时也能促进高等教育自身的改革与发展。

一方面，在就业市场中，某种程度上存在人才供过于求的现象，就业越来越难，就业机会的不足带来了严重的就业问题。为响应党的十八大提出的“以创新创业带动就业”的号召，高校通过创新创业教育的开展引导学生树立创新创业意识，改变就业观念，为解决社会就业问题发挥着举足轻重的作用。另一方面，人才竞争在当前国际竞争中起着关键作用。现代化的社会对人才提出了更高的要求，创新创业教育在提升高校学生创新创业知识与能力、创新思维培养、创新创业品质与创新创业心理的塑造等方面具有独到的作用。

3. 缓解不断扩大的社会就业压力的需要

大力推进高校创新创业教育是高校主动应对当前就业压力大、就业形势严峻的表现。我国社会经济发展日益良好，国民素质的提升越来越受重视，高等教育的普遍化、大众化已经成为我国教育发展的大趋势。随之而来的问题就是大学毕业生人数逐年递增，毕业生总量逐步增大(见图 1-1)。2001 年，我国普通高校毕业生只有 103.6 万人，2003 年是中国高校扩招后本科学生毕业的第一年，高校毕业生达 187.7 万人，大学生就业遇到了前所未有的压力。2008 年我国普通高校毕业生就突破 500 万大关，达 511.9 万人，2020 年超过 797 万人，2021 年更是高达 909 万人。虽然毕业生数量增幅较大，但社会整体就业岗位没有明显增加的趋势，在国内外环境不确定因素增多的情况下，大学生就业问题日益严峻。

当前，造成大学生就业难的原因主要有以下四个方面：

第一，受传统观念的影响，多数大学生依然希望选择体制内的工作，如政府机关、事业单位、国有企业。因为总体而言，在这些部门就业，稳定性相对较高，收入相对稳定，对于大学生来说也有较好的个人发展空间。

第二，当前我国各地区发展差异较大，特别是东部地区与西部地区发展差异较大，而大学生大多依然热衷于选择发达地区的城市作为就业地，而这些地区的人才相对饱和，这也是造成大学生就业难的原因之一。

第三，当前，吸纳就业者能力较强的企业，总体上对知识和素质要求相对较低，很多工作岗位对劳动者的技能水平要求不高，这在一定程度上冲击了大学生的就业机会。

第四，就业需求不足。从社会对就业岗位的需求角度看，我国的就业弹性总体上呈现逐年下降的趋势，经济增长对就业增长的贡献越来越弱。在 20 世纪 80 年代，我国国内生产总值每增加 1%，平均可以增加 200 万个就业机会；进入 90 年代，经济每增长 1%，仅能提供约 80 万个就业机会。进入新世纪，我国的经济年均增长率虽然较高，这固然代表着我国经济的繁荣，但就业需求的增长极其缓慢，无法满足上述巨大的就业供给数量。

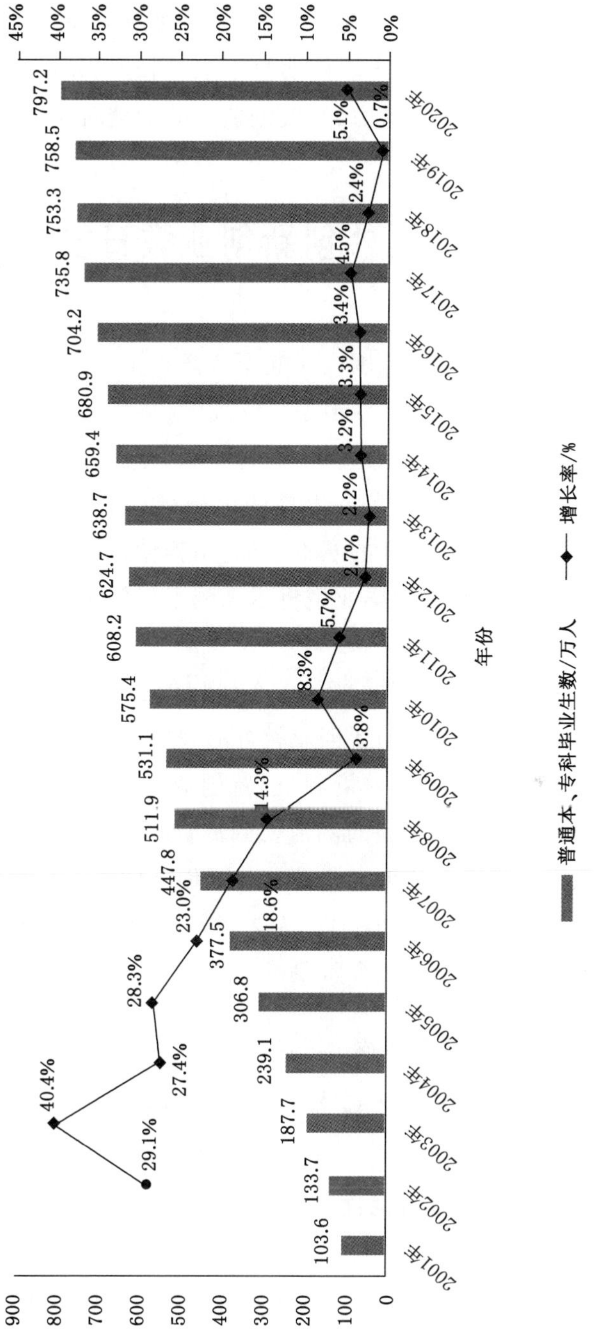

图1-1　2001—2020年高校毕业生人数及增长率

面对日趋严峻的就业形势，在大学生中开展创新创业教育，树立大学生正确的职业理想和择业观念，开发创造性思维，提高综合素质和创新创业能力，对于大学生参与社会竞争，具有很强的现实意义。高校毕业生大多在20～25岁之间，这个年龄的人具有强烈的求知欲和好奇心，能够独立地、有主见地处理自己的事情，逐渐摆脱对父母的依赖心理，社会责任感和道德感明显增强，同时又处在人生的重大转折和突变时期，有很大的可塑性，是开发潜力、发展创造力的最佳时期。

第二节　国外创新创业教育发展趋势

创新创业教育已经在世界范围内引起了广泛重视。1998年10月，联合国教育科学及文化组织（简称“联合国教科文组织”）在巴黎举行主题为“21世纪的高等教育：展望与行动”的世界高等教育大会，最后通过了《21世纪的高等教育：展望与行动》大会宣言以及配套的《高等教育改革和发展的优先行动框架》，强调必须把培养创业技能和创新创业精神作为高等教育的基本目标，培养创新创业技能与主动精神，应成为高等教育主要关心的问题，因为毕业生将越来越不仅仅是求职者，而将成为工作岗位的创造者。

美国创新创业教育具有悠久的历史，在课程设置、教学途径和方式、教学保障体系及教学成效等方面堪称世界创新创业教育的表率。美国创新创业型大学在组织构建、制度支持、资金支持、技术转移机制、创新创业文化构建、服务社会发展和经济建设等方面引领世界各国大学发展的潮流。因此，研究美国高等学校创新创业教育及其影响具有重要的理论意义和现实意义。美国创新创业教育已有多年的历史，“创新创业”和“创新创业者”概念的出现则更为久远。这里将美国创新创业教育一路走来的历程划分为萌芽、发展、完善三个阶段。

一、创新创业教育的萌芽阶段

19世纪初的美国仍然是一个典型的农业国，1816年，美国政府颁布第一个保护关税法案以保护国内工业，由此促进了美国工业的快速发展。W. W. 罗斯托（W. W. Rostow）认为，美国经济曾有过两次“起飞”：一次是在1815—1850年间，以新英格兰地区的棉纺织业大发展为代表；另一次是在1843—1870年间，是所谓的“北方工业起飞”，以铁路修建、重工业发展为代表。两次经济大发展使美国工业化逐步走向成熟，从一个农村化的国家变成了城市化的国家，机器代替了手工，产品大量增加。

1876年，一度担任美国经济学会主席的弗朗西斯·沃克（Francis Wallker）出版了著作《工资问题：论工资和工资阶级》，首次提出“创新创业者”概念。1884年，在其著作《政治经济学》中，他进一步阐释了“创新创业者模型”，创新创业教育从此逐步走进人们的视野。从提出“创新创业者”概念到开始实施创新创业教育的70多年时间里，美国社会、政治、经济跌宕起伏：社会生活方面，南北冲突结束，黑奴获得解放，西进运动还未结束；政治方面，两次世界大战给人类带来了灾难，但美国充分利用这个机会奠定了自己在世界的霸主地位；经济生活方面，国家鼓励创新，支持竞争，成立了专利局，通过了反托拉斯法、证券法、公司法等。虽然1929年开始的大萧条给很多美国人带来了恐慌，但“罗斯福新政”采取了系列救援措施（包括实行紧急银行法案、颁布农场信贷法案等）、复苏措施（实施美元贬值和金融收购计划、通过住宅法案等）、改革措施（颁布社会保险法、设立证券与交易委员会和联邦通讯委员会等），使美国经济得以恢复并重新走向繁荣。

总体上看，从19世纪末到20世纪50年代是美国教育的大扩张时期。1785年，联邦国会在《西北土地法令》中要求，西北地区新建的城镇须留出一个地段来办教育。这是联邦政府借助立法的手段支持教育的开始。1862年，联邦政府颁布《莫里尔法案》，将1 743万英亩的联邦土地赠送给了各州，建立了69所赠地学院，用来发展农业和工业教育，这有力地促进了中西部大量赠地大学的发展；1887年，联邦政府又颁布了《海琪法》，为赠地学院的应用科学研究提供经费；1914年，国会通过《史密斯—莱沃法》，拨款资助在人民中传播有关农业和家政的实用信息，并且鼓励对这些信息的利用。到19世纪末至20世纪初，美国基本确立了普及初等教育制度，美国48个州均颁布了义务教育法，全面实现了普及教育的理想。正是这样一个视教育为立国之本、视发展经济为强国之路的社会为创新创业教育提供了产生和成长的环境。1915年，F. W. 陶西格(F. W. Taussig)出版《经济学原理》一书，讨论了创新创业者的创新及创造财富，该书提出的观点成为美国学者解释“创新创业”的基础。1921年弗兰克·奈特(Frank Knight)出版《风险、不确定性与利润》，全面阐述了美国模式的创新创业程序和过程。同时，还有众多学者关注以研究发明家或某些天才人物个性为中心的创新教育，密切关注创造能力的培养。1921年，斯坦福大学教授L. M. 特曼(L. M. Terman)提出创造力与智力呈非正相关性；1938年，A. F. 奥斯本(A. F. Osborn)发明“头脑风暴法”(brain storming)，在IBM公司举办创造性工程培训班。1941年，美国参议院举行特别会议研究美国小型企业的问题，会议报告提出在二战期间及之后保护和发展小型企业，包括利用大学资源培植小型企业。1945年，鲁道夫·威斯曼(Rudolph Weissman)出版《小型企业与风险资本》，讨论小型企业的重要性。1946年，熊彼特和亚瑟·克尔(Schumpeter & Arthur Cole)在哈佛大学成立了创新创业历史研究中心。在社会背景、经济条件及教育环境都指向创业家需求的情况下，迈尔斯·梅斯(Myles Mace)于1947年2月在哈佛大学开设“新企业的管理”课程，美国创新创业教育由此诞生。

二、创新创业教育的发展阶段

在经历“大萧条”和“罗斯福新政”之后，美国人民认识到国家机器干预经济、调节市场的重要意义。之前，美国的石油、铁路运输、钢材、金融等市场都被大公司控制，美国60%的财富掌握在2%的富豪手中。尤其不能容忍的是，大型公司通过垄断优势对多个行业形成了绝对控制，剥夺了后进入者平等竞争的机会，进而影响了社会公平，阻碍了小企业的发展，严重威胁着小企业的生存。为消除垄断，鼓励竞争，特别是扶植小型企业发展经济，1953年7月，美国国会通过了《小企业法》并成立了“小型企业管理局”，以尽可能地帮助、劝导、扶持和保护小企业，保护自由竞争，保证国家经济的健康发展。

这一时期，学界纷纷从理论及实践视角关注创业、创造、创新。1948年，麻省理工学院开设“创造性开发”课程，将其列入大学教学内容；1949年，A. F. 奥斯本在布法罗大学开办了“创造性思考”夜校；之后，哈佛大学、加利福尼亚大学等著名大学以及许多军事院校等，也都相继开设了有关创新创业、创造活动的训练课程。20世纪50年代以后，美国著名教育家、心理学家科南特、里科福、布鲁纳等人在美国中小学提倡培养学生的创造性思维，特别是求异思维、逆向思维。在高等教育领域，政府大力提倡高等院校与企业的合作。

尽管如此，由于第二次世界大战后到20世纪70年代美国大工业时代经济的高速增长，大公司的繁荣遏制或削弱了小公司发展壮大的机会，也制约了创新创业教育的快速成长。所以，直到1970年提供创新创业教育课程的学校仅有16所。1973年，中东石油危机引发了战后最严重的世界性经济衰退，世界各国相继出现大批企业倒闭、大量工人失业的现象。面对失业与通货膨胀并存的“滞胀”危机，人们从“凯恩斯主义”转而信奉新自由主义市场经济。在此背景下，美国国会或政府出台了一系列法律法规，从以前的扩张性经济政策即通过增加需求促进经济增长转向竭力扶持小型企业。1981年，《经济复兴税法》将与小企业密切相关的个人所得税降低了25%，《小企业创新发展法》鼓励小企业的创新与发展。政府的推动卓有成效，美国小企业的数量大幅度增加，由1947年的806万家上升到1985年的1 500多万家，80%以上新就业机会由新建企业创造。一方面，由于政府高度重视小型企业的发展，这大大提升了小型企业的地位，从而刺激了市场对创新创业人才的需求。另一方面，由于中小企业更能灵活应对市场，加之以比尔·盖茨为代表的众大学生（摩尔、艾伦、休利特、安德森、戴尔等人）创新创业者利用风险投资创造经济奇迹，这些创新创业者掀起的“创新创业革命”，使创新创业教育逐步从边沿走向中心。与创新创业教育、培养创新创业者、发展小型企业等相关的教材、专著、学术研究期刊、基金会等相继产生。到20世纪90年代初，美国多所高等院校开设了创新创业教育课程，并且逐步形成了一套比较科学、完善的创新创业教育教学、研究体系，许多学校还开设了创新创业专业，将大学生的创新创业精神与创新创业能力纳入高等教育质量评价体系。

三、创新创业教育的完善阶段

随着经济全球化及知识经济时代的到来，全球竞争加剧，产品生命周期缩短，不确定性增加，技术创新及管理创新等因素日益上升为决定企业成败的关键因素。这些时代特点对创新创业者提出了更大的挑战。为了企业的生存和发展，创新创业者必须具备在动态复杂的环境中识别机会、把握机会、创造机会的能力。无论是面对市场识别机会、评估风险、把握机会、创办企业的“商学院型”创新创业者，还是利用技术创新、管理创新、创造机会、创办企业的“工程学院型”学术创新创业者，都亟须接受系统的创新创业培训和教育。20 世纪 90 年代以来，美国的创新创业教育进入逐步完善并全面兴起的阶段。主要体现在以下几个方面。

1. 社会关注度和参与度大幅度提升

韦斯伯(Vesper 等，2001)研究发现，开设创新创业教育课程的学校 1968 年有 4 所，1970 年有 16 所，1993 年上升为 370 所 2001 年增至 504 所。调查显示，美国有多达 560 万年龄不到 34 岁的年轻人正积极活跃地尝试创办自己的企业，60%以上的 18～29岁的人说他们想拥有自己的企业；37.6%的大学在本科教育中开设创新创业学课程，23.7%的大学在研究生教育中开设创新创业学课程。温斯洛(Winslow)和所罗门(Solomon)所做的第七次全美创新创业教育项目的调查结果表明，142 所大学把创新创业教育列为专业领域，其中 49 所授予创新创业学学位。凯茨(Katz)研究发现，截至 2003 年，美国有 1 600 多所学校开设 2 200 多门创新创业教育课程，有 277 个创新创业教育捐赠席位，有 44 种关注创新创业及创新创业教育问题的学术和管理期刊，有 100 多个创新创业教育中心。一些著名的杂志，如《成功》《创业者》等非常关注创新创业教育项目，每年对全美创新创业教育项目进行排名。在创新创业教育推广方面，1989 年，联合国教科文组织在北京召开的“面向 21 世纪教育国际研讨会”上正式提出了“创业教育”这一概念，同时，联合国教科文组织亚太地区办事处开展了“提高青少年创业能力的教育联合革新项目”。1989 年底和 1991 年 1 月，分别在曼谷和东京召开的创新创业教育国际研讨会标志着创新创业教育在世界范围内的诞生和崛起。

2. 创新创业教育体系发生转变并逐步完善

创新创业教育从最初只在商学院面向商务专业学生开设的单门课程发展到面向全校所有专业尤其是工程专业学生的课程；从单一课程发展到创新创业计划、辅修、专修、专业、创新创业学士、硕士、博士学位等；创新创业教育涉及的面从商学院的 MBA 发展到小学、中学、职业技术培训院校、高等院校、研究生教育、成人教育、继续教育等；创新创业教育的内容从最初的开办企业的教学发展到创新创业知识、创新创业技能、创新创业意识和创新创业思维的培养。1989 年召开的“面向 21 世纪教育国际研讨会”昭示着把培养学生的事业心、冒险与创新精神作为学校教育目的的新价值取向。1998 年 10 月在联合国教科文组织总部巴黎召开的世界高等教育会议强调，把培养学生的创新创业技能和创新创业精神作为高等教育的基本目标，使毕业生不仅成为求职者，而且逐渐成为工作岗位的创造者。

3. 基本形成完善的支撑体系

创新创业教育的学术支撑有众多创新创业杂志、创新创业研究协会、创新创业研讨会、创新创业计划大赛、创新创业教育及培训机构、创新创业管理和领导组织等。创新创业教育的法律法规支撑有《人力开发与培训法》(1962 年)、《职业教育法》(1963 年)、《就业机会法》(1973 年)、《青年就业与示范教育计划法》(1974 年)、《就业培训合作法》(1983 年)、《工人调整和再训练通知法》(1988 年)、《从学校到工作机会法》(1994 年)等。这些法律结合政府拨款，调动了州、地方政府、私人机构(包括私人企业和社团)的积极性，促进公司发展的同时推动了创新创业教育走向成熟。创新创业教育的资金支撑体系除各学校每年设立创新创业专项扶植基金外，还有一些社会组织，如美国考夫曼基金会。

总之，美国创新创业教育历经多年的发展，在社会政治、经济、文化因素的互动与影响下，现在已基本成熟。20 世纪 90 年代以来，创新创业教育的课程、捐赠席位、创新创业教育中心及创新创业教育出版物每 3—5 年翻一番。从经历时间及发展状况来看，我们有理由认为创新创业教育已经处于生命周期中的成熟阶段。

4. 美国创新创业型大学的兴起

传统观点认为，大学主要追求两个目标——知识的传递和知识的创造。而如今时代的发展赋予了大学新的使命。在经济全球化背景下，知识被普遍认为是除了劳动力、土地、资本之外的又一生产要素，并逐渐成为主要的竞争优势。日趋激烈的竞争迫使各个地区重新考虑并调整自己的经济发展路径，努力寻求各种途径创建和发展基于技术的创新公司，于是，大学从传统的脱离现实社会、远离生活之外的“象牙塔”逐渐走向社会生活的中心，逐步调整自己的目标和使命，通过提供创新创业教育课程、重视贴近生活的应用型科学研究、重视技术创新和将创新的技术商业化，努力承载“第三使命”，更直接地为社会和经济发展做出贡献。

在强大的社会经济发展需求的驱动下，大学的存在与提供就业岗位和基于技术的衍生企业逐步相关，大学所传授的知识适应地方经济发展的实用性与“不以学问为目的”的学术卓越性逐步融合。对于大学转型的这个过程，人们有不同的描述，例如，嘉斯顿认为，这是大学与政府之间社会契约关系的转变；吉本斯认为，这是知识生产模式的转变；雷蒂斯托夫等把这种转型称作新三螺旋模式的出现。更多的学者认为，这是大学创新创业时代的到来。

美国大学传统的研究、教学和服务使命正被重新塑造以回应来自大学内部和外部的推动力量，创新创业型大学的新范式正在涌现——即更直接地介入科学研究活动的商业化，更积极地协助区域经济发展，接纳一种问题驱动和问题解决的课程发展途径。

美国创新创业型大学与众不同的就是它始终有一个明确的定位，即满足内部力量及外部力量的要求，包括尽量满足商务环境及一切扩展延伸的协作关系和所有对大学教育过程感兴趣的要求。这种新的大学范式强调，充满激烈竞争的全球化环境的推动力量正促使人们对大学进行重新评价，一系列新的内部力量和外部力量正导致大学科研、教学及服务使命的连接机制和支持体系的改变。

斯麦勒(Smilor)等认为，大学内部和外部的驱动力量正在改变着大学行政管理及大学运作的结构和过程。其中，外部驱动力量包括：① 美国联邦政府及州政府公共政策的改变，联邦政府和州政府致力于促进技术商业化、鼓励新形式战略联盟的发展、提供多渠道的资金资助；② 州政府和地方政府希望大学承担一定形式的社会责任，作为政府对大学提供资源进行投资的补偿和回报；③ 复杂的、尖端的革命性技术需要大笔资金投入、需要跨学科的参与及新形式的大学与产业的合作；④ 为了赢得全球性竞争，美国产业需要新技术和新人员；⑤ 随着传统资金资助的削减，大学科学研究活动需要多元的资金来源。外部驱动力量同时也影响着大学内部的力量，包括：① 新兴技术领域需要在基础科学研究方面进行复杂的跨学科合作；② 创新创业的教师们希望从他们的技术进步中获得经济利益，他们认为大学与产业的联系是积极正面的，他们希望将理论应用于实践；③ 大学中的优秀人员包括那些高层次的教师和行政管理人员，他们会帮助和支持创新创业教师们；④ 社会需要新型课程帮助人们获得解决创新创业问题、管理技能、环境评估、继续教育以及应对国际事务所必备的条件；⑤ 学生期待在大学教育经历中接触一些更贴近现实的多学科课程。

美国新兴创新创业型大学范式涵盖人们对应用的全新理解和高度重视，如应用研究、问题驱使的科学研究、衍生公司、新技术和新产品、区域经济发展和国家经济发展、就业岗位的创造。大学内部的变化包括新教师创新创业者的出现、获得新的资金资助尤其是来自私有部门的资金资助、新课程的发展、对教师的认同与晋升晋级标准的改变等。事实证明，创新创业型大学的这种范式尤其适用于设有技术中心和科技城的大学，例如，位于加利福尼亚硅谷地区的斯坦福大学、处在马萨诸塞州的麻省理工学院、位于美国纽约特洛伊的伦塞利尔理学院、亚利桑那州立大学菲尼克斯分校、得克萨斯大学奥斯汀分校等。

第三节　创新创业教育在我国的发展

顺应经济社会发展趋势，深化高等教育改革，构建成熟的创新创业教育体系，全面提升人才培养质量，是我国高校必须思考的重要课题。回溯我国高校创新创业教育20余年实践史发现，其从最初个别院校自发实践的零散形态发展到现今上下一致的集体行动，在很大程度上是行政力量主导和国家政策强力驱动的结果。因此，在对近年来各级政府发布的创新创业教育政策文件进行梳理的基础上，对应用型本科高校创新创业教育的研究与实践进行梳理，对于把握应用型本科高校创新创业教育发展的方向和研究动态具有重要的意义。

一、个别建设初创阶段

我国高校创新创业教育的早期实践先于政策存在，以1998年清华大学举办的首届创业计划大赛和同期开设的创新创业教育类课程为初创标志。个别高校开设的创新创业教育课程以创新创业学的“专业式”教育形式开展，面向少数学生群体，尚未成为一种正式的、普及性的教育理念和模式，基本上处于边缘化的位置，尚处于摸索阶段。在政策层面，最早将创新创业教育纳入政策规划的是教育部于1998年末发布的《面向21世纪教育振兴行动计划》，其明确提出“培养造就一批高水平的具有创新能力的人才……加强对教师和学生的创新创业教育，采取措施鼓励他们自主创办高新技术企业”。1999年5月，教育部、中央组织部、人事部等部门联合发布《关于进一步做好1999年普通高等学校毕业生就业工作的意见》，鼓励高校毕业生通过到非国有单位就业或自主创业实现充分就业。

总体上，这一时期的创新创业教育尚处在起步阶段，创新创业教育的实施属于个别院校的自发行为，而非政策推动的结果。专门的创新创业教育政策比较匮乏，创新创业教育缺乏包含具体规范的教育发展战略和政策文件的宏观引导。有关创新创业教育的制度安排刚开始萌芽，零散地内嵌在国家宏观教育政策之中。

二、局部规范化试点阶段

2002年，创新创业教育被正式纳入政府工作计划和政策议程。教育部等部门于2002年2月下发《关于进一步深化普通高等学校毕业生就业制度改革有关问题的意见》，提倡大学生自主择业和创新创业，并予以简化工商和税收等行政审批手续支持。同年4月，普通高等学校“创业教育”试点工作座谈会在北京成功召开，教育部高教司正式发布《创业教育试点工作座谈会纪要》，决定以试点形式有组织地在清华大学、中国人民大学、上海交通大学、北京航空航天大学等九所高校开展创新创业教育。这成为教育部门首次针对创新创业教育做出的专门政策设计和制度安排，标志着创新创业教育由个别院校的自发性实践转向局部性的行政引导行为。2007 年，教育部办公厅印发《大学生职业发展与就业指导课程教学要求》，将创新创业教育纳入高校课程教学计划和学生职业发展与就业指导板块，并就下设的教学目标、内容和方法做出了规定性说明。2009 年，教育部和财政部根据高校本科教学质量与教学改革工程建设要求，发布《教育部财政部关于批准 2008 年度人才培养模式创新实验区建设项目的通知》，认证了 32 个创新创业教育类人才培养模式创新实验区，着力构建高质量、多样化的创新创业人才培养体系。

试点阶段政策的实施标志着创新创业教育走上了制度化实践和规范化发展的轨道，初步形成了多部门共同扶持、联合推进的格局，其内容设计渐趋精细化且更具针对性，涉及教学计划调整、专业化课程教学、教师培训、人才培养体系创新等广泛层面，促成了政府引导与高校实践的互动样态。但由于对创新创业教育的理性认知和实践经验不足，这一时期的创新创业教育政策设计和实践进展相对有限，缺乏对创新教育与创业教育两个概念的有机统整合制度性确认。以创新创业教育为核心焦点，创新教育总体上附属于创业教育，创新创业教育及其政策有待进行科学化、规模化、体系化建构。

三、规模系统化推广阶段

2010 年，在创新型国家建设和以创业带动就业战略驱动下，推广和普及创新创业教育被迅速提上政策议程并上升为国家意志，创新创业教育进入规模系统化推广阶段。2010 年 4 月，教育部发布了《教育部关于成立 2010—2015 年教育部高等学校创业教育指导委员会的通知》，就创新创业教育的理论与实践研究、课程建设、教材建设、教学内容改革、师资培训、实践活动等工作做出政策指示。同年 5 月，教育部下发《教育部关于大力推进高等学校创新创业教育和大学生自主创新创业工作的意见》。其中，创新创业教育作为一种教学理念和模式的属性定位以及面向全体学生、融入人才培养全过程的实施要求被规定下来。该政策是我国高校创新创业教育诞生以来最具全面性的制度设计，标志着创新创业教育开始在政策的有序和强力驱动下向规模系统化推广阶段迈进。

为切实增强学生的创新创业能力，转变高校教育思想观念和人才培养模式，2012 年 2 月教育部印发了《教育部关于做好“本科教学工程”国家级大学生创新创业训练计划实施工作的通知》，在制度层面规定以项目制方式，通过专项资金资助，基于创新训练、创新创业训练和创新创业实践三大模块推行国家级大学生创新创业训练计划（简称“国创计划”）。同年 3 月，教育部发布《教育部关于全面提高高等教育质量的若干意见》，进一步就加强创新创业教育进行了专门规定，提出将创新创业教育贯穿人才培养全过程，开发创新创业类课程，建设实习基地，开展创新创业师资培训并构建教师队伍。8月，教育部办公厅配套印发《普通本科学校创业教育教学基本要求（试行）》，比较系统全面地确定了创新创业知识、理论、方法、意识、精神和责任感等全面发展的教学目标，面向全体、分类施教、结合专业、强化实践等教学原则，课堂教学、课外活动和社会实践相结合的教学方法，知识、能力和精神一体化的教学内容，以及课程开发设置、资源条件保障、教师队伍建设、教学效果评价等统筹推进的教学组织。至此，创新创业教育的综合性、实践性、系统性、个性化等内在特性得以在政策层面彰显。

这一阶段的政策设计从模糊走向清晰，开始面向全体学生，融入人才培养全过程和专业教育，更加体现了综合素质教育的新目标和定位。但需要指出的是，这一时期各级各类高校创新创业教育实施的内生驱力大多不强，部分高校甚至被动地根据政策意志和既定制度进行选择性实施或直接照搬同类院校经验，更加重视规模和结构的建设而缺乏实质性内涵建设，创新创业教育实践与政策要求不相同步。

四、高质量转型升级阶段

2015年，创新创业教育进入国家、高校与社会合力推进的质量提升阶段，国家通过一系列专项政策的制度引导和规制着力深化创新创业教育改革，打造创新创业教育升级版。2015年5月下发的《国务院办公厅关于深化高等学校创新创业教育改革的实施意见》，进一步将创新创业教育提升至国家发展的战略高度，明确了人才培养质量标准、培养机制、课程体系、教学方法和考核方式等改革重点方向。随后，出台的《国务院关于大力推进大众创业万众创新若干政策措施的意见》《国务院关于加快构建大众创业万众创新支撑平台的指导意见》，指出要健全创新创业人才培养与流动机制，加强创新创业知识普及教育，完善创新创业课程设置和导师队伍建设，建立创新创业绩效评价机制，加快发展“互联网＋”创新创业，构建以创新创业链为基础的资金链、产业链、就业链和平台空间相联动的普惠性、立体化、全方位的政策体系。

2016—2017年，教育部启动深化创新创业教育改革示范高校遴选认定工作，先后分两批次公布了200所示范高校名单，以通过示范带动效应推广典型模式和经验，促进创新创业教育改革的纵深推进，全面增强大学生的创新创业能力。2018年下发的《国务院关于推动创新创业高质量发展打造“双创”升级版的意见》，将创新创业教育纳入必修课体系，深化产教融合和实习实训。该政策使创新创业教育作为一项全社会、全链条的改革行动得以推进，致力于通过创新创业环境升级、发展动力升级、创新创业带动就业能力升级、科技创新支撑能力升级、平台服务升级等全方位举措实现高质量发展，将创新创业教育推向了质量建设和革新的发展新阶段。

这一阶段的创新创业教育政策更加突出创新和创业的整合性与一体性，重视创新的基础性地位和作用。通过“大众创业、万众创新”等政府顶层设计，推进政府、高校和社会协同联动的创新创业教育治理体系与运行机制建设，有效保障了创新创业教育的内涵建设和高质量提升，促进了适应国家战略和社会发展需求的创新创业教育体系的高质量发展。

综上，我国创新创业教育的发展经历了行政干预下自上而下、从个别探索到规模化推广的螺旋式递变过程。政策的连续演进既在顶层设计层面为创新创业教育的持续开展与实施提供了战略方向引领和行动策略指南，也在实践层面对高校创新创业教育的推进路径和方式选择产生了宏观的制度性规范和约束效力，为创新创业教育的规范化、普及化和高质量发展提供了有力保障。

第四节　我国大学生创新创业教育取得的成绩

虽然我国大学生创新创业教育起步较晚，至今仅有二十余年的发展历程，但发展迅速，并在实践探索中取得了一定的成效，综合来讲，大学生创新创业教育取得的成就主要体现在以下三个方面。

一、大学生创新创业教育政策体系初步形成

在我国大学生创新创业教育发展的初期，由于受经济社会发展等多方面因素的限制，仅在发达地区开展和尝试，创新创业教育理念还不普及，一些高校还没有重视创新创业教育。随着我国高等院校的大规模扩招，毕业生就业压力逐渐增大，就业形势也日趋严峻，大学生创新创业才逐步得到了国家多个部门的关注和重视。党的十七大报告中第一次提出“以创业带动就业”，党的十八大报告中提出“鼓励多渠道多形式就业，促进创业带动就业，做好以高校毕业生为重点的青年就业工作。加强大学生职业技能培训，提升就业创业能力，增强就业稳定性”，党的十九大报告中提出“要不断激发和保护企业家精神，进一步健全公共服务体系，促进高校毕业生等青年群体多渠道就业创业”，可见党和政府对大学生创新创业教育的高度关注和重视。在“大众创业，万众创新”的时代背景下，国家、社会、高校都积极投身于创新创业教育的探索，学者们对创新创业教育展开研究，关于创新创业教育的科研项目、研究论文、对策报告逐年增多，在质和量上都有了显著的提高。党和国家已然将大学生创新创业教育作为中国特色社会主义现代化建设人才培养的重要方向，不断开展深化创新创业教育领域的综合改革，依托着创新创业政策体系的构建初步形成了鼓励创新创业的良好氛围。数据统计，从 1999 年开始创新创业教育至 2019 年，二十年间国务院及各部

委先后颁布了四十余项政策法规，实现了以政策体系促进和鼓励大学生创新创业的良好态势，初步形成了创新创业教育的基础政策保障体系。例如，党和政府出台了大学生税务减免、“五证合一”、精简企业注册程序、优化风投资金机制、优先转化科技成果等政策，积极为大学生创新创业提供良好的环境；与此同时，高校也不断进行创新创业教育深化改革，多方面综合施策大大提高了大学生的创新创业成功率。综合来看，自从1999年引入创新创业教育以来，国家在政策制定方面初步形成了体系规模，促进了高校创新创业教育的良性有序发展。

二、大学生创新创业教育实践体系初具规模

大学生创新创业教育是理论和实践相结合的教育，实践是创新创业教育的重要环节，加强实践环节能够巩固大学生创新创业知识、激发创新创业活力、提升创新创业实战能力，是将知识转化为实际应用的必经之路。西方发达国家高度重视大学生的创新创业实践，通过多种形式拓展实践路径，引导学生参与实践，提升实践能力。自从创新创业教育引入我国，高校都在积极吸收和借鉴国外创新创业教育实践方面的有益经验，开展大学生创新创业实践体系的探索，至今，大学生创新创业教育实践体系初具规模。首先，国家层面，通过举办各类国家级的创新创业竞赛，提升大学生的创新创业能力，丰富大学生的实践载体。每年由国家和各省市举办的各类创新创业大赛和创新创业交流活动不仅数量多而且学生参与面广。例如，当前国内最具影响力的“互联网＋”大学生创业大赛、“挑战杯”大学生创业计划大赛和“创青春”大学生创业大赛等，已经形成了国家、省、市、校四级竞赛规模体系。截至2019年10月，全国“互联网＋”大学生创业大赛五年来共吸引了全国947万大学生、239万个团队参加比赛，影响大、覆盖广，为大学生提供了多个层次的创新创业实践交流机会。其次，各地方政府、高校也积极开展大学生创新创业实践的探索，成立大学生创业园、创业孵化器、大学生科技创业实践基地、“创客空间”等助力大学生创新创业实践的有效开展，个别地区还充分发挥创业产业园的科技集群优势，为大学生的科技成果转化提供了辐射和支撑，依托创业园区企业的入驻，实现大学生创新创业实践的产、学、研、创有机融合，为大学生创新创业实践营造了优质的环境氛围。此外，部分高校也结合各自校本实际，多渠道、多角度、创新载体鼓励大学生参与各类创新创业实践活动，如为大学生提供创新创业辅导培训，免费的创新创业基地项目孵化，配备校内外创新创业实践指导老师，提供创新创业融资、法律援助、项目咨询等多方面的服务，切实为大学生创新创业实践提供全方位、立体化的支持。总体来看，通过对大学生创新创业教育实践的探索，我国大学生创新创业教育实践体系初具规模，初步形成了国家、社会、高校三级协同联动机制，为大学生创新创业教育实践提供了一定的氛围保证。

三、探索形成了典型性的创新创业教育模式

2002 年 4 月，教育部经过前期调研确定了清华大学、中国人民大学、上海交通大学等九所大学为创新创业教育试点院校，以此来激励高校积极探索创新创业教育模式。历经十余年的发展，我国初步形成了三种比较典型的大学生创新创业教育模式：课程化创新创业教育模式、实践化创新创业教育模式、融合式创新创业教育模式。课程化创新创业教育模式以浙江大学和中国人民大学为代表。课程化创新创业教育模式以大学生创新意识和创业能力培养为重点，以大学生创新创业所需的知识结构和能力需求为出发点，倡导第一课堂和第二课堂相互结合，通过采用创新创业教育讲座和竞赛活动等形式，辅之以创新创业项目的实施和指导，开展大学生创新创业教育。实践化创新创业教育模式以北京航空航天大学和西安交通大学为代表。实践化创新创业教育模式注重大学生创新创业技能的获取，高度重视大学生的创新创业实践，积极鼓励大学生参与创新创业实践，通过大学生创业园、创业孵化器、大学生融资平台，让大学生在创新创业实践中积累经验，提供创新创业融资和相关事务咨询等帮扶，助力大学生成功创新创业。融合式创新创业教育模式以清华大学和上海交通大学为代表。融合式创新创业教育模式既重视理论课程的讲授又重视创新创业实践的重要性。例如，清华大学成立的创新创业学院，由多个部门相互分工合作，在创新创业启蒙课程、教学实施、实践等方面开展创新创业教育，将理论和实践相互融合，有效提升大学生创新创业教育的实效性。当然，除了以上三种典型的创新创业教育模式之外，其他高校也在积极探索，例如，黑龙江大学“融入式”创新创业教育模式、武汉大学“协同育人”创新创业教育模式等。经过二十余年的创新创业教育探索，大学生创业成功率由起初的不足 0.5%，增长到现在的逾 5%，创新创业引导和扶持的效果明显，大学生自主创新创业的积极性有了一定的提升，我国大学生创新创业教育的实效得到了一定的增强。

综上所述，从我国大学生创新创业教育的发展进程和国家对大学生创新创业教育的政策支持来看，如何有效开展好大学生创新创业教育，以及引导和帮扶大学生成功创业已然得到了全社会的重点关注。大学生创新创业教育的历史成就也充分证明，有效的大学生创新创业教育体系和教育模式能够提升大学生创新创业教育的实效。因此，深入分析和了解当代大学生创新创业教育存在的各类问题，结合当代大学生的行为特点和经济社会发展的时代特征，探究适合于当代大学生创新创业教育的有效实施对策是核心与关键。

第五节　我国大学生创新创业教育存在的问题

当前，大学生创新创业教育从整体上看虽然取得了一定的成效，但在大学生创新创业动力、创新创业教育实效、创新创业价值引领、社会支撑等方面还存一些问题，具体来看，主要集中在以下几个方面。

一、大学生创新创业认知能力不足

受长期应试教育模式的影响，我国大学生对创新创业的理论教育和实践活动认识还不充分，高校缺乏对大学生进行系统、全面、专门的教育和训练。大学生普遍存在创新创业兴趣不高、创新创业动机薄弱、创新创业能力不够、创新创业实践参与度不高等问题。

1. 创新创业兴趣不高

一般来说，创新创业内生动力是创新创业精神塑造的逻辑起点，能够激发个体创新创业热情。大学生对创新创业感兴趣的程度受多方面因素影响，创新创业机会和条件的成熟是影响大学生创新创业浓厚兴趣的关键因素，只有资金、物质等硬性条件和创新创业观念、创新创业兴趣等软件条件都具备的情况下，才能衡量创新创业活动的可行性。然而，创新创业兴趣和动力的培养是一个主观性较强的教育活动，需要强化大学生创新创业兴趣和对创新创业的关注度，鼓励他们理性选择创新创业。

2. 创新创业动机薄弱

2021 年高校毕业生人数突破 900 万，毕业生就业压力巨大，国家加大力度为大学生就业创造良好的环境、拓展岗位，鼓励大学生到基层就业，并为此出台了多项促进政策，但是，由于毕业生人数多，大学生就业难成为当前高校亟待解决的现实问题。而创新创业作为缓解大学生就业压力的有效办法已经得到越来越多大学生的青睐和关注。虽然自主创新创业已经成为一部分大学生未来的职业规划与选择，但是相对于高校毕业生群体的庞大基数而言，绝大多数学生还是选择升学考研或者其他就业形式，仅有一小部分的大学生有意愿去尝试创新创业，创新创业动机还略显薄弱。针对大学生创新创业动机薄弱的问题，需要提高大学生创新创业教育的有效性和针对性，打破大学生“铁饭碗”“旱涝保收”等传统就业思想的禁锢，唤醒大学生创新创业动机，激发大学生创新创业热情。

3. 创新创业能力不够

当前，大学生群体在创新创业能力方面还存在不足，对创新创业的认知还停留在创业计划书撰写和理论概念理解层面。大学生成功创新创业需要专业知识、沟通协调能力、团队管理能力、心理承受和规避风险能力、获取社会资源能力、政策知晓和利用能力、把握市场机会的能力和持续学习能力等综合能力。社会整体较低的创新创业成功率也反映出创新创业过程的艰难程度，特别是创新创业核心技术不足方面的问题严重制约了大学生创新创业实践的开展，亟须通过创新创业教育理论和实践课程的开展，提升大学生对创新创业的认知，提升大学生创新创业技能学习的深度和广度，从而提升大学生创新创业成功率。

4. 创新创业实践参与度不高

大学生创新创业课程是理论与实践相结合的课程体系，实践环节在创新创业教育中至关重要，也是决定创新创业成功与否的关键因素。但大部分大学生在大学期间没有参加过创新创业实践活动或仅在指导教师的带领下参加过创新创业实践活动，大学生参加创新创业实践的整体参与度还不高，大部分学生还没有融入学校创新创业氛围中来。大部分学生还对创新创业实践活动持观望态度，担心参加相关的实践活动浪费了时间，影响了学业，忽略了作为第一课堂有益补充的创新创业实践有助于自身更好地掌握理论知识。总体看来，大学生所接触的创新创业理论不应仅仅停留在书本上的知识，而是需要大学生到社会中去体验，去感受，用实践活动去提升理论素养。如果大学生不重视创新创业实践，不能主动地参与到实践中来，势必会导致大学生在创新创业活动中缺乏实战经验，遇到现实的困难和问题时将不能有效解决，最终创新创业失败。

二、大学生创新创业教育实效不显著

高校是开展大学生创新创业教育的主体，从大学生创新创业教育主体维度去发现问题至关重要。高校创新创业课程体系的构建、师资队伍建设等都是影响创新创业教育的关键因素，高校创新创业教育主体功能发挥得好坏直接关系大学生创新创业教育的质量。高校对大学生创新创业教育效果不甚理想，问题主要表现在以下几个方面。

1. 创新创业教育与思想政治教育结合不紧密

我国大学生创新创业教育起步较晚，目前还没有形成专业的理论体系和完备的教育模式。早期关于创新创业教育的理论和教材大都借鉴于思想政治教育学科，大学生创新创业教育同思想政治教育的结合有助于更好地分析创新创业教育的现状，转变大学生创新创业理念。其中理想信念教育是思想政治教育的重要内容，创新精神教育是创新创业的动力之源，这些内容是创新创业教育课程中大学生最希望开展的。当前，大学生创新创业教育与思想政治教育的结合不紧密，效果不理想，一些关乎大学生创新创业精神塑造、能力培养、心理品格等方面的教育内容还不能有效发挥作用，在提升、激励大学生创新创业实践方面的功效不能得到应有的体现。因此，高校应加强创新创业教育与思想政治教育的紧密结合，转变教育思路，充分发挥思想政治教育在创新创业教育中的教育功能。

2. 创新创业教育师资队伍结构失衡

大学生创新创业教育除了科学合理的课程设置和有效的实践模式之外，还需要培养和打造与教育体系相匹配的师资队伍，以此增强创新创业教育的实效。创新创业课教师在大学生创新创业教育中既是引导者，又是主导者，从教育主客体层面来说，与大学生互为主体，共同作用于创新创业教育的实践活动中。大学生创新创业教育对师资要求较高，是多学科交叉融合的教学过程，对创新创业教师理论和实践经验都有一定的要求，只有具备良好的多学科综合理论素养，良好的创新创业实践经验才能对大学生进行有实效的理论指导和项目帮扶。现有创新创业教育师资队伍中，辅导员在开展创新创业训练、创新创业实践管理等方面充当了重要角色，而专职创新创业教师所占比例相对较小，部分学校尚未单独设置专职的创新创业课程导师，专业教育与创新创业教育不能紧密结合，创新创业教育师资队伍建设没有得到足够的重视。

3. 创新创业教育方式方法有待改进

当前，我国高校大部分还是以传统的学科教育模式为基础，以课堂教学为主的单一化教学方法和教学模式会严重挫伤大学生主动接受创新创业教育的积极性，阻碍创新创业教育的实施效果。当前大学生接受创新创业教育的主要方式仍然是课堂讲授，而网络时代的快速发展，新媒体的互联互通也让大学生信息的接收变得更加多元化和多样化，促进了大学生创新创业政策的及时推送和有效宣传，网络媒体宣传在创新创业教育中起到越来越重要的作用，因此，高校亟须强化网络媒体宣传的作用，提升创新创业教育的普及面。同时，一方面，学校可以通过举办“课外科技活动”或“创新创业典型案例宣传”等可操作性强和大学生易接受的方式，开展大学生创新创业教育；另一方面，学校通过多样化的教育载体，提高大学生参加创新创业实践的积极性。

三、大学生创新创业价值观问题突显

创新创业实践是具有价值倾向性的行为活动，随着时代的变迁具有不同的价值内涵。当前处于重要的历史机遇期，受多重因素影响，大学生创新创业的价值取向也发生着微妙的变化。创新创业活动的价值要从社会价值和个人价值两个方面去综合分析，社会层面表现在推进社会进步、促进经济发展、增加社会财富、巩固社会制度等方面；个人层面则表现在实现人生价值、促进个人全面发展、提升自身幸福指数等方面。当前，大学生创新创业教育价值观层面主要存在以下问题。

1. 对创新创业的期望值过高

当前，大学生的创新创业活动大部分起始于大三、大四时期，这一阶段面临工作、升学考研等多重选择，部分大学生对创新创业的回报和期望较高，大部分学生将自主创新创业作为一种改善生活条件、赚大钱、提升社会地位、灵活自由工作的一种捷径，而忽略了大学生创新创业的本质是实现社会理想和个人价值。此外，父母对大学生有较高的期望，大部分家庭对孩子的读书深造付出了一定的辛苦和成本，他们也需要孩子有朝一日能反哺家庭，于是家庭成员所灌输的求职思想间接影响了大学生的创新创业价值取向和评判标准。部分家长希望大学生毕业后进入国企或事业单位或者考取公务员来摆脱偏远落后的农村环境，这种思想也间接影响了大学生的自主创新创业价值取向。由于受到多重社会因素的干扰，部分大学生的创新创业意愿不再那么强烈，要么按部就班地遵从了父母的安排，放弃了创新创业；要么抱着一夜暴富的思想去行动，一旦遭遇挫折很容易选择被动退缩或者盲目激进。可见，家庭的价值观念对大学生创新创业的意愿影响很大，家长亟须转变观念，理性对待创新创业，引导大学生树立正确的择业观和创新创业观。

2. 诚信自觉和责任意识淡薄

诚信自觉和责任意识有着共同的逻辑生成，自觉是一种发自内心地对外界规范的遵从与认同，而诚信自觉受到多重因素的影响，需要长时间的教育和引导。调查问卷显示，64.3%的受访大学生认为诚信是一个人的道德素质，需要去自觉维护；35.7%的受访大学生认为诚信是看情况来区分的。诚信自觉在一定程度上反映的是一个人内心的修为和养成，在受到外界影响时也能始终保持如一的心理状态，是一种“内化于心、外化于行”的自觉行为。然而，诚信是一个需要社会大环境塑造和教育的规范体系，也是大学生创新创业者必须具备的基本素养。现实中见利忘义、投机倒把、鱼目混珠、以次充好等不诚信现象随处可见，给大学生的诚信自觉带来了一定的负面影响。同时，高校在创新创业教育中的诚信教育还不充分，大学生内化于心的诚信自觉还不够，导致大学生在复杂的社会现实环境中，不能以正确的理想和信念为引领，容易出现价值判断的偏差、行为和认知的脱节。此外，还有一部分人在诚信自觉方面具有双重人格，他们认为遵守和行动是两个层面的事情，内心是诚信自觉的拥护者，但现实行为中则忽视了自身的职责和义务，出现了知行不一的现象，严重阻碍了大学生创新创业教育的发展。当代大学生正在经历世界观、人生观、价值观形成和塑造的关键时期，社会不良风气的熏染、校园诚信教育的不够、个人善恶美丑的评判能力不强等多方面的因素造成了大学生“诚信吃亏、不诚信得利”的错误思想，进而引发大学生的不诚信行为，间接影响了大学生树立正确的创新创业价值取向，进行正确的价值判断，确立正确的创新创业目标。

3. 普遍存在功利主义和拜金主义倾向

由于受到市场经济的冲击，功利主义以及实用主义的不良影响，加之西方腐朽的享乐主义伴随着网络媒体的传播，使大学生受到了金钱至上思想的毒害，制约了大学生创新创业价值取向层面的塑造。部分学生创新创业的目标是始于功利主义倾向。

而创新创业本身作为一项能够创造价值的创新实践活动，包含了个人价值的实现和社会价值创造的双重统一，但是大部分学生将创新创业简单地理解为改善生活条件，将挣钱的思想投入到创新创业动机之中，从而忽略了最重要的价值取向部分。不可否认，成功的创新创业能够改善现有的生活条件，但这不能成为大学生创新创业主流价值观的影响因素，应该通过创新创业教育加强对创新创业价值取向的正确引导，促进良好创新创业观的塑造。此外，受功利主义和拜金主义的影响，大学生不自觉地倡导唯利是图的思想，不能认真地去学习专业知识，在未来的人生规划上也不能客观地做出合理规划，而是一味用经济利益的眼光去看待问题，用实用的思维去思考问题，长此以往，大学生会逐渐变得重物质、轻素养，以不诚信的行为、得利的思想作为创新创业的目标和行为动机，最终带来不可挽回的损失，轻则创业失败，重则危害国家和社会，即便创业成功了，也将个人的不诚信行为带入到社会之中，对社会发展产生一定的不良影响。由此可见，一定要加强大学生创新创业价值的审视和引领，引导大学生树立正确的金钱观和创新创业观。

四、大学生创新创业教育缺乏有效支撑

大学生创新创业教育离不开整个社会的支持，良好的创新创业氛围有助于增强创新创业教育的整体效果。然而，当前社会对大学生创新创业教育的关注度与经济发展对创新创业型人才需求不相匹配，大学生创新创业教育的保障机制尚不完善，支撑体系缺乏系统性。

1. 创新创业支撑体系还不健全

当前，大学生创新创业教育得到了社会的普遍关注，但从整体上来看，由社会、高校、家庭多个层面构成的创新创业教育支撑网络还不健全，缺乏系统性，有待进一步优化。一方面，创新创业政策宣传不到位，亟须宣传和引导；另一方面，大学生创新创业还存在诸多障碍，如缺乏资金、能力不足、缺乏核心技术、政策扶持不到位、家庭不支持、个性不适合等问题。这其中，既有政策的因素也有社会环境的限制，还有来自家庭和个人本身的限制。大学生创新创业本身就是一种社会实践活动，驱动力、支持保障等多方面因素综合作用才能推动创新创业教育的持续发展。

2. 创新创业保障机制有待完善

当前，国家各部门相继出台了多项大学生创新创业鼓励政策，有效地缓解了大学生融资问题，精简了创业审批流程，为大学生创新创业提供了一定的政策支持。从整体上来看，创新创业政策和保障机制对大学生创新创业教育资源缺乏有效整合，严重制约了大学生创新创业教育的实效。创新创业政策和制度的覆盖面和宣传力度还不够，加之高校在开展创新创业教育过程中对政策解读不到位，大学生对国家、社会、高校的创新创业保障制度了解不充分，严重影响了大学生创新创业教育的有效开展。

第六节　创新创业教育存在问题的原因分析

本节就导致现阶段创新创业教育问题的深层次原因，从国家、社会、高校、家庭、学生自身五个层面进行归纳和总结，找出大学生创新创业教育问题的症结所在，以期为改善创新创业教育提出有针对性的、可操作的策略打下基础。

一、对创新创业政策的宣传不到位

1. 我国创新创业教育起步较晚

我国的创新创业教育始于20世纪末，历经20余年的发展和演进，经历了个别建设初创阶段、局部规范化试点阶段、规模系统化推广阶段和高质量转型升级阶段，目前已经逐渐形成了一定的规模和体系。但是从发展历程来看，我国的创新创业教育仍落后于发达国家，当前的政策支撑体系、高校的创新创业课程内容以及创新创业实践实训平台还难以满足创新创业人才的培养要求，大学生的创新创业行为仍然是在大环境背景下大学生自发的一种小众行为，还不能与创新创业型社会的氛围相契合。从1989年创新创业教育的概念在联合国教科文组织召开的国际教育研讨会上首次被提出，到1997年清华大学“大学生创业计划设计大赛”的初次探索，标志着我国高校创新创业教育真正进入由概念设计转为个别建设实践活动的历史性转变。随着国家对大学生创新创业教育工作的重视，国家相继出台了大量的政策文件，鼓励和支持大学生创新创业，大学生创新创业成功率和质量有了一定的提升，但是当前对创新创业实践活动影响巨大的创新创业教育还略显滞后，部分高校仅开设了创新创业教育基础课程，还不能形成有效的教育体系，无法贯穿育人的始终，以致大学生创新创业教育实效性不高。

2. 创新创业政策宣传效果不好

近年来，国家陆续出台了众多创新创业政策，鼓励和支持大学生创新创业，大学生创新创业活跃度有了一定的提高。但是通过梳理文献和调查研究，我们发现，在政策宣传和贯彻落实过程中还存在一定的问题，影响了创新创业政策的普及和实施效果，极大地削弱了大学生创新创业教育的实效。

第一，鼓励大学生创新创业的政策宣传渠道不畅通。2015年，国家出台了《国务院关于大力推进大众创业万众创新若干政策措施的意见》(国发〔2015〕32号)，这是大学生创新创业教育的指导和统领性文件，随后国家又相继出台了多项政策，这些政策对大学生创新创业教育的开展起到了一定的促进作用，但实际情况远未达到政策发布的宣传预期。大部分学生对国家创新创业政策缺乏了解，一方面是由于大学生参与创新创业活动的积极性不够高，另一方面是大学生创新创业政策的宣传渠道有限。创新创业政策的发布一般局限于国家官方网站、各类报纸，具体到高校本身，由于创新创业教育的宣传、课程、师资、实践竞赛等分属不同部门，往往存在于各部门的文件中或组办的各项研讨会中，无法真正传达到全体大学生。大部分学生只是在有创新创业意愿和创新创业需求时才会通过各类渠道去查找、阅读和咨询相关政策。此外，部分高校虽然开设了创新创业课程，但教师在课上对创新创业政策的讲解有限，政策还不能做到普及，覆盖面还不够广。大学生创新创业者由于存在资金技术支持不足、创新创业实践经验不够、人脉资源缺乏等多方面问题，亟须政府出台的各类法规政策为其提供有效的指导、激励和保障。如果国家政策普及不到位，宣传渠道不畅通，势必影响大学生创新创业的主动性和积极性。一些政策的激励机制难以作用于大学生的创新创业实践，不能对创新创业教育起到应有的引导和支持作用，进而影响大学生创新创业教育的有效性。

第二，实施创新创业政策的主体职责重叠，缺乏协调。国家创新创业政策一般是多部委联合发布。虽然多个部门对联合发文给予了足够的重视，但由于各部门权责交叉，缺乏相互协调，导致政策的落实和实施不到位，无法形成支持和促进创新创业的合力，进而影响了政策的落实和执行效果。根据调查，一些地方政府机构纵向设有市、县、街道和社区等多个层级的创新和创业管理部门，横向设有多个负责创业和创新的部门。多部门联合实施创新创业政策的过程中会形成相互推诿、合力不足的现象。比如，很多大学生创新创业者不知道向哪个部门贷款、向哪个部门申请补贴，浪费了自己宝贵的时间，降低了自身的创新创业热情，削弱了国家政策在基层的宣传和执行效力。此外，一些地方政府在对国家政策进行修订的过程中增加了一些附加条件，如对大学生的户口、身份、企业规模和企业性质增加了具体要求和限制。比如，对于大学生最关心的创新创业贷款，根据对国家政策的解读，似乎此类贷款是一个非常简单的贷款申请，但对大学生来说并不那么容易。一些银行对大学生创新创业贷款设定了抵押和担保条件，大学生在申请之前面临着巨大的风险，这对大学生的创新创业热情造成了极大的打击。大学生创新创业的高风险性和有限的还款能力以及银行每年的坏账，使一些银行对大学生创新创业贷款仍持谨慎、消极的态度，这导致了“上热下冷”的现象。考虑到创新创业风险，大部分大学生不会选择自主创业。

二、大学生创新创业教育的社会支持不足

大学生创新创业实践不是一种孤立的行为，而是多部门、多角度协调的社会活动。在大学生创新创业教育中，良好的社会创新创业环境和健康的文化土壤可以为大学生创新创业教育的发展提供优质的氛围支撑。但经济发展落后、僵化保守的思

想观念以及创新创业社会氛围较差等因素会破坏创新创业教育的氛围，削弱大学生创新创业教育的有效性。

1. 社会经济发展的不平衡

社会经济发展水平是影响大学生创新创业的重要指标。社会经济发展的质量影响和制约着整个社会的创新创业水平，进而间接影响大学生创新创业教育的有效性。改革开放以来，我国社会经济发展取得了举世瞩目的成就。在发展的同时，我们也应该看到，由于区域、资源和战略定位的不同，社会经济发展仍然存在不平衡现象，这严重制约了创新创业理念的推广和发展。例如，在经济发展较快较好的省份，如浙江、广东、江苏等地，大学生创新创业的参与度较高。在其他经济发展缓慢的地区，如甘肃、内蒙古和青海等地，创新创业活动发展缓慢。大学生创新创业教育也受到经济社会发展的影响。因为创新创业价值的实现是基于个人的生存和发展，个人的需求是基于社会经济的发展。如果社会经济水平低，个体的获得感和幸福感就会低，这会对大学生未来的创新创业选择产生一定的影响。

2. 社会整体创新创业氛围不强

目前，国家正在建设创新创业型社会，积极营造大众创新创业的良好氛围。一些地方政府还根据国家政策制定了自己的政策，以促进区域创新创业的发展。然而，由于各种原因，每个地区都有不同的创新创业氛围，但总体来看，我国尚未形成鼓励创新创业的浓厚氛围。良好的创新创业氛围，不仅是鼓励大学生积极参与创新创业实践的重要动力，也是大学生创新创业教育的环境支撑，社会环境的变化对大学生的创新创业意愿有很大的影响。由于整个社会创新创业氛围淡薄，大学生存在不适合创新创业的心理暗示，创新创业的理念和精神会受到阻碍，创新创业的热情会丧失。环境在人们的行为选择和价值判断中起着决定性的作用。如果全社会都能形成鼓励创新创业、容忍失败的良好氛围，效果就会不同。如果全社会的创新创业氛围不够浓厚，将极大地削弱大学生的创新创业热情。此外，社会固有的传统价值观和文化也会对大学生的创新创业教育产生影响。良好的社会文化和价值导向是社会进步的标志，对形成良好的创新创业文化十分重要，同时良好的区域创新创业文化氛围可以推动创新创业。例如，美国硅谷和北京中关村的文化氛围正在潜移默化地影响着人们的创新创业精神。当前，我国社会整体创新创业文化氛围不浓厚，大学生感受不到创新创业氛围所激发的内生动力和精神激励，这直接影响了大学生创新创业文化素养的形成和大学生对创新创业价值的认同，进而削弱了大学生创新创业教育的有效性。

三、大学生创新创业教育观念亟待转变

高校创新创业教育的根本目标是满足社会对创新创业人才的需求。高校是大

学生创新创业教育的主阵地。然而,由于受到校内外诸多因素的影响和限制,大学生创新创业教育未能达到预期效果,还存在教育理念滞后、目标错位、操作缺失、师资缺乏、优质教育资源整合不足等问题。这些问题直接影响大学生创新创业教育的效果。

1. 创新创业教育理念滞后

当前,“立德育人”不仅是高等教育的根本任务,也是各种教学实践的中心环节。伴随着创新创业的浪潮,我国高校也在围绕“立德育人”开展创新创业教育改革,培养德才兼备的创新创业人才。虽然教育改革的初衷是好的,但创新创业教育理念滞后,脱离学生实际,导致创新创业教育未能取得应有的效果。首先,从目前高校的创新创业教育课程来看,有些内容仍然是功利性的。尽管大多数高校将创新创业教育课程纳入学校人才培养体系,但只通过少数必修课和极少数选修课机械地灌输创新创业理论知识,讲授创新创业案例,忽视创新创业教育的变化和特点,所谓的创新创业课程改革,也是“换汤不换药”。创新创业教育课程体系与大学生未来创新创业规划脱节。例如,在教学过程中教师不考虑00后大学生的行为和思维特点,仍然将理论灌输放在主导地位,学生仍然被动接受。其次,为开展创新创业实践教学改革,各学校在创新创业教育方面组织学生参加的各类创新创业竞赛过分强调比赛的排名和成绩,忽视了创新创业教育的素质和能力培养,轻视职业道德教育。最后,部分高校开展的创新创业教育没有融入价值观教育。它不符合“以学生为本”的教学改革理念,不能有效激发大学生的创新创业积极性,不能调动学生创新创业的内生动力,不能为大学生提供个性化的教育指导。高校创新创业教育观念滞后是大学生创新创业教育的重要障碍,大学生创新创业教育在一定程度上偏离了正常轨道。

2. 高校创新创业教育资源缺乏有效整合与优化

高校是创新创业教育发展的核心和关键,是为大学生提供创新创业实践场所的桥梁和纽带。实践过程中,高校创新创业教育在资源整合和优化方面还存在不少问题。一是高校对大学生创新创业教育的整合不够。这一问题体现在社会企业应该成为大学生成才、拓展素质、提高技能的实践场所,可以为大学生提供优质的教学资源、资金技术和创新创业实践场所。但是,由于部分高校创新创业教育实施部门定位模糊、整合能力弱,没有将社会企业有效地纳入教学和实践教育体系。虽然一些高校引进了成功的校外创新创业导师,他们与学生分享他们的创新创业经验,但仅限于对大学生创新创业项目构思和项目竞赛的简单指导。从表面上看,大多数校外导师的校园教学之旅正在蓬勃发展,但从本质上看,大多数创新创业实践基地和专家都是徒劳的,创新创业教育优质资源的配置率和有效利用率不高。二是部分高校虽然搭建了创新创业信息平台,但仅限于创新创业政策的推动、创新创业项目的选择、创新创业竞赛信息的发布,缺乏大学生创新创业素质调查、创新创业咨询服务、创新创业培训指导和帮助，影响了大学生创新创业价值的实现。由于大学生缺乏对创新创业的认知和对创新创业风险的规避，导致大学生对自主创新创业的困难有一定的恐惧，这影响了大学生创新创业的积极性和主动性。三是部分高校创新创业教育师资队伍参差不齐。大部分教师由辅导员兼任，学习和教授创新创业课程的全职教师数量不足。高校优质创新创业教育资源整合不够、实践环节实效性差、师资缺乏导致了大学生创新创业认知偏差，严重削弱了大学生创新创业教育的有效性。

四、家庭对大学生创新创业教育重视不足

家庭是教育的基本单位，父母是孩子们的第一任老师，家庭环境的差异决定了一个人的处事风格和态度。大学生创新创业教育与家庭教育密切相关。家庭层面的影响因素主要包括以下两个方面：一是家庭经济条件和背景的差异，二是家庭创新创业教育的态度和氛围的差异。

1. 家庭经济状况和背景的差异

家庭经济条件和背景是影响大学生创新创业教育的主要因素，不同经济条件和背景的家庭对大学生创新创业的影响存在明显差异。比如，有经商经历的家庭给大学生们提供了更微妙的心理暗示，大学生们亲眼看到他们的长辈通过创新创业，积累了一定的物质财富，取得了一定的成功，这可以大大增强他们创新创业的自信心，增强自主创业的动力。同时，家族企业的经济条件总体上比较好，除了为大学生提供经验借鉴和指导外，还可以提供一定的资金支持，避免大学生出现资源缺乏问题。在家族企业人士的帮助下，大学生可以开展熟悉的项目创新创业，规避一定风险，这有助于大学生认识和接受创新创业理念，顺利启动创新创业实践。相反，如果家里没有商业背景，家庭不能为大学生提供经验、技术和资金支持，大学生在一定程度上会对创新创业的神秘和未知产生一定的恐惧，幻想未来创新创业道路上的困难，需要自己应对和面对一切，这势必会影响他们对创新创业的美好憧憬，极大地削弱了大学生创新创业的积极性和主动性。此外，家庭经济状况对大学生创新创业教育也有很大影响。

2. 家庭创新创业教育的态度和氛围的差异

父母是孩子最好的老师，家长的价值取向直接影响着学生的价值取向，家长处理问题的态度会潜移默化地影响着大学生，良好的家庭创新创业教育氛围也可以培养和造就大学生的创新创业精神。每个家庭成员的成长经历和受教育程度不同，对大学生创新创业教育的影响也不同。一些家庭易接受快速变化和发展的新事物，这种家庭的大学生创新创业的积极性会高一些，而一些家庭则相对保守，有传统观念，他们会采用相对稳定、保守的方式来判断一些事物，不能及时接受新事物，这也会向大学生传达一种相对保守的思想，导致大学生创新创业意愿降低。此外，一些家长认为

大学生创新创业教育是高校的事，与家庭无关。他们只关注学生的学习和未来的就业，忽视家庭教育的重要性，不能发挥家庭的教育和引导作用。当前，大学生思想活跃，自主意识强，对新事物感兴趣，但自理能力弱，克服困难不够坚定，经济思想不独立，对家庭有强烈的依赖感。他们应该与家人讨论一些事情的处理方法，只有在与家人协商后才能实施，创新创业活动也不例外。如果一些大学生想要创新创业，他们需要征得家人的同意，需要家人的经济和精神支持。因此，父母的态度决定了大学生能否真正开始创新创业。目前，大学生的创新创业意愿没有达到创新创业教育的预期目标，个人意愿和家庭意愿之间经常存在不一致。家长态度、家庭氛围和学生成长经历直接影响着大学生创新创业理念的培养和塑造，呈现出多维冲突的矛盾特征，进而影响大学生创新创业教育的有效性。

五、大学生创新创业认知水平存在差异

大学生心理素质水平和认知能力水平等内在因素对创新创业的意愿和动机起着决定性作用。

1. 大学生心理素质水平存在差异

大学生创新创业活动是集创新能力、创业能力、沟通表达能力、良好心理素质等多种综合能力于一体的实践行为。目前，大多数学生都是家中的独生子女，生活条件优越，很少经历挫折。在现实生活中，他们往往承受能力差，抗挫折能力弱，心理素质相对较弱。这些心理问题导致大多数学生缺乏创新创业精神和勇气。当他们下定决心要创新创业时，他们对创新创业活动往往充满幻想和盲目自信，但创新创业之路可能充满着挫折和失败。由于部分大学生的心理脆弱，适应性不强，抗压能力不够，失败和挫折会造成其心理的巨大波动。由于高校创新创业教育很少涉及抗挫折教育，主要侧重于一些心理问题的沟通和引导，没有从根本上增强大学生的心理素质，也无法引导他们形成良好的健康心态，因此不能正确引导大学生进行创新创业的实践。

2. 大学生的认知能力水平参差不齐

当代大学生具有兴趣爱好广、接受新事物能力强、思想不稳定、辨别是非能力弱、易受不良社会风气影响等特点，这严重阻碍了大学生创新创业教育的有效开展。受遗传、外部环境和心理因素的影响，大学生认知能力水平存在较大差异。大学生在校学习和生活时间长，社会交往少，同学友谊单纯，学习模式、思考和处理问题方式简单等都导致大学生习惯于从理想化、惯性的思维角度进行自我认知。面对变化的社会和复杂的人际关系时，他们难以在短时间内完成自我适应和角色转换。这种自我认知的差异导致了大学生不同的创新创业思维方式。同时，理论与实践的脱节也会导致大学生对创新创业的认识出现偏差。大学生对个人价值需求的认知也影响着创新

创业观念的形成。个人需求不仅是个人价值实现后的社会需求，也是创新型企业家进行创新创业活动的生存动力。如果大学生对自己的价值需求认识不到位，那么创新创业的价值目标就不可能实现。由于个人需求认知具有一定的独立性，当个人需求与社会需求不匹配时，就会出现价值冲突和矛盾，影响创新创业理念的认知和培养，从而削弱大学生创新创业教育的有效性。

第二章　应用型本科大学生创新创业能力的构成体系

第一节　应用型本科大学生创新创业能力构成要素

一、大学生创新创业能力特征分析

大学生创新创业能力研究应符合大学生成长规律，适应大学生发展的需要。大学生的创新创业能力有其特殊性，并不完全等同于企业家等其他群体。因此，这里结合中国的时代和社会背景，对大学生的群体特征和所处的创新创业阶段进行深入分析，总结出大学生创新创业能力的四个特征。

1. 时代性

中国正处于加快建设创新型国家的关键时期，高度重视创新人才的培养。大学生作为掌握科学文化知识和先进技术的高级人才，是实现这一宏伟战略目标的主力军。因此，在我国“大众创业、万众创新”的背景下，大学生的创新创业能力应积极响应时代主题，体现新时代特征。大学生创新创业的时代性是他们的理想信念和人生追求与国家发展和社会进步相结合，响应国家技术创新、知识创新和制度创新的要求。当代大学生应抓住“互联网＋”和“中国制造 2025”的重大战略机遇，聚焦新技术、新业态、新模式，培育适应时代需求的创新创业能力。

2. 民族性

新一轮的商业创新和技术变革正在重塑全球经济格局，世界各国都在强调创新的重要性。然而，由于不同的社会制度、不同的经济发展程度和不同的社会发展过程，各国对大学生的创新创业能力有着不同的要求。各国应结合本国实际和发展需要，制定具体的能力提升战略。我国大学生的创新创业能力的培养应具有中国特色，应坚持中国特色社会主义道路和共产党的领导。新时代我国培养大学生的创新创业能力是以培养社会主义合格建设者和可靠接班人为目标，为中华民族伟大复兴而服务。

3. 阶段性

创新创业不是一蹴而就的，而是一个循序渐进的过程，可以分为意识觉醒、初创阶段、发展阶段和成熟阶段。每个阶段都有创新创业主体需要关注的不同创新创业能力。与企业家、创新创业者、企业员工等其他社会创新创业群体不同，大学生这一特殊群体的创新创业时间范围主要在大学最后一至两个学期和毕业后两年内。相应的创新创业阶段基本上是意识觉醒和初创阶段。这一阶段对创新创业能力的要求更注重创新精神学习能力以及创业期所需的知识和技能培训。后期发展阶段和成熟阶段需要具备更专业、更深入的相关能力，这不是本阶段培训的重点。意识觉醒阶段的创新创业能力培养应普遍面向全体大学生，注重创新精神、学习能力、创新创业人格等的培养；创业初期应具备的创新创业能力主要针对少数科技成果转化和实际创新创业人员，重点是企业管理能力。

4. 发展性

大学生创新创业能力与其他群体的差异还体现在未来的发展性上。大学阶段的首要任务是学习专业知识。大学生创新创业能力的形成不仅是自然的、主观的，而且是通过后天的学习和外部环境的影响而获得的。其创新创业能力水平不是一成不变的，而是逐渐发展起来的，这是一个从无到有、从弱到强的过程。在国家环境的影响、家庭的感染、学校的教育和社会的支持下，大学生的创新创业能力会不断发展。其中，与其他群体最显著的差异在于可以通过学校的创新创业教育实现大学生创新创业能力的可持续发展与提升。

二、基于文献统计的创新创业能力构成要素

根据文献统计，将创新创业能力要素进行细化与释义，并聚类分型成能力集群，这是对创新创业能力进行描述、评估的重要前提。通过咨询创新创业教育领域的专家和依据理论定义与实践经验，对中国知网（CNKI）篇名中含有关键词“创新创业能力”且来源类别为“北大核心＋CSSCI”的文献中的创新创业能力构成要素进行初步筛选，并对结果进行再次命名聚类，其中出现频次较高的能力为资源整合、机会识别、领导能力、人际关系、市场营销、学习能力、沟通能力、组织协调能力、合作能力与实践能力。文献统计的创新创业能力构成要素频次统计见表 2-1。

表 2-1 文献统计的创新创业能力构成要素频次统计表

序号	构成要素	频次	序号	构成要素	频次
1	资源整合	47	14	成就动机	19
2	机会识别	47	15	责任担当	19
3	领导能力	47	16	风险管理	17
4	人际关系	28	17	决策能力	17
5	市场营销	28	18	自信	17
6	学习能力	28	19	承诺能力	14
7	沟通能力	27	20	洞察力	14
8	组织协调能力	25	21	逻辑思维能力	14
9	合作能力	24	22	综合知识与技能	14
10	实践能力	24	23	规划能力	13
11	财务管理	22	24	人力资源管理	11
12	机会把握能力	20	25	信息获取能力	11
13	专业知识与技能	20	26	组织管理	11

三、基于典型访谈的创新创业能力构成要素

为了更加准确地分析创新创业能力的构成要素，作者在部分应用型本科高校选取典型创新创业者进行了深度访谈。在访谈对象的选取上综合考虑了受访者所在地区、性别、学历层次、学科门类、在学状态等条件。访谈主要围绕四方面进行：一是结合创新创业经历谈创新创业需要具备哪些能力；二是谈能力的形成时间和过程；三是谈影响能力的形成因素有哪些；四是提出对高校创新创业教育的建议。访谈主要通过面谈、电话访谈等形式进行，通过整理访谈录音的方式形成文字稿，然后对访谈文字材料进行编码、要素提取，最终共提取出 78 个大学生创新创业者自身认为较为重要的创新创业能力构成要素（李娜，2019）。表 2-2 所展示的是频次统计 5 次及以上的能力要素。

表 2-2 基于典型访谈的创新创业能力构成要素频次统计表

序号	构成要素	频次	序号	构成要素	频次
1	学习能力	15	11	行动力	7
2	坚持	13	12	机会把握	7
3	沟通能力	10	13	市场营销	7
4	胆量魄力	8	14	资源获取	7
5	抗压能力	8	15	创新创业热情	6
6	团队管理能力	8	16	吃苦耐劳	5
7	团队组织能力	8	17	规划能力	5
8	专业知识技能	8	18	问题解决能力	5
9	成就动机	7	19	资源整合能力	5
10	管理能力	7	20	综合知识技能	5

从文献角度、访谈角度提取要素后，剔除频次较低的要素，整合语义相同的要素，通过专家咨询讨论，最终归纳形成以下能力要素：成就动机、承诺能力、吃苦耐劳、创新创业热情、胆量魄力、洞察力、风险管理能力、沟通能力、管理能力、统筹规划能力、合作能力、机会识别能力、机会把握能力、坚持、决策能力、抗压能力、领导能力、逻辑思维能力、人际关系、人力资源管理能力、实践能力、市场营销能力、团队管理能力、团队组织能力、信息获取能力、问题解决能力、行动力、学习能力、责任担当、专业知识技能、资源获取能力、资源整合能力、自信、综合知识技能、组织管理协调能力、财务管理能力等。

结合文献统计和访谈角度提取的要素，对大学生创新创业能力的构成要素从创新创业的内驱力、创新创业的领导力和行动力角度分为以下三类。

一是创新创业的内驱力，它涵盖了创新创业者的多项品质和核心素质，能够激发个人实现自我价值的愿望，即个人从事、完成、追求成功、实现理想状态的内在动力。包括综合知识技能、自信、承诺能力、吃苦耐劳、洞察力、专业知识技能、责任担当、学习能力、抗压能力、坚持、胆量魄力、成就动机、创新创业热情等多个要素。

二是创新创业领导力，即在创新创业过程中影响团队、带领团队实现既定目标的能力。包括组织管理协调能力、团队管理能力、市场营销能力、人际关系、领导能力、合作能力、管理能力、沟通能力、风险管理能力、财务管理能力等多个要素。

三是创新创业执行力，即积极将自己或他人的想法付诸实践的能力。包括资源整合能力、资源获取能力、问题解决能力、统筹规划能力、机会识别能力、逻辑思维能力、团队组织能力、信息获取能力、实践能力、人力资源管理能力、决策能力、机会把握能力、行动力等多个要素。

第二节　应用型本科大学生创新创业能力影响因素

根据前面对应用型本科高校创新创业教育过程中存在问题的分析，结合创新创业能力的构成要素，对影响大学生创新创业能力的影响因素进行汇总，如图 2-1 所示。

从图 2-1 可以看出，大学生创新创业能力的形成发展受到诸多因素的影响，这些因素可大致总结为五个维度，包括自身因素、家庭条件、高校教育、政府政策和社会氛围。

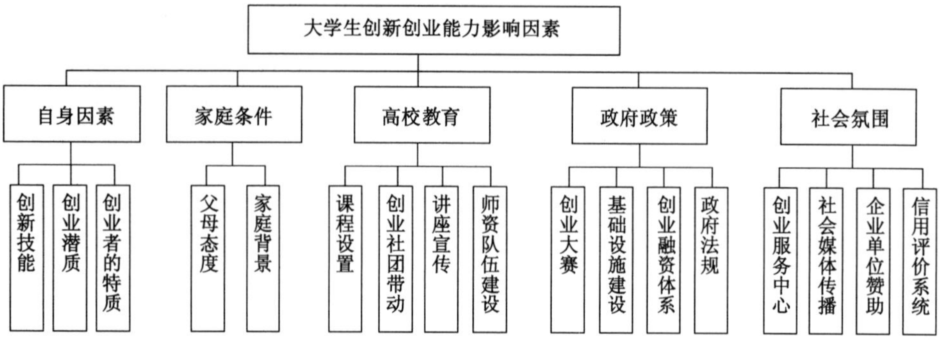

图 2-1　大学生创新创业能力的影响因素

一、自身因素对创新创业能力的影响

1. 创新技能

大学生作为创新创业群体中具有创造力的一部分，是创新创业能力培养的主要对象。就自身因素而言主要包括大学生拥有的创新技能、创业潜质和创业者的特质三个方面。创新是推动社会发展的动力，创新意味着创造能力。创新技能主要是针对创造力而言的，大学生在进行创新创业活动之前应该加强创新能力的培养，在当前激烈的社会竞争中想要占有一席之地，也必须具备一定的创造能力才能够创造出更多的商业机会。

2. 创业潜质

创业潜质主要指一个人潜在的一些特征，包含创业动机和自我分析能力两个方面的内容。创业动机是指促使大学生创业行为的驱动力。当前大学生面临就业难的问题，同时大学生是一个具有冒险精神的群体，创新创业正是他们展现自己的本领和多年来知识沉淀迸发的机会；自我分析能力则是大学生在创新创业前期对自己创新创业能力的评估，正确认识自己拥有的内在和外在条件，如自己的毅力、责任心、领导能力和人际交往能力等，此外也是他们是否能将理论运用于实践的挑战。

3. 创业者的特质

对创新创业者本身拥有的特质而言，大学生在日常的生活学习中形成的世界观、价值观、所接受的培训、冒险思想和主动进取的精神是促使大学生创新创业的驱动力。

二、家庭条件对创新创业能力的影响

1. 父母对创新创业的态度

家庭是大学生创新创业能力培养最基础的地方，家人对创新创业的态度影响大学生对创新创业的看法，从某种程度上说，可能直接决定大学生的创新创业意愿。部分大学生的家庭经济条件不好，父母培养孩子上大学主要是希望子女可以找到稳定的工作，有稳定的收入来源。这部分家庭往往不支持孩子创业，认为他们只有好好学习书本知识，筑起牢固的知识体系才是正确的选择，创业只是浪费时间，而且收入不能确定，家里又无法提供好的资源，创新创业之路荆棘丛生。受此影响，大学生就缺乏创新创业意识，只能老老实实地度过大学生活，等待毕业后找稳定的工作。这样就导致一些重要的创新创业能力就无法形成，如沟通能力、信息搜寻能力、市场分析能力、团队合作意识和领导力等。

2. 家庭背景

如果父母是从事创新创业活动的群体，孩子对创新创业一词有所认识，并且在父母的创新创业过程中接触到很多关于创新创业的信息，了解创新创业中需要的各种资源和创新创业技能。此外，这类父母懂得创新创业是一项锻炼子女能力的活动，经常与子女讨论关于创新创业的一些话题和自身的创新创业经验，时时刻刻关注子女各方面能力的培养，为子女创新创业能力的培养奠定了良好的基础。

三、高校教育对创新创业能力的影响

1. 创新创业教育的产生

高校创新创业教育是塑造大学生创新创业能力的场所，为大学生的创新创业提供坚实的专业知识。根据当前学校教育的发展趋势来看，创新创业教育处于逐步提升的趋势，国内很多学者致力于创新创业教育的研究，旨在为大学生创新创业提供理论基础。

2. 课程设置的科学性和合理性

科学合理的创新创业课程设置是创新创业教育开展的基础。创新创业课程的开展可以让大学生在课堂上更加详细地了解创新创业的意义，知道创新创业过程中需要的各种能力，有助于系统地培养大学生的创新创业能力。

3. 创新创业社团存在的必要性

社团存在于每所大学，社团对大学生的影响力也是有目共睹的。在新生入学之初，很多大学生选择了自己感兴趣的社团，发展自己的兴趣爱好，学习各方面的知识。创新创业社团的开设对很多想要创新创业的大学生更有针对性，在这里他们可以找到志趣相投的人，在不同的创新创业活动中锻炼自己的能力。创新创业社团具有一定的成熟性，聚集很多对创新创业有见解的人，对有创新创业意愿的人有所帮助。

4. 各项校园创新创业活动的推进

高校应该大力普及创新创业知识讲座，请一些有创新创业经验的大学生或者成功的企业家，通过实例来激发大学生的创新创业热情。积极开展创新创业竞赛，形成良好的创新创业氛围。

四、政府政策对创新创业能力的影响

1. 政府法规的制定和基础设施的建设

政府对大学生创新创业的重视自然会加大对大学生创新创业能力的培养，政府制定法规来为大学生提供良好的创新创业条件。为响应政府的号召，许多创新创业园区应运而生，一座座创新创业基地拔地而起。政府为大学生提供将创新创业理论转化为实际操作的平台，有利于提高大学生的创新创业实践能力。

2. 创新创业融资体系的完善

创新创业资金是创新创业过程中的必备资源，政府提供创新创业融资的有利条件，解决了很多大学生在创新创业中的一大难题，一定程度上提高了大学生的创新创业意愿和动力。

3. 创新创业大赛的开展

通过政府、各类专业协会等主导，高校参与、企业支持的各级各类创新创业竞赛，如“互联网＋”大学生创新创业竞赛、“创青春”全国大学生创业大赛、全国高校商业精英挑战赛等创新创业竞赛活动的开展，极大地调动了高校大学生参与创新创业的热情，是大学生接触创新创业活动的有效途径。通过参与各项创新创业大赛，大学生们逐步加深了对创新创业活动的了解，不断从遇到的问题出发，提高自己解决问题的能力，让大学生更清晰地认识自己所具备的创新创业能力和自身的薄弱环节，减少大学生在对自身进行创新创业能力培养时的盲目性。

五、社会氛围对创新创业能力的影响

1. 强化社会媒体的网络宣传力量

信息化时代的到来使得社会媒体的影响力日益强大。加大社会媒体对大学生创新创业活动的宣传，例如，对重点创新创业赛事的多角度宣传，对创新创业成功人士的专题报道，通过微信公众号、微博等大学生使用量较大的软件对校园创新创业活动进行大力宣传，扩大创新创业相关活动的社会影响力。

2. 提升高校校园浓郁的创新创业文化氛围

高校可以利用广播、电视、校报、校刊、板报、微信公众号和橱窗等宣传工具，进行创新创业宣传，使培养创新创业人才的思想更加深入人心。高校还要树立勇于创新创业的榜样，形成崇尚科学、求实创新、勇于进取、乐于创业的校园文化氛围。例如，在校园内张贴各种标语口号和标志等，都可以表现出学校的创新创业奋斗精神以及朝气蓬勃的精神风貌，从而激发大学生的创新创业自豪感、自尊感和创新创业精神。

3. 鼓励企业积极参与大学生创新创业教育

鼓励校企合作，建立校企合作的创新创业实践基地。这些校企合作的创新创业基地能够为大学生提供创新创业实践机会。让大学生参与企业的运营管理实践，在实践中提升大学生创新创业的运营水平、团队合作意识、领导沟通能力、客户服务意识等。通过帮助企业解决实际问题提升自身创新创业能力，为后续大学生群体开展创新创业活动打下良好的实践基础。

第三节　应用型本科大学生创新创业能力的培养途径

大学生群体是最具创新创业潜力和资质的群体之一。他们不仅是实现“大众创业、万众创新”的重要力量，也是实施人才强国战略、建设创新型国家需要重点关注的群体。与其他创新创业群体相比，大学生作为一个尚处于受教育阶段的、没有实践经验的社会群体，在身份、心理和行为模式等方面具有特殊性和差异性。根据大学生创新创业能力的影响因素，结合国家、社会、高校、家庭环境等的外部影响因素提出相应的培养策略，共同培养和促进大学生创新创业能力的提升。

一、内培外引加强创新创业师资队伍建设

大学生创新创业实践的顺利进行、创新创业能力的提高都离不开导师的指导。与其他创新创业群体不同，大学生的主要任务是学习，学校和老师在大学生创新创业能力提升过程中的影响力是最大的。大学生能接触到的、无条件信任的就是教师。创新创业实践过程中，大多数学生都非常重视导师的指导，他们创新创业能力的提高离不开导师的指导。无论是对专业知识、科研、创新创业知识和实践经验，学生都渴望得到导师的指导。创新创业教育的导师不仅指专业课程教师或本科生、研究生导师，还包括经常与学生交流的辅导员、具有成功创新创业经验的企业家和职业经理人。

无论是教授专业知识的教师、带领学生进行科学研究的导师，还是教授创新创业知识的创新创业教育专职教师，大多数高校都配备得相对充足。但这些教师大部分专注于科学研究和教学工作，有较强的理论知识，缺乏创新创业的实践经验。然而，创新创业是一个实践过程，不可能“纸上谈兵”。对于那些真正想要创新创业的学生来说，以这种方式教授的创新创业知识总是“纸上得来终觉浅”。针对这种情况，学校可以通过“内培外引”的形式提升师资队伍的创新创业指导能力。一方面，通过鼓励教师创办企业、到合作企业进行挂职锻炼等形式，强化高校自身从事创新创业教育师资的创新创业实践能力；另一方面，引入有创新创业经验的校外导师。这些有创新创业经验的校外导师可以是企业家或职业经理人，还可以是曾经有过创新创业经验的

人，他们实际经历过创新创业，应对过市场，经历过低谷甚至失败，往往他们的点拨可能与书本上的知识无关，而是多年实践积累下来的经验。这些有创新创业经验的校外导师，可以以定期讲座的形式面向全校同学，也可以以座谈会、午餐会等形式，与那些真正有创新创业想法的学生进行交流，甚至可以聘为顾问。

二、专创融合培养大学生创新创业兴趣

核心技术或创新的产品、服务等是个人或团队初创企业或进行创新创业实践的基础。对在校大学生而言，这些核心技术或创新产品通常来自所学专业领域或专业交叉领域。大学生围绕自身所学专业开展创新创业实践，具有专业基础强、人力资源丰富、启动迅速等特点。因此，将创新创业教育与专业教育有机结合，对培养大学生的创新创业兴趣，激发大学生创新创业的主观能动性十分重要。在采访中，许多受访者提到，他们对创新创业的第一愿望来自兴趣，他们的兴趣大部分来自专业学习和教师指导。对于希望科研创新的学生，导师不仅可以指导他们的学业，还可以鼓励他们进行科技成果转化。对于想要创新创业的学生，教师不仅可以教授理论知识，还可以结合实践和应用帮助学生拓宽视野和发散思维。对于专门教授创新创业知识的教师来说，创新创业知识的教学不应脱离专业背景。在教学过程中应该引导学生充分发挥专业优势，激发学生创新创业的兴趣。因此，创新创业教育与专业教育应深度融合，有机统一。努力将创新创业教育的外部影响转化为大学生积极开展创新创业活动的内生动力，引导学生积极参与创新创业，提高创新创业能力。

三、营造氛围激发大学生创新创业热情

环境氛围对大学生创新创业能力的提高有着潜移默化的影响。创新创业氛围浓厚的环境，会明显提升大学生的创新创业热情，对提升大学生的创新创业能力起到了积极的促进作用。因此，需要营造良好的创新创业氛围，激发大学生创新创业的积极性，把外部环境的“被动推动”转化为创新创业主体的“主观能动”，引导大学生更加积极主动地参与创新创业。为了营造良好的创新创业氛围，政府、高校、社会等相关责任主体需要加强合作形成合力。目前，国家大力倡导培养创新人才，鼓励大学生创新创业，形成了良好的国家创新创业氛围。全社会和各高校也积极响应国家号召，越来越重视大学生的创新创业。但是，如何使国家、社会、学校在大学生创新创业能力的培养深度贯穿其中，共同营造良好的创新创业氛围，还有待进一步深入和完善。

为营造良好的创新创业氛围，地方政府需要积极完善和落实党和国家的创新创业政策措施。由于缺乏资金储备和融资渠道，大学生群体在创新创业初期面临很多的困难和压力。由于国家政策的宏观性，大学生在本区域创新创业过程中缺乏国家政策的实践指导。因此，地方政府就业部门和相关负责人需要根据国家政策文件，结

合本地区社会现实、发展需要和大学生创新创业方向，发布相关细则、规定或实施办法，以促进国家政策的落地实施。

为营造良好的创新创业氛围，各级教育部门要高度重视和充分肯定大学生创新创业的现实意义和战略价值，创造性地开展工作。各级教育部门要在创新创业教育研究中给予高校一定的自主权和政策倾斜，鼓励高校与企业对话，加强联动，激发高校的创新创业教育开展热情。要做好创新创业型大学生与就业主管部门的沟通联络，建立"大学生—大学—社会"三级信息传递平台，拓宽大学生创新创业信息渠道，及时为大学生提供最新政策和有效信息。

为营造良好的创新创业氛围，高校需要积极拓宽大学生创新创业的发展渠道。高校要深化创新创业教育改革，以培养大学生的社会责任感、创新精神和自主创新创业能力为主要目标，从培养模式、课程体系、校园活动、实践项目等方面构建全方位、多层次的创新创业指导平台，构建系统、大规模的大学生创新创业教育体系，让大学生对创新创业活动产生兴趣，提升大学生的创新创业思维并进一步通过创新创业实践提高创新创业能力。

为营造良好的创新创业氛围，需要打破传统的"铁饭碗"就业观念，在全社会形成鼓励创新创业、支持创新创业、包容创新创业、创新创业光荣的社会理念。这就要求就业主管部门、教育管理部门和高校加强与企业的沟通与合作，鼓励创新型企业为大学生创新创业实践提供合作平台，努力实现大学生创新创业成果的物化和成效。这就要求社区等基层管理服务机构加强宣传，做好自主创新创业大学生家庭的思想工作，积极引导家长鼓励和支持子女自主择业，创新创业。

第三章　应用型本科高校创新创业教育的构成体系

第一节　创新创业教育体系的内涵及影响机理分析

一、创新创业教育体系的内涵分析

应用型本科高校创新创业教育对培养学生的创新精神和创业能力起到了至关重要的作用，已经成为创新创业教育的重要组成部分。然而，现阶段我国大部分应用型本科高校仍未建立起科学、完善的创新创业教育体系，在创新创业教育过程中，还存在着许多问题。只有建立完善的创新创业教育体系，才能实现应用型本科创新创业教育体系的优化和完善。应用型本科高校创新创业教育体系有广义和狭义之分。广义的创新创业教育体系是创新创业教育中各要素构成的有机整体，具体包括目标体系、课程体系、师资体系、保障体系、管理体系等要素（余魅等，2018）。狭义的创新创业教育体系是指创新创业教育体系中的内容体系，即在围绕人才培养目标，制定人才培养方案时，通过课程设置以及创新创业教育实践环节建立起来的内容体系（何继新等，2019）。本书的研究对象为广义的应用型本科高校创新创业教育体系。广义与狭义的应用型本科高校创新创业教育体系关系如图 3-1 所示。

应用型本科高校创新创业教育体系中的目标体系、课程体系、师资体系、保障体系、管理体系等要素是相互联系的有机整体，在运行过程中各要素相互配合、相互协调从而实现创新创业教育的有效运行。其中，目标体系是指各专业为了创新创业人才培养目标及规格的要求，结合本专业的特点而制定的本专业总体目标及创新创业具体实践环节目标的集合；课程体系是指创新创业教育的各个教学环节（包括理论教学、实践教学、社会实践等）的合理配置而呈现的具体的教学内容；师资体系是指为创

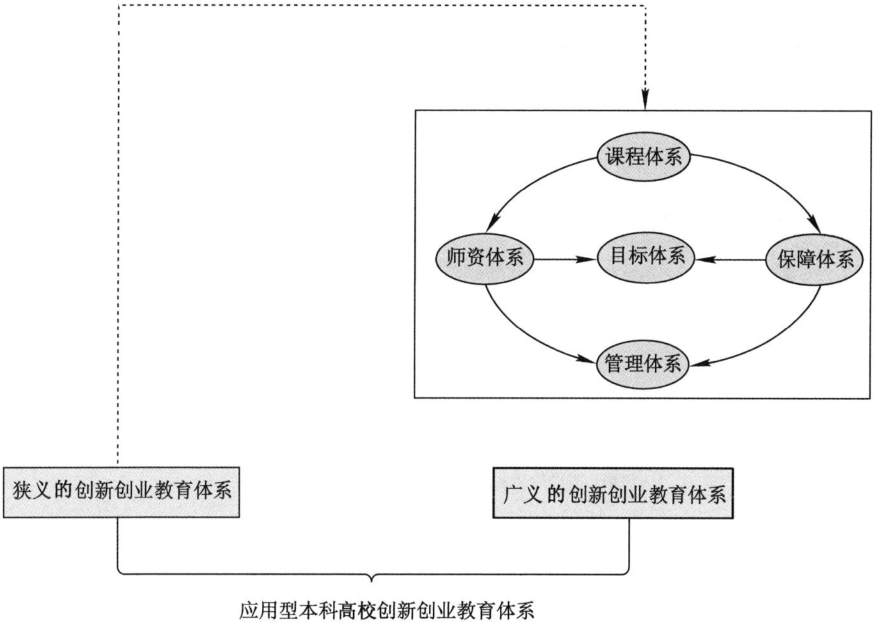

图 3-1　应用型本科高校创新创业教育体系的内涵

新创业教育开展引进或培养的专职或兼职的讲师队伍、导师队伍或来自企业一线的指导教师等；保障体系是指为了保障创新创业教育的开展而制定的规章制度、育人环境建设、多主体协同等的建设；管理体系是指关于创新创业教育的管理层次、管理领域和管理过程等的系统整合。

二、创新创业能力的影响机理分析

应用型本科高校创新创业教育体系通过多种途径对大学生创新创业能力施加影响，如通过创新创业教育提升学生的就业能力，使学生在解决实践问题的过程中，掌握一定的操作技能，形成过硬的专业能力，妥善处理各种问题的方法、能力以及培养学生各种社会能力。应用型本科高校围绕创新创业内容设置一系列创新创业课程，如创新创业理论课、创新创业技术选修课，并将教学与创新创业实践基地建设、创新创业与实践活动相结合，培养学生的创新创业意识、创新创业能力。应用型本科高校创新创业教育体系对创新创业能力体系的影响如图 3-2所示。

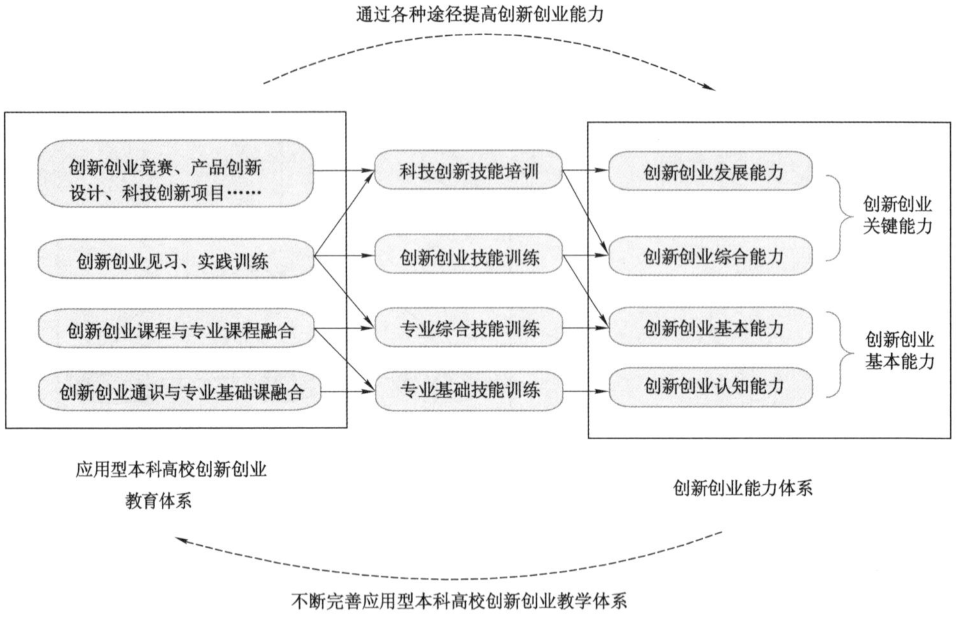

图 3-2　应用型本科高校创新创业教育体系与创新创业能力体系逻辑内涵图

第二节　基于能力培养的应用型本科高校创新创业教育体系的框架

一、应用型本科高校创新创业教育体系的设计原则

教育体系担负着提高国民素质、培育推动社会进步力量的艰巨任务。所以我们需要综合我国应用型本科高校的资源与自身条件，分析就业需求，细分市场需求，并且遵循以下原则，合理定位和设计创新创业教育体系的概念和框架模式。

1. 与传统教育体系融合贯通

传统教育体系主要分为两类——普通教育和职业教育。普通教育通常致力于培育德、智、体、美、劳全面发展，同时心理、生理、社会文化整体素质均有所提高的合格社会公民。在前者的基础上，职业教育则更注重培养职业素质和职业技能，主要目的是为社会、经济的可持续发展提供专门人才。伴随着教育的发展，普通教育和职业教育体系逐渐趋于独立与完整。除此之外，这两类体系在办学、教学等方面也具有一定的特点，在整个教育、社会体系中取得了相对独立和稳固的地位。传统教育体系中存在着一些无意识、分散、偶然、间断的创新创业教育因素，也具有一些创新创业教育的实践措施，但是仍处在缺乏明确方向、固定目标的状态。

创新创业教育是一种全新的教育理念，它基于传统教育体系培养创新创业的能力和素质，为社会可持续发展提供具有创新创业精神、创新创业意识和创新创业能力的人才，它们渗透并相互独立于传统教育体系。在设计创新创业教育体系框架时，我们必须首先将普通教育和职业教育结合起来，同时充分利用普通教育所提供的一般知识结构，并将其作为创新创业教育的培养基础——创新创业能力基础、创新创业知识结构和创新创业技能基础；除此之外，普通教育所提供的道德规范、健康人格教育可以作为一种成长基因——创新创业人格、社会义务感和责任感以及创新创业精神的成长基因；当然，职业教育提供的职业规范、职业知识与职业技能也可以作为创新创业教育的基本条件与发展背景。此外，创新创业教育的目标和内容都有其独特的体系——逐步递进式和逐级上升式，以满足不同年龄和教育阶段学生的要求。利用学校现有的方式和方法，将普通教育和职业教育的内容和方式相结合并逐步实施。

2. 创新性与实践性相结合

创新是民族进步的灵魂，是国家兴旺发达的不竭动力。一个国家要富强，必须具备一大批具有开拓创新精神的高素质人才。为突出应用型特色，更好地满足社会发展对具备创新创业能力应用型人才的需求，应用型高校应当特别提倡发展创新，强调创新办学理念，注重知识创新，实施创新教育，培育创新人才，同时在学校管理、教育教学、科研、职能等方面进行全面综合创新。创新创业教育是一种大众化教育，其创新性主要体现在教育模式、教师教学方法和学生学习方法上，目标是培养出具备独创性、发散性、开拓性和批判性思维的学生，这也意味着需要根据培养目标进行选择、组合和构建创新创业教育体系的元素、结构和系统。另外，除了注重创新性，实践性也相当重要。创新创业教育体系同传统教育体系大不相同，它注重培养学生的创新思维、创新创业意识、个人素质、创新创业能力等教育实践活动。同时，也是素质教育的深化与发展，这是一项难度很大的创造性活动。因此，创新创业主体要想获取成功，必须具备超强的实践能力。教学的实践性主要根据教学活动与现实生活的密切关系来实现，从而培养学生的心理承受能力、动手能力、分析能力、交际能力等综合能力。

3. 一致性与差异性相结合

应用型本科高等教育的基本任务是培养具有创新创业精神和创新创业实践能力的高级应用型人才。高校创新创业教育的实施是以创新教育为基础，以创新创业教育为载体，将两者有机结合为一体进行推进。更加重要的是，需要针对所有学生进行设计、实施，以此全面提升全体学生的创新思维、创新意识、创新精神和创新能力。所以，创新创业教育不是一项临时活动或者任务，反而是一种人才培养手段，是与高校的专业培养目标相符合的手段。应用型本科高校都注重应用型研究，同传统研究型高校进行比较，其创新创业教育的制度设计也应该有所不同。一方面，不同的高校并不处于同一地域，具备的创新创业社会环境也有所不同。当然，高校创新创业的资源条件会产生很大差异，这让高校在指导学生创新创业时，在培养、实践的方式与目标内容上会有所不同。另一方面，不同类型的高校对人才培养规格有着不一样的定位，同时，根据不同专业以及个体的不同需求、定位实施不同类型的创新创业教育，重点结合应用性、专业性去设置不一致的创新创业教育目标，找出合适的创新创业教育内容，并且定位好合适的创新创业水平。

4. 主体性与互动性相结合

创新创业教育的主要参与者是教师和学生，应用型本科高校聚集的高层次教师和企业导师等，为培养大批具备创新创业能力的高层次应用型人才提供了丰富的资源。应用型本科高校培养学生的目的是努力把大学生培养成适应社会发展的高级应用型人才。教育体系必须尊重和重视学生人格的不断完善，包括稳定的心理素质和高尚的道德素质，落实以人为本的教学理念。除此之外，通过建立各种各样的活动方式和互动内容加强师生间的沟通理解以及学生间的合作与沟通。利用多方位的人际互动与相对平等的学习关系激发、引导学生的创新创业思维。创新创业教育通常被理解为“解决就业问题”的教育和“培养企业家”的教育。这两种观念将会导致创新创业教育成为一种面向个别学生的树典型式教育以及在创新创业教育上的急功近利行为，背离了应用型本科高校实施创新创业教育的初衷。

二、应用型本科高校创新创业教育体系的设计思路

应用型本科高校创新创业教育是一项涉及全社会的复杂的系统工程，它不仅是一个发展学科和课程体系的简单教育问题，而且是一个提高学生基本素质与能力、培养学生社会化意识和行为的综合教育问题。因此，为了在新教育观和系统观的指导下培养学生广泛的就业意识，应用型本科高校必须从内外联动和教育服务支持两个层面构建更广泛的创新创业教育体系。

创新创业教育体系与传统的教育体系最大的区别，是以“创新”作为核心理念和教育竞争力，这要求应用型本科高校重新定位培养目标，将应用型本科高校学生的创新创业精神融入应用型本科高校的办学宗旨和可持续发展之中。在传授大学生知识的同时，更要重视培养学生的财富和知识创造力，通过培养学生的创新创业能力，由发展学生的“冒险性愿望、敏捷性、创新性、抽象性思维、创新创业思维方式、积极进取心以及将市场转变为商机的能力”向全面发展学生的综合能力迈进。在这方面，可以通过采取一些措施来鼓励学生创新创业。例如，建立大学生创新创业激励机制，支持具有创新创业意愿和已经开始创新创业的学生，肯定胜利者，同时不要忽视和惩罚失败者，相反，应该宽容和鼓励他们。让大学生认真对待自己的创新创业行为，将其作为未来多元化发展的重要选择，使他们毕业后具有不惧困难、把握机遇、奋发图强、善于组织、勇于创新的意识和技能。

在创新创业教育体系框架下，要以目标和理念为出发点，从选拔教师人才、建设师资队伍以及培养学生人格各个方面将创新创业理念普及、渗透到教育体系的每个环节中；将创新创业理念融入整个人才培养体系，将创新创业意识和创新创业精神融入大学生学习知识和获取行为特性的大学教育中去，并对全体学生开展系统教育和培训；将创新创业理念融入大学课程，在课程中培养大学生自主创新创业或者参与创新创业必不可少的核心素养；打破课堂教学的局限性，进一步增加实践性强的教育课程和科技活动，在创新创业教育中培养学生的创新创业能力，激发学生的学习兴趣，通过课堂教学、创新创业基地、实践竞赛活动、校园文化活动等各种各样形式的教育和交流，帮助同学们做好创新创业必要的准备工作。此外，根据应用型本科高校不同的教育层次和教育板块，现有的理论体系需要在传统的科学理论和技术方法中注入新的要素，以此改变其运作模式与效率，并在该基础上进一步增加科学性创新与加工，从而实现理念创新、思想创新、方法创新和成果创新。

总而言之，为了在构建创新创业教育体系时可以适应时代发展、社会变革的客观需要以及应用型本科高校的教育要求，我们必须调整传统应用型本科高校的教育体系和模式，以此来继承其优势，突破其教学与科研不顾社会需求的偏执，新管理、新科技、新体制和新人文思想融会贯通，从创新创业教育到创新创业服务再到创新创业孵化，设计一个内外联动、层次分明、系统完备的科学体系。

三、应用型本科高校创新创业教育体系的框架设计

为了促进创新创业教育研究的科学化、规范化、系统化，应用型本科高校必须构建完整的体系和模型。在借鉴以往研究成果并根据前面对创新创业能力影响因素研究的基础上，结合我国应用型本科高校教育体系的现状，遵循科学的设计原则与思路，试图将创新创业教育的理念和模式嵌入应用型本科高校教育体系之中，本书构建了应用型本科高校创新创业教育体系的框架，如图 3-3 所示。

应用型本科高校创新创业教育体系的框架模型可从两个维度进行分析：创新创业教育组织的外部环境及内部环境。其中，内部环境是整个体系框架的核心部分，主要由四个模块组成。

（1）创新创业教育的目标理念体系。这是创新创业的理念思想和目标取向，根据创新创业的内容，可分为三个子目标，即教育理念、教育定位和目标体系。它对其他模块起着非常重要的指导和导向作用，并且其设计和优化应贯穿于整个系统的运行过程。

（2）创新创业教育的参与主体体系。这个体系包括创新创业教育的每一个主体和参与者，包括管理团队、师资队伍和学生群体。它是创新创业教育目标和过程的执行者。其中，核心是建立一支优秀的教师队伍，注重教师创新创业教育质量的选拔、

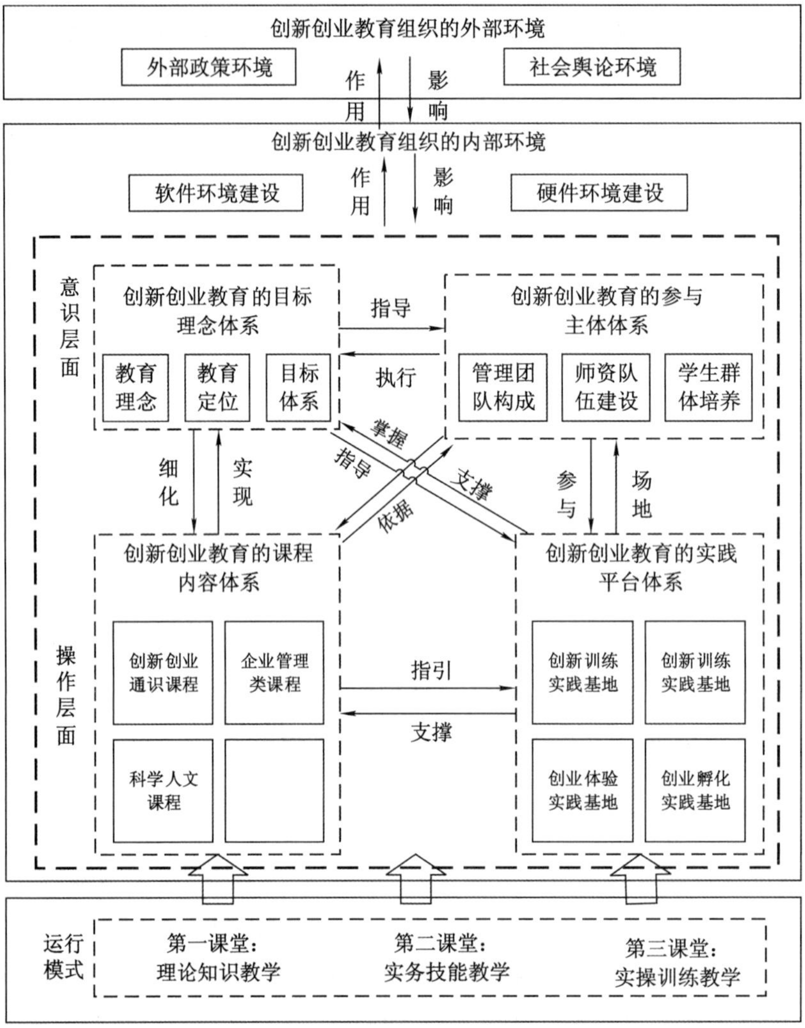

图 3-3　应用型本科高校创新创业教育体系的框架模型

培养、提高和评价。作为创新创业教育的受教育者，学生自身的能力条件和素质基础也占很大比重。

(3) 创新创业教育的课程内容体系。这是创新创业教育内容的优化。

(4) 创新创业教育的实践平台体系。

在创新创业教育体系框架模型中，这四个模块相互独立，又相互依存，共同构成了应用型本科高校实施创新创业教育完整的内部体系。

第三节　应用型本科高校创新创业教育体系的模块分析

一、应用型本科高校创新创业教育的目标理念体系

1. 树立科学的创新创业教育理念

当前高等教育的重要任务是开展创新创业教育，培养具有创新创业精神和创新创业能力的高素质复合型人才。在清华大学召开的亚洲创新创业教育大会上，相关专家指出，创新创业教育是高校实施素质教育重要的内容和环节，中国高校应该要重视创新创业教育，培养具有创新创业能力和创新创业精神的学生，这已经成为中国高校的主要目标之一。

任何教育体系都需要有科学的理念作指导，应用型本科高校开展创新创业教育的前提条件之一就是要逐步转变以传授知识为中心的传统教育观念，重点培养学生创新创业精神与创新创业基本素质。这一转变不是彻底抛弃以教学和传承为中心的教育，而是在传承教育的基础上做出相应的选择、传承、转换和发展，以此实现、理清和拓宽办学理念，进一步突破传统的办学模式，形成大创新创业理念，即引导学生如何运用知识创造性地解决问题，实现从封闭教育转变为开放教育、从应试教育转变为素质教育、从精英教育转变为大众教育、从就业教育转变为创新创业教育、从“知识智力”模块教育转变为“智能创新”模块教育、从阶段教育转变为终身教育。同时，为了达到学以致用的目的，将培养创新创业精神与创新创业教育结合起来，以创新创业精神培养和创新创业基本素质培养为核心，以社会需求为导向，密切联系与融合学校教育和社会生产、生活，引导大学生开展创新创业。

2. 明确清晰的创新创业教育定位

创新创业教育作为一种新的教育理念和实践，必须有一个合理明确的定位。目前，许多高校在创新创业教育中普遍存在着学生工作部门一头热，教学部门冷淡的现象。这很容易出现专业教育和创新创业教育两条线分开，使创新创业教育成为少数学生低层次的商业行为。造成这一现象的部分原因为教育管理者对创新创业教育的理解和定位不够深入、全面和明确。

合理地定位创新创业教育需要注意以下几个方面：第一，应用型本科高校创新创业教育要面向全体学生，贯穿于整个过程。从大一年级起，就要注重培养学生的创新创业能力和创新创业精神，而且应用型本科高校要随着同学们年级的升高不断加大创新创业的教育力度。第二，创新创业教育应当注重个体差异和专业差异。高校应

当根据学生受教育水平和意愿的不同，为不同类型的学生设定不同的教育目标。研究型高校研究生和本科生的创新创业教育可以更加侧重创新型企业创始人的教育。然而专科或职业教育的创新创业教育则可侧重自我工作岗位创造者的教育。高校要对具有创新创业意愿和条件的学生提出更高的目标要求。第三，创新创业教育要以科技创新创业为导向，要符合知识经济时代的特点。除此之外，大学生还要结合实际转变就业观念，把自主创新创业作为“择业”的一条新出路。同时，创新创业教育体系的全过程应当注重培养学生的创新创业能力和创新创业精神，培养意志力坚强、视野开阔、组织管理能力强、勇于实践挑战的人才。

3. 构建系统的创新创业教育目标

创新创业教育作为一项复杂的系统工程，其基本目标是培养人的创新创业精神和能力，我们应当根据社会和人的发展需要综合确定创新创业教育的目标。该目标对创新创业教育理念、教育模式的选择起着决定性作用。同时，创新创业教育目标也是教育体系中其他模块设计的出发点和归宿。只有明确好目标，才能有的放矢，减少教学实践中的误区，并且帮助我们对创新创业教育体系的构成要素进行合理选择与科学分析。

应用型本科高校创新创业教育是一项细致且复杂的工作，不仅要明确学生素质培养目标，而且要明确教学活动目标，使培养目标和活动目标统一在一条“主线”上，确保每一项教育行动都具备很强的指向性，如图 3-4 所示。

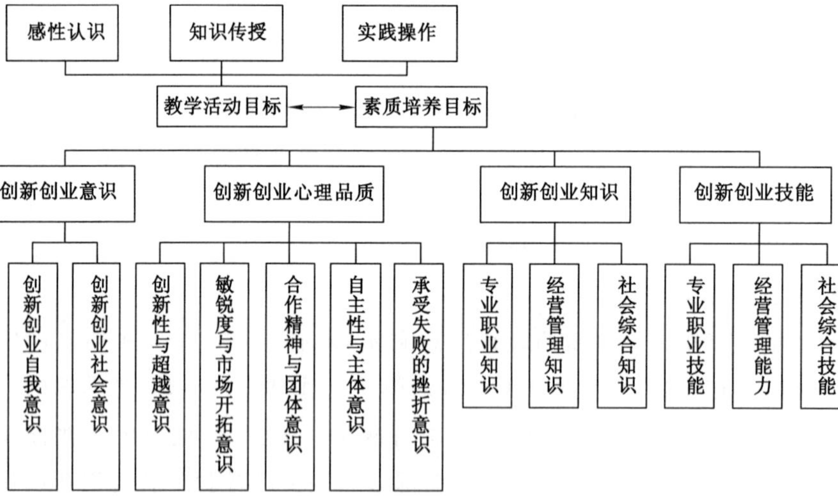

图 3-4 应用型本科高校创新创业教育的目标体系

(1) 教学活动目标。第一个维度是从应用型本科教学实践活动的角度进行描述，主要包括三个目标内容——感性发动、知识传授和实践操作。

(2) 素质培养目标。第二个维度是从创新创业成果实现所需要的各项素质内容角度进行阐述，主要包括强化全体学生的创新创业意识、培养全体学生的创新创业心理品质、丰富全体学生的创新创业知识以及逐步提高全体学生的创新创业技能四个方面。

① 创新创业意识，即在创新创业活动实践之前以及实践过程中，对人们的态度和行为起到动力支配作用的个性化心理倾向。其中，自我意识包含动机、兴趣、创新创业需求、信仰等，社会意识是指责任感、使命感、社会道德感等。创新创业教育需要积极引导学生综合分析自身的优缺点、就业与创业观、智慧因素，充分发挥内在的主观能动性和对外部环境的自觉选择，激发自身潜能和创新创业动机，充分发挥自身优势，自我创新创业，自我成才，充分挖掘自身潜能，将专业知识与理论实践、社会需求相结合。

② 创新创业心理品质。健康的心理品质是创新创业成功的精神支柱，在创新创业实践中起着行为和心理调节作用。在教育实践中，根据大学生自身不同的素质和特点，有针对性地培养大学生的各种创新创业心理品质。

③ 创新创业知识。知识素养对创新创业者的思维方式起着决定性作用，建立一个合理的创新创业知识结构体系是创新创业活动的前提和基础。教育实践应当注重对综合性知识的学习，既要牢牢掌握基础的专业知识、职业知识，又要深刻理解经营管理和社会综合知识。

④ 创新创业技能。相对于知识结构，创新创业教育应注重从理论知识到实践行为和成果的转换。它不仅仅对大学生创新创业活动的顺利完成、效率和效果有影响，而且也影响着创新创业教育更深层次的开展。除了对学生进行专业职业技能的培养外，还需要不断提高其经营管理能力、社会综合技能。当然，创新创业是一个实践的过程，学生不可能完全具备创新创业的各种能力，学生的能力需要在创新创业的实践过程中加以改进、发展和完善。

二、应用型本科高校创新创业教育的参与主体体系

应用型本科高校创新创业教育的参与主体体系主要包括管理团队、师资队伍和学生群体这三类(见图 3-5)。创新创业教育参与主体是三位一体的，管理团队是创新创业教育整体资源的配置者和整体行为的组织者，有行政管理和学术管理两种渠道规划、组织、实施、指导、反馈和调整，以确保整体教育行为与宏观目标相一致；师资队伍的教学行为和学生群体的学习行为都在管理行为的总体规划中，每一种行为都应按照目的导向原则和既定原则发挥微观能动主体的作用，与其他两种行为相互作用，形成具有复合因果关系的有机链。

1. 管理团队的构成

缺乏良好的管理、组织协调，会出现创新创业教育的多头管理现象，无法形成合

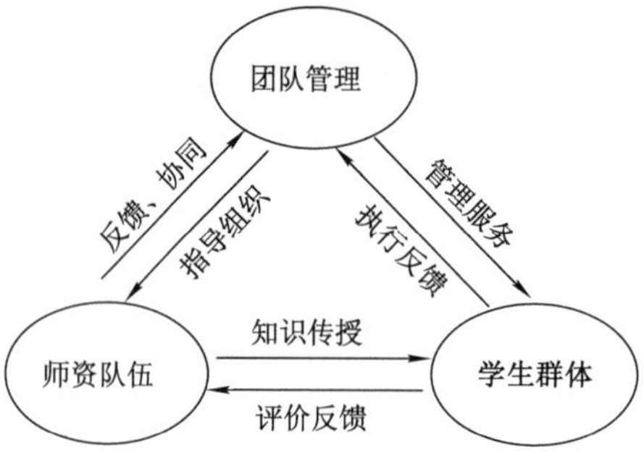

图 3-5　应用型本科高校创新创业教育的参与主体体系

力推动教育体系有效实施。所以，非常有必要建立一支高效的管理团队，运用有效的管理方法规划、组织、指挥、协调和控制创新创业教育工作。创新创业教育管理团队主要包括创新创业教育的行政管理团队和创新创业教育的学术管理团队。

创新创业教育的行政管理通常由校长领导的学校管理系统提供支持。它以一套法律法规和等级组成的层级结构、下级服从上级和按规则行事的组织规范发挥作用。学校党委作为学校教育工作的领导核心，主要的任务是把握创新创业的方向，提出实施创新创业教育的目标要求和指导思想，制定总体规划，发挥各自作用，强化创新创业教学合力机制。

创新创业教育的学术管理主体呈现多元化特征，可以是教学科研人员、行政管理人员或两者兼有，主要是管理者结合创新创业知识特点、学术内容和发展规律管理学术性事务。根据管理主体和管理客体的不同，可以采用多种管理方式和机制，包括行政管理方式和各种非行政管理方式。一般来说，可以在原有的一系列教学委员会和学位委员会的基础上成立创新创业领导小组。组长由书记或校长担任，副组长由副书记、主管教学的副校长担任；成员包括学生处、纪律部、宣传部、教务处、党校、团委、工会等部门负责人，主要负责创新创业教育的拓展、推广和协调工作。同时，整合各部门的力量，组织制定全校创新创业教育的具体实施方案，切实强化在教学工作、科研领域内的创新创业咨询、组织、规划、决策支持功能，充分发挥专家型教师尤其是知名教授和教学骨干教师在创新创业教育中的主导性和关键性作用。

2. 师资队伍的建设

应用型本科创新创业教育的具体实施最终取决于教师，所以，师资队伍建设在该体系中是相当重要的一部分。创新创业教育要取得实效，必须有一支具有创新创业精神、创新创业实践能力和创新创业理论知识的教师队伍。

创新创业教育所需的师资队伍应由优秀教师组成。在选拔、聘用、评价和培训教师的过程中，不仅需要关注学历、职称、素质技能、专业知识和工作经验等基本条件，更加需要注重其创新创业能力，即科研创新意识、相关成果和创新创业教学能力，也就是掌握创新创业教育的理论和教学方法。可以制定措施来鼓励教师到创新创业第一线兼职，可以有计划地指定有潜力的年轻教师进行创新创业实践。同时，聘请具有丰富经验的投资专家、企业家、管理专家、技术专家和创新创业成功人士作为创新创业活动课程的兼职教师或客座教授，定期或不定期地给同学们讲课，介绍创新创业的相关经验教训，或者加入学校创新创业志愿者团队，对大学生的创新创业实践提供指导与帮助，进一步激发学生的创新创业精神和创新创业欲望。

3. 学生群体的培养

应用型本科高校创新创业教育的受教者是学生群体，其创新创业条件与素质直接关系到教育体系能否成功实施。这里所说的学生群体的创新创业素质主要是指他们的背景、个人条件、个人表现以及对创新创业教育的满意程度。学生的背景是指其创新创业的教育背景、家庭背景；个人条件是指其创新创业的人格品质、能力素质与观念意识；个人表现是指他们在创新创业的学习和实践方面取得的成绩；满意程度则是指学生主动认同并积极参与高校创新创业教育课程和实践。学生群体的培养应以创新创业教育的目标体系为基础。学生的背景可以作为选拔创新创业实践团队和制定创新创业培训计划的参考。

三、应用型本科高校创新创业教育的课程内容体系

课程内容和学科建设，也就是设计和安排与创新创业意识、能力、知识、素质和策略相关的理论和实践课程。各高校应当结合创新创业教育目标体系，并且遵循市场经济要求，构建科学合理的课程内容体系，这有利于培养学生的创新创业主动性和热情，增强创新创业思维等综合性创新创业能力。在传授知识的同时要传授企业管理及相关知识，不断引导学生掌握创新创业的基本方法、基本知识和基本理论，不断激发学生的创新创业意识，不断提高学生的创新创业能力和素质。创新创业不仅需要扎实的知识，而且需要广泛的知识积累，涉及多个交叉学科的实践与理论。

借鉴美国等发达国家创新创业教育的经验，本书建议应用型本科高校需要以原有的课程体系为基础，构建有机整合、整体优化的课程群，并贯穿于整个大学阶段的创新创业教育教学。

在课程内容体系改革中，应当注意减少教学内容总量，使学生有理解和思考知识的空间，有时间广泛探索课外知识，实现学科结构的整合。根据不同层次、不同类型的教学内容培养人才，学校在学科结构上综合发展，实现文理交叉、理工结合。同时，拓宽专业口径，开拓科学视野。注重整体建设，从整体上考虑各部分，使学生在“宽专业、厚基础、重实践”的课程体系中真正学习到各种知识。课程内容和体系应当具备一定的动态性，要跟踪学科发展的前沿水平，充分反映现代社会的新要求和现代社会科技发展的新趋势、新成果，根据新世纪新阶段高层次创新创业人才应具备的智能结

构、知识结构和素质结构进行调整和改革。加强创新创业教育,培育创新创业成果,促进成果转化,鼓励学生积极运用现代化的管理方法和创新创业的理念创办小企业,同时为学生创办小企业创造有利的条件。

四、应用型本科高校创新创业教育的实践平台体系

创新创业教育最重要的组成部分是实践环节。应用型本科高校应当充分利用现有的专业实践条件,构建开放性、实践性、层次性、自主性的创新创业教育实践平台体系。主要包括资金支持、实践基础和技术指导三个方面。应用型本科高校应建立相应的创新创业实践项目,并提供资金支持。配备具有丰富经验的导师,对具有创新创业意识和创新创业能力,但因缺乏实践经验而对创新创业项目的选择和具体操作感到困惑的学生进行专业的支持与指导。通过资金和引导,为实践平台的健康运行提供一定的人力、财力和物力支持。

高校不仅要对学生进行理论教育,重要的是要培养学生的实践能力,加强学生的实践技能和训练,而这也是创新创业实践活动的教育要求。为此,学校必须建立一套完整的“产、学、研、用”联合教育体系,在能力范围内充分利用可进行创新创业教育的基地,开展创新创业实践教育,全面扩展学生校外实习基地。在创新创业教育的场地管理、师资配置、教学经费支持等方面创造条件,努力为学生的创新创业教育创造一定的物质保障,从而引导学生开展创新创业的长期阵营式发展实践。为方便学生开展科技创新创业活动,高校应在创新创业基地提供必要的资源和设备,不断探索创新创业教育新的有效发展途径,为提高学生的创新创业能力提供必要的条件。根据功能的不同,实践教育基地可分为以下四种类型。

1. 创新训练实践基地

高校二级学院应根据学生参与创新创业实践项目所需要的不同实验室场所建立相应的科研实践基地,并充分利用好与专业建设相配套的学校实践基地,如“产、学、研、用”实践研究基地、实验中心、工程中心和中心实验室。一方面,学院应为学生创新创业实践培训项目的研究提供需要的场地;另一方面,应在此基础上为各类创新创业设计和科研开发专业的学生开放场地,为支持学生创新创业实践研究提供必要条件。

2. 创新竞赛实践基地

此类基地主要是指校级创新创业教育实践基地,为学生参与各种各样的创新创业竞赛活动提供实践场地和必要条件。这些实践基地往往是大学生科技实践创新中心或者类似的场所。学生通过自由组合的形式设立不同形式的工作室,包括创新创业设计工作室、学科知识竞赛工作室、创新创业实践工作室等。

3. 创新创业体验实践基地

学校考虑到学生创新创业实践教育的必要性,充分利用学校与校外社会资源的

合作机制，建立联合创新创业教育实践基地，允许学生进入相应的创新创业企业进行实践和学习，观察和体验各类企业的产品研发、产品设计、产品营销和产品策划过程。此类基地大部分是学校已建立的“产、学、研、用”实践基地。学校鼓励学生到企业实习进行实践教育，包括校内与校外的产业基地。大学生可以通过实习更深层次地认识和了解企业，了解一个企业的创建和运营，从而感受到创新创业的难度。大学生可以树立正确的创新创业价值观，树立刻苦进取、坚韧不拔、勇往直前的创新创业信念。

4. 创新创业孵化实践基地

此类基地主要指高校与地方政府为支持小企业顺利成长而共同建立的创新创业园、联盟或孵化基地。针对不同行业开展专业实践和产品操作，通过与企业的人才互动、讨论，为学生提供法律、政策、金融、税务、技术、融资、资金等方面的创新创业支持。

第四节　应用型本科高校创新创业教育体系的构建策略

一、创新创业教育目标体系

要构建基于创新创业能力培养的应用型本科高校创新创业教育体系，首先要在设置创新创业教育目标体系时突出关键能力培养。随着社会经济和科技的不断发展，关键能力作为一项超越基础创新能力和创业能力之外的能力，正变得越来越重要。但是仅仅强调基本创新创业能力难以满足社会经济发展的需要，这就要求应用型高校在制定人才培养目标时，不仅要注重传授理论知识和技能，而且要着重培养关键能力，注重培养学生职业道德、创新创业能力、创新创业素养等方面的内容。

二、创新创业教育内容体系

创新创业教育内容体系的设计需要体现创新创业能力发展的需要。第一，实践课程的开发应以工作项目的形式进行。工作项目形式是指在工作岗位整理总结的具有代表性的任务。创新创业教育的过程和内容可以围绕这些项目展开，在项目完成过程中锻炼学生的创新创业能力。第二，科学开发实践性教材。应用型本科高校应围绕创新创业发展的需要，积极开发实践性教材。具体方法如下：① 积极联系并邀请企业参与编写实践教材。企业人员实践经验丰富，可以编写符合实际生产要求和程序的实用教材。② 以工作项目的形式编写实践教材，能够打破传统的创新创业教育体系，以具体的工作项目贯穿整个创新创业教育过程。一方面，它可以使创新创业教育内容更加符合社会发展的现实；另一方面，可以培养学生的工程意识，锻炼学生的实践能力。第三，在创新创业教育方式上，由于目前本科学生都是90后和00后，他们更愿意以主动、有趣的方式获取相关知识。因此，创新创业教育方法必须具有娱乐性和趣味性，这样才能引导学生积极参与学习和探索，通过一些具体的行动培养学生的创新创业能力，包括基本的创新创业能力和关键能力。

三、创新创业教育保障体系

完善创新创业教育保障体系，改善创新创业教育保障条件，包括加强实践基地环境建设和提高实践教师素质。在创新创业能力培养的过程中，实践教师既要具备系统扎实的创新创业理论知识，还应具备较强的实践能力与实践经验。所以，应用型本科高校应积极探索"双师型"教师的建设路径，如支持优秀教师进入企业任职培训教师，聘请企业骨干担任实践教师，提高技术人员和实践教师的待遇，加强激励等。加强实践基地环境建设不但意味着扩大和更新技术设施和实验仪器、设备，更重要的是加强实训基地的情境建设，通过实训基地的情境进一步引导学生积极探索知识的能力和创新创业能力。应用型本科高校可以与企业共建创新创业教育基地，使学生在真实的任务环境中完成创新创业实践内容，进一步增强对未来工作的适应能力。

四、创新创业教育管理体系

应用型本科高校创新创业教育管理体系分为两部分——管理体系和管理组织。在创新创业教育文件和管理制度的设置上，首先，必须要完善基本的管理规章制度，使现有的创新创业教育管理制度和文件规范化，确保创新创业教育的有序正常推进。其次，要建立科学创新创业教育质量标准体系与评价体系。学校在创新创业教育管理的组织结构上，为了确保创新创业教育的效果，可以成立创新创业教育领导协调小组，从宏观上领导协调全校创新创业教育的改革与实施，并指导各专业创新创业教育体系建设(李高申等,2012)。同时，二级学院(部门)实行教学院长负责制，设置创新创业教育管理岗位，明确实验教学中心等部门的创新创业教育管理职责，负责创新创业教育实施和创新创业教育改革等具体管理工作。

五、创新创业教育评价体系

设计基于创新创业能力培养的创新创业教育评价体系，应当注意以下几个方面：第一，多元化评价主体。评价主体不仅要包括实践教师，还要积极吸取企业和学生的自我评价意见。第二，注重结合过程评价与结果评价。改变以往只注重实践结果的简单评价模式，关注整个评价过程中的各个环节，通过学生在实践过程中所表现的创新创业能力，综合判断学生的实践能力。第三，评价内容的多样化。评价标准不仅要结合学生的学习结果，还要关注学生在实践过程中的情感、意志、合作精神、创新能力等因素。第四，评价方法的多样化。实践评价的方法除了是现场操作和测试，还可以是其他的一些方法，如综合性质的实践报告、制作 PPT 答辩、课程设计等。

第二篇

内容体系篇

第四章　应用型本科高校创新创业教育的师资队伍建设

创新创业需要知识和人才，高校是培养人才的重要阵地。从长远来看，高校培养的人才是否具有创新创业意识和能力，决定着整个社会的创新程度。创新创业教育是高等教育人才培养改革的重要突破，是促进大学生成长、实现人生价值的重要手段。应用型本科高校注重“应用”二字，要求各专业紧密结合地方特色，适应地方经济社会发展需要，培养应用型技术人才。在新常态经济背景下，如何在应用型本科高校培养创新创业人才，推进创新创业教育，已成为一个至关重要的现实问题。

高校的中心任务是人才培养，这项任务的完成离不开教师。《国务院办公厅关于深化高等学校创新创业教育改革的实施意见》（国办发〔2015〕36 号）要求高校创新创业教育“面向全体、分类施教、结合专业、强化实践”，这对我国高校师资队伍建设提出了更高的要求。在经济新常态下，以新的思想和理念指导应用型本科高校的创新创业教育是社会发展的必然要求。创新创业教育师资队伍建设是应用型本科高校发展所要面对的一项重要任务，是有效促进应用型高等教育可持续发展的关键。

应用型本科高校应当重视创新创业教育，紧紧围绕“培养什么样的人、怎样培养人、为谁培养人”这一根本问题，紧扣时代发展新要求，将创新创业教育贯穿学生培养的全过程。教师是教育的第一资源，高质量的教育来源于高质量的教师队伍。应用型高校创新创业教育是一项复杂的系统工程，而教师的数量和质量、知识能力水平以及实践经验是此系统的核心要素。应用型高校要打造一支政治坚定、业务过硬的创新创业教育师资队伍，为创新创业教育提供有力支撑。

第一节　应用型本科高校创新创业教育师资队伍建设的现状

教育是国之大计。教师是教育事业的基础，是教育发展的源泉。教师队伍建设工作已上升为一项国家事业，受到党和国家的高度重视。创新创业教师作为我国教师队伍的重要组成部分，也受到了党和国家的高度重视。2019年2月发布的《中国教育现代化2035》指出，我国要在2035年步入教育强国行列。为了实现这一目标，教师队伍建设要在法律法规、师资要求、师资组成、师资培养等方面取得一定成绩，促进我国创新创业教育教师队伍的发展。

一、法律法规有序出台

在法律法规方面，中华人民共和国成立后，党和国家高度重视教师队伍建设工作，先后颁布了《中华人民共和国教师法》《中华人民共和国职业教育法》《中华人民共和国教育法》《中华人民共和国高等教育法》《中华人民共和国民办教育促进法》等教育相关法律以及《教师资格条例》等教育行政法规。上述教育法律、行政法规的颁布，促进了教师地位的整体提升，保障了教师的合法权益，并且为培养一支具有良好思想道德和业务素质的教师队伍提供了坚实的政策支持。

二、师资要求更加严谨

2010年发布的《教育部关于大力推进高等学校创新创业教育和大学生自主创业工作的意见》(教办〔2010〕3号)明确规定了高校创新创业教育教师队伍的构成，企业家、创新创业成功人士、专家学者等应被纳入兼职教师行列。2015年发布的《国务院办公厅关于深化高等学校创新创业教育改革的实施意见》(国办发〔2015〕36号)对创新创业教育师资构成提出了进一步要求。该文件认为，兼职教师的构成应该是知名科学家、创新创业成功者、企业家、风险投资人等各行各业的优秀人才。前后两份文件对高校聘用的创新创业教育兼职师资队伍构成的文字描述略有变化，从这一变化不难看出，国家提高了对高校创新创业教育教师队伍的素质要求，也进一步提升了高校创新创业教育的质量。

三、师资组成初具规模

我国高校自开展创新创业教育以来，经过几十年的发展，师资规模已初见成效。通过搜索教育部网站发布的信息，我们可以知道各大高校都在大力推进创新创业教育师资队伍建设。例如，中国石油大学(华东)为了加强师资队伍建设，聘请校友、企业家为兼职导师，其中多名教师获得国家级、省级创新创业教育资格认证；合肥工业大学选择具有理论素养和实践经验的教师担任创新创业导师，聘请企业工程技术人员作为创新创业的兼职导师，建立专职创新创业教师和优秀导师库；西安电子科技大学邀请了优秀企业家担任校园创新创业导师，指导学生创新创业实践等活动；东北大学聘请了百名企业家校友、创新创业成功人士、风险投资人、专家学者等各行业优秀人才组成创新创业导师团队，担任创新创业授课或指导教师。

2019 年 10 月，教育部就高校创新创业教育改革相关情况召开新闻发布会，指出教育部正推动高校聘请各行业优秀人才担任创新创业教育专兼职教师，目前全国高校创新创业教育专职教师近 2.8 万人、兼职导师 9.3 万余人。教育部组建的全国万名优秀创新创业导师人才库首批已入库 4 492 名导师。

四、师资培养日益完善

国家层面对高校创新创业教育师资培养的重视程度逐年加深，并且在教育部发布的文件中提出了明确要求。如《国务院办公厅关于深化高等学校创新创业教育改革的实施意见》要求在岗前培训、教师研修等培训环节中增加对创新创业教育意识和能力的培养，同时要建立创新创业教师到企业的挂职锻炼制度。例如，东北大学选派从事学生创新创业指导的专兼职人员进行分层次培训，切实有效提升其专业水平，每年评选出一批优秀校级创新创业教育团队和教学名师；中央财经大学建立了创新创业教师培训体系，包括课程轮转培训、岗前培训及挂职锻炼等；华南理工大学更是将与创新创业有关的培训加入教师境外进修内容中，并继续实施科技特派员计划；西安交通大学则依托教师教学发展中心，加强师资培训体系建设，每年至少开展一次覆盖全校的有关创新创业意识与能力的师资培训。

第二节 应用型本科高校创新创业教育师资队伍存在的问题

当前，我国应用型本科高校创新创业教育师资队伍建设已初见成效，但依然存在一些问题，与应用型本科高校创新创业教育教师应培养因材施教的新能力、树立人人成才的新理念、掌握灵活有效的新方法以及具备实践引领的新素养等要求依然相去甚远。

一、创新创业教育理念落后

当前，部分应用型本科高校教师对创新创业教育的认知存在偏差，导致应用型本科高校创新创业教育发展相对迟缓。一些教师认为，创新创业教育就是培养未来企业家的教育，关键是教学生如何创办公司和企业，只要对少数有创新创业意向和能力的学生进行创新创业教育就足够了，没有必要对所有学生进行创新创业教育；还有一些教师认为，创新创业教育为解决大学生就业难问题提供了新方向、新方法，因此，他们将创新创业教育作为大学生就业指导的有效补充，鼓励高校毕业生在找不到合适的工作时选择创新创业，导致部分大学生盲目创新创业，缺乏深思熟虑，如做微商、开网店等，多数学生以失败告终；部分教师认为，创新创业教育只是专业教育的补充，创新创业教育与专业教育是相分离的，专业教育应当排在第一位，创新创业教育应排在第二位，学生首先要专注于专业知识的学习，在学有余力的情况下，再学习创新创业知识。因此，创新创业教育并未被纳入人才培养的全过程，总之，各种原因导致教师对创新创业教育重要性的认知不够全面，缺乏工作激情和积极性，教学效果不理想。

二、师资数量严重不足且缺乏稳定来源

当下，我国高校创新创业教育正在有条不紊地进行着，但效果并不理想。这里面的一个主要原因是教师资源严重短缺。教育部办公厅印发的《普通本科学校创新创业教育教学基本要求（试行）》指出，所有高校应开设面向全体学生的创新创业教育选修和必修课程，这很显然需要大量的创新创业教育教师。按照教育部 2004 年发布的《普通高等学校基本办学条件指标（试行）的通知》（教发〔2004〕2 号），高等学校生师比例应为 18∶1。虽然我国目前尚未对高校创新创业教育的生师比例做出明确规定，但现有的生师比例明显失衡。2019 年，全国高等学校创新创业教育专任教师近 2.8 万人，而在校大学生人数则达3 031.53万人（胡建华，2021）。可以看出，高校学生总数与创新创业教育专任教师人数的比例约为 1 082∶1，即每 1 082 名大学生仅配备一名专任教师。“按照专任为主、专兼职结合的原则，参照高校就业指导教师（1∶500）与思想政治理论课教师（1∶350～1∶400）的比例，创新创业专任教师与在校学生的师生比例不得低于 1∶500”（姚圣卓等，2020）。显然，目前创新创业教育师资的数量已经不能满足创新创业教育发展的需要。因此，在开展创新创业教育时，面对大量学生，教师往往会感到有心无力，很难做到逐一引导、因材施教、有效教学，致使创新创业教育质量低下。

综上所述，创新创业教师的总数不足以满足教育需求。教师资源的缺乏将在短期内阻碍创新创业教育的顺利开展，长期影响创业人才的培养。想要解决教师数量不足的问题，就要引进和培训创新创业教育教师，然而高校创新创业教育教师招聘渠道少。高校通常通过发布招聘信息或经现有创新创业教育教师的介绍来引进创新创业教育教师，具有招聘动力不足、招聘效果差等问题。另外，对于创新创业教育教师，高校重视引进却轻视培养。这种方法虽然看起来有效，但具有很大的被动性和不确定性，对创新创业教育教师队伍的长期发展很不利。总之，由于缺乏稳定且多样的创新创业教育师资来源，高校面临着师资力量匮乏的困难局面。

三、现有师资的行业专业性不足

我国高校推进创新创业教育的主体是创新创业学院、高校的就业指导中心、学生工作处、教务处、团委等部门。进行创新创业教育的专职教师主要是这些部门的教师

或工作人员，创新创业教育的教师队伍专业性不够。此外，创新创业教育要坚持工学结合、岗位实习、校企合作的人才培养模式，注重“做中教、做中学”，侧重于理论与实践相结合的一体化教学，深化实习、培训等实践教学环节，这就对教师个体的实践能力提出了更高的要求。然而，应用型本科高校创新创业教育的大部分教师普遍没有创新创业经验，缺乏企业经营和管理能力，大多不具备开展创新创业活动的能力。一方面，教师队伍的年龄结构不尽合理。在我国高等教育从大众化阶段向普及化阶段过渡的过程中，为了解决高校师资短缺的问题，招收了大量应届毕业的硕士生和博士生作为教学队伍的补充(王劲屹，2017)。然而，青年教师往往缺乏丰富的教学经验，难以满足创新创业教育对教师能力以及素质的要求。另一方面，对引进教师的要求不尽合理。高校在引进人才时往往更注重学历。高校教师的学历水平有了较大的提高，但由于在引进人才时没有充分考虑其实践能力、创新创业精神和创新创业经验，使得他们在独立进行创新创业教育时会有些许困难。创新创业教育以创新创业基础课教学为主体，实践性非常有限。例如，创新创业教育的实践形式很少，通常是鼓励大学生参加创新创业竞赛，主要是获取短期利益或竞赛奖励，缺乏后续项目孵化的工作(姚圣卓等，2020)。同时，创新创业教育内容相对简单，通常只解释一些概念性知识或介绍一些成功人士的创新创业案例，教育的广度和深度不够，对提高大学生实际创新创业能力的帮助十分有限。

四、创新创业教育师资结构不合理

创新创业教育的师资结构包含了教师的学历结构、专业技术职务结构和来源结构等多方面。学历结构方面，学历反映了一个人接受系统教育的程度，在一定程度上反映了一名教师的学术水平和专业素质，专业技术职务也在很大程度上体现了一名教师的科研能力和学术水平。一般来说，学历与专业技术职务、教师专业能力以及科研能力之间存在一定的正相关性，即学历越高、专业技术职务越高，那么包括专业能力和科研能力在内的教师的综合素质越好，越有利于高校开展创新创业教育。但是，通过对部分应用型本科高校创新创业教育教师学历结构和专业技术职务结构的调查数据进行分析，发现具有副高级以上职称或博士学历的创新创业教育教师占比偏低(王丽燕等，2018)。来源结构方面，主要关注教师的知识和经验背景以及所在岗位的工作背景。应用型本科高校大部分专任教师比例偏低，且在承担创新创业教育任务之前没有接受过相关知识培训，在学历教育阶段也没有接受过相关知识培训，且大部分教师没有与创新创业教育相关的工作经历。校外兼职教师存在较大的校级差异，占比低的仅为5.5%，高的能达到37.7%。校外兼职教师素质参差不齐，并且受企业生产或企业管理等因素的影响，难以保持稳定，特别是兼职教师与高校之间没有隶属关系，高校对兼职教师队伍难以发挥激励和约束作用。

五、师资队伍的管理评价机制不健全

在师资队伍的管理方面，创新创业教育师资队伍主要由学校的人事部门、教务部门和教师所在的二级学院等职能部门共同管理，致使对创新创业教师产生多头管理，在工作安排、教师培训等方面无法集中优势资源。大部分教师未能系统地学习创新创业知识。在师资队伍的保障机制方面，虽然大部分学校都为创新创业教育提供了基础教学设施和教学环境，但教师的满意度较差。同时，创新创业教育教师在职称评定、评优、薪酬等方面与学院其他教师的政策一致，没有根据学科特点给予倾斜和重视。部分政策的制定仅提供了政策框架和指导方针，细则不够完善，导致政策落实困难。在师资队伍的质量评价方面，多数应用型本科高校已经建立了教师评价机制，如年终教职员工考核、学生教学评价等，但未根据课程特色区分评价指标和评价标准，评价结果不能有效反映创新创业教育教师的工作绩效。创新创业教育教师评价体系一般或不合理，对创新创业教育教师难以起到激励作用。在师资队伍的激励方面，现有的教师职称评聘制度、考核等激励方式不符合创新创业教育的实际情况。例如，职称评聘更多地关注教师的科研课题、论文、著作和课时数等，却很少关注教师的教学课程情况和教学水平。创新创业教育师资队伍缺乏有效的激励机制，这对教师开展工作的积极性将产生严重影响，进而对教学效果产生影响。

第三节　制约创新创业教育师资队伍建设的原因分析

当前，我国高校创新创业教育师资队伍建设水平虽然有所提高，但与新时代经济社会发展对应用型本科高校创新创业人才培养的要求相比还存在较大差距。制约高校创新创业教育师资队伍建设的原因来自多个层面，具体可从政府、高校以及教师三个层面来分析。

一、政府层面

1. 政策的现实引导意义需进一步提升

国家发布了一系列关于高校创新创业教育师资队伍建设的政策文件。2015 年发布的《国务院办公厅关于深化高等学校创新创业教育改革的实施意见》明确指出，要配齐配好创新创业教育专职教师。然而，高校在具体实施过程中，仍然存在许多问题，包括“校内外兼职教师配比应该是多少、创新创业教育师生比例应该是多少”等一系列问题。只有解决了这些问题，我们才能清楚地理解“配齐配好创新创业教育专职教师”的含义，使这一政策更具现实指导意义。为进一步贯彻落实《国务院关于推动

创新创业高质量发展打造“双创”升级版的意见》和《国务院办公厅关于深化高等学校创新创业教育改革的实施意见》要求，2019年发布的《教育部办公厅关于做好深化创新创业教育改革示范高校2019年度建设工作的通知》(教高厅函〔2019〕22号)中指出，各示范校要着力发挥示范带动作用，面向本区域、本类型高校，积极开展教师创新创业教育教学能力培训工作。在政策引导下，部分高校积极聘请社会精英从事创新创业教育工作，借此提升师资队伍整体实力。然而，高校引进创新创业教育外聘教师的力度还远远不够，部分高校还没有聘请校外兼职教师。教育部应根据现实情况，及时调整政策制定方向，加大对这一政策的财政支持力度，进一步细化实施方案。只有这样，才能更有效地增强政策的现实指导意义。另外，在教学考核和职称评定上对创新创业教育教师缺乏激励措施，政策不够完善。为使政策更加明确，政府应牵头与各部门通力合作，进一步明确对高校创新创业教育教师提供倾斜支持的比例和方式，这样高校在实际操作中方能做到有据可循。

2. 创新创业师资建设专项资金不足

一方面，国家一直强调要确保创新创业专任教师数量充足，同时也表示要大力引进社会优秀人才担任创新创业教育兼职教师；另一方面，国家为高校创新创业教育投入了大量资金，但教师数量仍不足以满足教育需求。这是因为大多数高校将国家拨给的创新创业教育资金用在购买硬件设施、搭建创新创业实践平台和支持大学生创新创业项目等方面。也就是说，资金投入的重点并不在创新创业教育师资队伍建设上。高素质的创新创业教育教师，特别是外聘创新创业教师，需要大量资金引进。创新创业教育教师也需要大量资金支持科研项目和创新创业项目。创新创业教育教师专项发展资金的不足，只会使高校错过摆在他们面前的高素质教师，造成现有优质教师的流失，进而影响创新创业教育的发展(姚圣卓等，2020)。因此，国家需要拨专款用于高校创新创业教育师资队伍建设，以此来扭转创新创业教育师资匮乏、教师专业素质低下的局面。

二、高校层面

1. 创新创业教育师资队伍管理理念不科学

科学管理理念是完善创新创业教育师资管理机制的基础，是加强创新创业教育组织建设的条件，是创新创业教育教师合理发展的保证，同时也是高校创新创业教育师资队伍建设的源泉。但现实情况是，高校对创新创业教育教师的管理存在诸多不合理之处。第一，在专职教师数量不足的前提下，高校只采取过度使用专职教师的办法，几乎所有的专职教师都身兼数职。这使得专职教师负担过重，感到精疲力竭、分身乏术。在此背景下，要求专职教师全面、高质量地完成各项教育教学工作，显然是一种不明智、不科学的管理理念。第二，高校对校内兼职教师管理不足。具体来说，高校将创新创业教学任务分配给学校兼职教师后，对其教学过程几乎没有监督，在缺乏教学督导的情况下，一些兼职教师在创新创业教育方面表现得较为松懈，却无人问责。第三，某些高校校内兼职教师成为创新创业教育师资队伍的主体，而专职教师较少，校外兼职教师更为稀缺（周群华，2021），这不符合教育部提出的“专任为主、专兼结合”的理念，也不符合积极聘请校外优秀人才担任兼职教师的创新创业教育师资队伍建设要求。

2. 创新创业教育师资队伍管理机制不健全

创新创业教育的创新性、创造性和实践性等特点，要求教师具备突出的创新创业指导能力，这也决定了师资管理机制的特殊性。然而，调查中的大多数高校还没有建立起完善的、更有针对性的创新创业教育师资队伍管理机制。

（1）高校没有真正落实创新创业教育师资队伍优胜劣汰的动态管理机制，使得专业素质较差的教师仍然留在教师队伍中，降低了创新创业教育师资队伍的整体素质。

（2）在聘任制方面，高校对教师准入资格并未做出具体要求。例如，从事创新创业教育的教师需持有创新创业教育讲师、培训师、高级培训师或创新创业导师（咨询师）资格证书中的任一项，准入制度对提升创新创业教育的质量具有直接促进作用（张翔等，2018）。

（3）大多数高校仍采用教师教学工作量加科研工作量的标准对创新创业教育教师进行考核，尚未制定针对创新创业教育教师的考核标准。然而，创新创业教育教师分为实践课教师和理论课教师，实践课教师主要负责学生创新创业实践的咨询和指导工作，需要花费大量的时间和精力在课外指导学生，因此，普通教师的考核标准不适用于实践教师。

3. 创新创业教育师资队伍组织建设薄弱

根据实际调查来看，仅有少数应用型本科高校设立了创新创业教育学院或专门的职能部门，大部分高校尚未设立专门从事创新创业教育的部门。此外，创新创业教育校内兼职教师占据了教师人数的一半，而未设立创新创业教育相关部门的高校一般由就业部门或学生处管理创新创业教育校内兼职教师。校内兼职教师队伍主要由两部分组成，一部分是来自不同学科的教师，他们不仅受所在学院管理，还由就业部门或学生处管理；另一部分是负责管理学生工作的教师，包括校内党务工作人员、团务工作人员、辅导员和就业部门的教师。高校对这两部分教师实行归口管理，因此本职部门管理权限较大，而削弱了就业部门或学生处对创新创业教育校内兼职教师的管理，导致他们难以从创新创业教育教师队伍中获得组织归属感。因此，创新创业教育师资队伍的组织建设仍需要加强。

4. 校企合作运行机制尚不完善

在开展创新创业教育的过程中，高校希望与企业进行深度合作，以此获得技术、人才、资金和实践平台的支持。然而，在校企合作开展的过程中，企业更加关注合作的经济效益，将利润作为衡量校企合作价值的基础，因此，他们在联合培养创新创业人才和创新创业教育教师方面表现得并不积极。高校大多是聘请企业优秀人才到学校多次授课，而企业一般不接受创新创业教育教师进入企业。并非所有联络高校与企业的创新创业教育教师都具有创新创业经验或企业任职经历，他们对企业需求的感知能力不够敏锐。大多数高校没有设立与企业对接的部门，也没有指派专门人员与企业进行对接，难以保证校企合作的稳定性。部分高校没有建立完善的创新创业教育科研成果应用、共享和转让机制，导致合作企业可享受的优惠政策不明确，因此，高校容易失去与企业合作的机会。在校企合作机制不完善的前提下，高校创新创业教育发展受阻，高校创新创业教育团队建设速度也因此放缓。

三、教师层面

1. 对创新创业教育的认识存在偏差

部分教师对创新创业教育的认识存在偏差。具体而言，一些教师认为，创新创业教育针对的是一些特定学科和对创新创业感兴趣的学生，这应该是经管类专业教师的责任，而不需要针对所有学生；一些教师认为，只要教给学生创新创业的理论知识就算大功告成了，丝毫不注重对学生实践能力的培养，并未真正理解创新创业教育的培养目标；一些教师认为创新创业教育独立于专业教育而存在，因而摆出一副事不关己的态度；一些创新创业教育校内兼职教师认为创新创业教育的包袱应该交给专职教师，自己得过且过就好；还有的教师认为创新创业教育工作肤浅，教学效果的好坏不会影响自身的报酬。上述认识存在的偏差会极大地降低教师开展创新创业教育的积极性。

2. 职业生涯过渡期的次优选择

大部分教师，特别是青年教师从事创新创业教育，其出发点更多的是为了完成学校任务和个人“评奖、评职称”的需要。新教师工作时间较短，工作绩效不足，从事创新创业教育工作便成为他们评奖和评职称的一种手段，或是职业生涯转型期的一个次优选择。作为次优选择，新教师对创新创业教育工作的认可度和满意度自然会降低。此外，大多数新教师缺乏创新创业的理论知识和实践经验，最终导致创新创业教育一度陷入纸上谈兵的局面，学生无法真正掌握创新创业知识。新教师将创新创业教育工作视为职业生涯转型期的次优选择，这必然会降低学校专兼职教师队伍的教学水平，进而影响教师队伍的整体教学水平。如果放任其自由发展，那么创新创业教育将成为一句空话，这也是社会各方不愿看到的结果。

3. 校内兼职教师受主业限制

创新创业教育校内兼职教师包含了各学科教师和负责学生管理工作的教师，他们除了创新创业教育的“副业”工作外，还担任本学科的教学或行政管理工作。受归口管理的影响，创新创业教育校内兼职教师定会将大部分时间、精力和心思投入到“主营业务”上，所以，在创新创业教学中难免缺乏积极性、主动性和创造性，更不用说花时间提高自己的创新创业理论知识和实践能力了(曾令奇等，2020)。以辅导员为例，他们的工作既繁重又琐碎，不仅要负责学生的日常教学管理工作，还要随时关注学生的心理状态和矛盾纠纷等问题。对辅导员来说，他们本职的工作已经超出了自身负荷，再要求其在创新创业教育工作上投入太多精力亦不现实。

第四节　创新创业教育师资队伍质量保障体系的构建

一、创新创业教育师资队伍质量保障体系的内涵

“质量保障”一词起源于工商界，是指“厂家或者产品生产者向用户保障其提供的产品或服务持续达成预定目标以使用户满意的过程”(吕红，2010)。创新创业教育师资队伍质量保障体系是指高校为保证创新创业教育师资队伍的教学质量，建立覆盖创新创业教育师资建设全过程的质量管控系统，以此来满足培养学生能力、提高教育水平的要求，是推动创新创业教育师资队伍高质量发展的坚实后盾。

在创新创业教育师资队伍质量保障体系建设过程中，学校教学主管部门借助对师资队伍建设过程进行监控和管理来发现存在的问题，并加以解决和优化，确保创新创业教育师资建设的实施效果，这是保障体系的基本要求。更重要的是，通过实施创新创业教育师资建设提高学生创新创业过程中的思想道德素质、文化素质、专业素质和分析解决问题、适应社会竞争以及创新创业的综合能力，弥补课堂教学环节在培养大学生创新创业基本能力和素质方面的不足(张华峰等，2020)。基于此，创新创业教育师资队伍质量保障体系的构建应注重教育过程的连续性和动态性，使学生创新创业的综合能力和高校的教育质量始终处于不断动态提升的过程中。

二、创新创业教育师资队伍质量保障体系的构成

创新创业教育师资队伍质量保障体系是一项复杂的系统工程。其运行过程要求大学各职能部门、二级学院及相关专业指导老师各司其职，相互配合。在推进过程中，各组成部分需要不断进行自我评价和自我完善，以达到持续改进的目的。基于此，本书借鉴全面质量管理的理论方法，关注创新创业教育师资队伍建设过程中所涉及的学校、学院和专业三个层面，构建了涵盖创新创业教育师资队伍全过程的制度设计、执行控制、质量监督、评价反馈、优化提升等五个维度的质量保障体系(见图 4-1)。

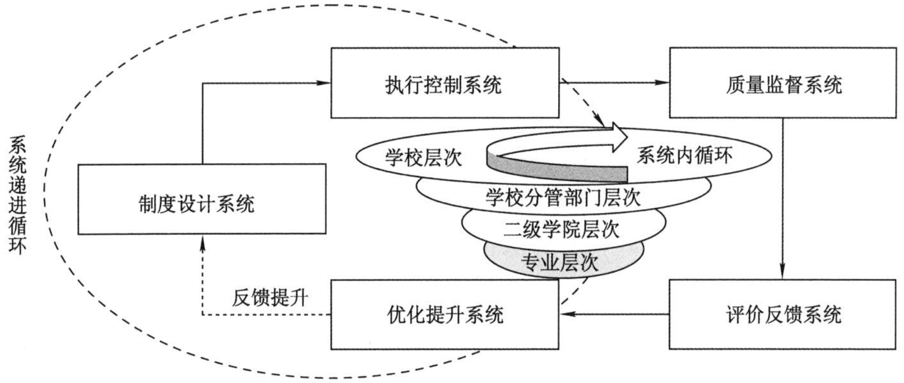

图 4-1　创新创业教育师资队伍质量保障体系框架

1. 制度设计系统

创新创业教育师资队伍的建设涉及学校教学管理、科研管理等多个部门的合作。校级主管部门主要负责制定各项指令性政策、制定各院系实施导师制的工作目标和计划以及对二级学院决策机构的监督管理；院系管理部门的工作重点是根据上级管理部门制定的计划和目标，结合本院系的特点，制定本院创新创业教育师资队伍的具体实施的计划和目标；各专业管理部门主要负责联系创新创业教师和学生，安排具体教学工作计划和学生培养目标。制度设计系统应充分发挥学校、院系、专业教研室三级管理机构的职能，以学院为中心共同管理创新创业师资建设的实施。

2. 执行控制系统

质量保障体系的关键是执行控制系统，管理系统做出的各项决策和工作安排都需要通过执行控制系统来实施（王志强等，2021）。首先，在学校层面成立导师工作领导小组，负责制定科学合理的指令性制度文件，根据学校管理部门制定的创新创业教育师资队伍建设目标和实施方案，提供相应的导学资源和财政投入，对创新创业教育师资队伍的建设进行宏观管理。其次，在学院层面设立创新创业教育指导委员会，主要负责各学院创新创业教育师资管理的具体工作。指导委员会将负责创新创业教师的资格认定、选聘、评估和管理；编制《创新创业教师工作守则》，明确教师的权利、责任和利益分配；全面指导教师工作的开展；根据创新创业教学运行情况，及时收集各方反馈材料，不断完善创新创业师资建设制度；定期开展创新创业教师交流，及时上报教学信息等工作（李青等，2019）。最后，专业层次的教研室工作人员直接面对教师和学生，向创新创业指导教师和学生传达学校和学院的各种通知和规章制度，对创新创业指导教师和学生在导学工作中遇到的问题加以解决。

学院应该是执行系统的核心。学校可以将创新创业教育师资队伍建设过程中的管理权限和激励措施下放给学院，使学院作为各项工作的实施主体，有权制定符合自身特点的创新创业指导教师管理规范（范迅等，2015）。同时，学院执行机构承担着过渡性职能,向上对学校的管理机构负责,接受各种学校的决定,向下管理和监督各专业导师的日常工作,收集并向上传达各种反馈信息。

3. 质量监督系统

质量监督系统是保证创新创业教育师资队伍建设成效的必要手段,负责监督执行控制系统所采用的决策方案和执行结果。其功能是规范创新创业指导教师和学生的行为,全面负责创新创业教育师资队伍建设的质量监督工作,规范指导过程和教学目标,使创新创业教育师资队伍的建设尽可能达到预定目标(王重润,2020)。

为了更好地发挥质量监督系统的作用,校级监督部门可以对创新创业教育师资队伍建设的整体实施情况进行监督,不定期抽查相关院系和相关专业创新创业教育师资队伍建设的实施情况,同时接受下级监管部门的信息反馈。院系监督部门主要监督本院系创新创业教育师资队伍建设的具体情况,定期检查和监督本部门创新创业教育师资队伍建设的实施情况,及时发现问题,解决问题,并向上级监督管理部门及时报告。专业层面监督主要是组织创新创业指导教师和学生进行自我监督,是创新创业教育师资队伍建设督导体系中最重要的环节,是对创新创业教育师资队伍建设效果最真实的反应。专业监督分为两部分:首先,各专业教研室定期组织、选择部分指导教师和学生进行访问,并要求指导教师和学生反馈指导过程中遇到的问题;其次,开通专业督导渠道,有效地将创新创业教育指导教师和学生的真实意见和想法传达给学校相关部门。

通过对创新创业教育师资队伍建设质量保证工作的持续监督,定期总结工作中存在的困难,结合各方面信息,在分析整理的基础上发现可能存在或已经存在的质量问题,及时调控创新创业教育师资队伍建设的质量保证工作。

4. 评价反馈系统

创新创业教育师资队伍建设工作评价过程是一个信息反馈过程,其主要目的是检测、监督和指导创新创业教育师资队伍建设的工作开展情况,促进工作目标的实现和优化。校级评价反馈系统主要是制定各种宏观评价标准,对各院系创新创业教育师资队伍建设的整体实施情况进行评价;院系评价反馈系统的主要工作是制定具有本院系特点的评价标准,结合各方信息,客观评价本院系每位教师的导学工作,并对本院系其他部门员工的工作进行评价;专业层次的评价反馈系统主要是组织指导教师和学生进行自我评价,并反馈给上级评价部门进行参考(肖永明等,2017)。

通过评估,指导教师可以了解自己、他人和学生的现状,努力按照创新创业教育师资建设的工作要求认真改进工作方法,进一步明确职责,提高工作质量。还可以让学生了解他们自己的学习发展水平,提高其对创新创业教育的认识,发现差距。同时,评价反馈,还可以起到筛选作用,筛选出优秀的指导教师和学生,给予他们适当的奖励,并查找创新创业教育师资建设过程中存在的一些问题,进而解决和优化这些问题。

5. 优化提升系统

创新创业教育师资队伍建设的优化提升系统的主要功能，是总结创新创业教育师资队伍建设过程中的经验、教训和成就，处理存在的问题，整理成功经验和失败教训，完善创新创业教育师资队伍建设的管理制度，这不仅可以防止问题反复出现，还有助于总结出每个阶段未解决的问题，为下一阶段的计划制订提供依据。

专业层次的优化主要是指导教师和学生的自我优化；院系层面的优化主要是专业层次和自身层次的优化；学校层面的优化主要是对创新创业教育师资队伍建设工作整体情况的优化。各级首先进行自我优化，总结工作经验、教训以及成果。通过不断地优化和完善师资队伍建设工作，实现创新创业教育教学质量的不断提高。

三、创新创业教育师资建设质量保障体系的运行机制

本书构建的创新创业教育师资建设质量保证体系由学校、院系、专业三个层次和制度设计、执行控制、质量监督、评价反馈、优化提升五个维度组成。校级职能部门负责全校创新创业教育师资建设的总体实施情况，并对院系控制系统进行监督管理；二级院系的控制系统起着过渡性作用，是整个质量保障体系的核心，即对专业层面的控制系统进行监督管理，并及时将该层面的各种有效信息反馈给学校层级；专业层次的控制系统主要面向具体的指导教师和学生，负责具体的工作，并将信息及时反馈到院系层级。该系统的运行机制如图 4-2 所示。

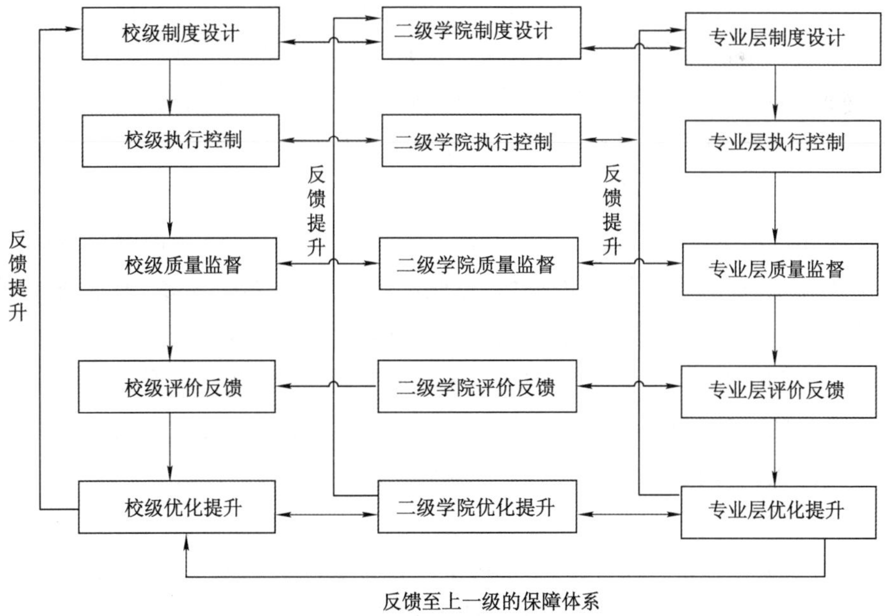

图 4-2　创新创业教育师资建设全过程多层次的质量保障体系运行机制图

制度设计、执行控制、质量监督、评价反馈、优化提升等系统在学校、院系和专业对应的各级的运行机制归纳如下：① 制度设计系统根据自身发展目标，制订本层次创新创业教育师资队伍建设的目标和实施方案，并发布给执行系统。② 执行控制系统根据管理系统做出的计划和决策，制订出具体工作内容、工作计划和各项工作中的规章制度，并予以实施。③ 质量监督系统对创新创业教育师资建设实施过程进行监督，及时发现并解决实施过程中存在的问题。同时，对监督检查结果进行记录，并反馈至评价系统。④ 在评价反馈阶段，评价部门对相关人员进行公平、公正的评价，并根据考核结果对相关人员进行奖惩。及时将各部门以及指导教师在考核中存在的问题反馈给指导教师本人和具体部门，使相关人员了解自身的不足之处，并在今后的工作中进行改正。⑤ 优化提升系统对评价后暴露的问题进行分析、优化、解决并反馈给管理系统，管理部门制订下一阶段工作计划，明确下一阶段的工作方向，并及时传达给相关职能部门，做好下一阶段的创新创业教育师资建设工作。

该运行机制的设计充分考虑了创新创业教育师资队伍建设质量保障体系的可持续性和动态性，运用全面质量管理的 PDCA（planning，do，check，action，即计划、执行、检查、改进）循环理论指导创新创业教育师资队伍建设的全过程。该系统在运行过程中具有以下典型特征。

1. 层次分明且相互协调

创新创业教育师资队伍建设质量保障体系由三个层次的质量保证循环构成：学校、院系和专业。质量保障活动的三个层次不是孤立的，而是相互关联、合作的，高层次质量保障活动是低层次质量保障活动的前提，低层次质量保障活动是高层次质量保障活动的延伸。三个层次形成了逐层向下监控、层层向上负责的管理体系，最大限度地发挥各级职能，不断提高创新创业教育师资队伍建设的质量。

2. 循环递进且互为保障

PDCA 循环作为质量管理的基本方法，不仅适用于全校创新创业教育师资建设的质量保障体系，而且也适用于各院系、专业甚至个人。学校、院系、专业各个层次都有自己的 PDCA 循环，形成大环套小环，小环内套更小的环，层层循环的体系。大环是小环的母体和依托，小环是大环的分解和保证。各层次的小环围绕实施创新创业教育师资建设的总体目标向同一方向转动。通过循环，将各级创新创业教育师资建设的质量保障工作有机地联系起来，彼此协调，相互促进。

3. 不断更新且螺旋式上升

每个层级的循环不在同一水平上，每个周期都会解决一些问题并取得一些成果，学生的培训效果就会进一步提升，创新创业教育师资队伍建设的质量也将进一步提高。每个循环周期结束后，我们都要进行总结，提出更新的目标，然后进行第二个循环周期，不断提高创新创业教育师资建设的效果。

第五节　应用型本科高校创新创业教育师资队伍建设提升的对策建议

根据前述创新创业教育师资队伍质量保障体系的框架，应用型本科高校创新创业教育师资队伍建设涉及学校、院系、专业三个层次，结合师资队伍建设全过程、多层次的质量保障运行机制涉及的制度设计、执行控制、质量监督、评价反馈、优化提升等五个维度，明确创新创业教育师资队伍建设的参与主体，在政府层面、高校层面和教师层面加强制度建设、强化执行控制和评价反馈。① 要明确创新创业教育师资队伍建设的主体。政府政策、学校管理、教师自身是强化创新创业教育师资队伍建设的重要主体，是整个师资队伍建设质量保障的基础。各个层次的质量保障工作归根结底都是为多主体的协同配合和资源提供保障。② 要重视制度的确立和建设。要想保障创新创业教育师资队伍的高水平建设就必须建立具备科学性、合理性、可操作性和灵活性的各种保障制度，师资队伍建设质量保障的制度体系应该包括教师的遴选制度、激励制度、管理制度、评价制度和退出制度等。各院系可酌情根据自己的不同情况制定相关的制度，只要不与指导思想和原则相背离就行。③ 要建立具有多样性和差异性的客观评价标准。建立标准是质量保障的重要前提和第一环节，如果缺少质量标准，就难以对创新创业教育师资建设情况给出明确的评价。同时，因为学科专业的差异和学院自身的差异，会有不同的质量标准，所以确立多样性、差异性的质量标准是适应学校院系多样性、差异性的必然要求。同时应该制定师资队伍建设工作的各种条例、规定、规程等，形成涵盖创新创业教育师资队伍建设全过程的质量标准体系，为合理评价实施质量提供客观尺度。

一、政府层面：强化政策扶持和专项资金支持

1. 制定细化的专项性政策

在经济转型的重要时期，国家无比期待具有创新思维和创业精神的复合型人才。高校作为这类人才的培养者，常因创新创业教育师资队伍建设薄弱而感到压力，亟须国家制定具有指导意义且具体可行的政策。为减轻高校压力、明确指导方向，政府部门应制定详细的创新创业教育师资队伍建设专项政策（黄颖，2021）。

首先，教育部及各级教育主管部门应详细掌握高校创新创业教育的基本情况，确定创新创业专职教师人数与学生人数的比例。这样，高校就可以根据师生比例及时调整创新创业教师数量，进而找到合理的专兼职教师比例，切实促进创新创业教育的发展。

其次，教育部及各级教育主管部门应制定创新创业教育教师准入标准。应通过设立准入标准，如持有创新创业教育讲师、培训师、高级培训师或创新创业导师（顾问）资格证书，进一步提升高校创新创业教育专职教师的教学水平；创新创业教育兼职教师应接受适当课时创新创业理论知识、教学方法和实践能力的培训，考试合格后方可上岗。

最后，为了鼓励广大教师积极参与创新创业教育，政府部门对创新创业教育教师的政策倾斜应进一步明确细化。创新创业教育教师在进行职称评定和申请科研经费时，创新创业教学成果和工作业绩都应被考虑在内，同时根据各学校实际情况确定加分比例。

2. 多渠道促进兼职教师队伍建设

《教育部办公厅关于做好2018年深化创新创业教育改革示范高校建设工作的通知》（教高厅函〔2018〕20号）指出："进一步加强创新创业导师管理，积极推动校内外导师合作开展课程开发、教材编写、教法改革、课题研究、实践指导，打造高素质专业化团队。"可见，在创新创业教育中兼职教师的作用不可忽视。兼职教师应参与应用型本科高校人才培养全过程，与专职教师共同制订人才培养方案，共同论证专业建设方案和课程建设方案。应用型本科高校应借助校企合作平台，聘请行业、企业中的能工巧匠、名家大师来校授课或举办讲座，引入企业创新创业的成功案例，帮助学生了解创新创业的方向和市场需求；邀请优秀企业家作为兼职教师讲授创新创业实践内容与实战案例，使学生了解创新创业实践中可能遇到的各种问题以及解决问题的方式方法，并推行"结对"制度，使学生近距离接触企业家，从而充分发挥先进典型的示范作用，提高学生的创新创业热情（姚圣卓等，2020）。

3. 搭建创新创业信息交流平台

高校创新创业教育的发展水平不同，从外部获取的创新创业信息量不同，外部支持自然也有所不同。只有创建全国性创新创业信息交流平台，才能汇聚更多的创新创业教育资源，使高校以动态、开放的姿态开展创新创业教育和建设创新创业教育师资队伍（王志鹏等，2017）。国家应该鼓励政府部门、企业中愿意投身创新创业教育事业的优秀人才和各大创新创业教育试点院校率先入驻信息交流平台，借助其强大的社会影响力和号召力，在全国范围内吸引更多与创新创业教育相关的人才。其中，政府相关部门负责在平台上提供国家和地方政府关于创新创业政策信息、配套资金信息和各类对创新创业政策的解读。企业主要负责发布对各类创新创业人才的需求信息、创新创业项目合作意向以及愿意在平台上兼任高校创新创业教育教师的企业人员信息。高校主要在平台上发布本校创新创业教育师资建设的成功经验、优秀的创新创业项目、创新创业科研成果转移共享机制等信息。通过建立创新创业信息交流平台，各大高校可以获得大量的创新创业教育资源，这将推动整个高校创新创业教育师资队伍的建设。

4. 建立专项资金体系

高校创新创业教育师资队伍建设存在大量资金缺口，政府要进一步完善应用型本科高校创新创业教育师资队伍建设资金支持和政策保障体系。国家和各地区要整合财政和社会资金，积极支持应用型本科高校创新创业教育师资队伍建设。一是政府加大对师资队伍建设的投入力度，统筹协调财政、科技、人社等部门，整合现有专项资金向高校创新创业教育倾斜，提高教师创新创业教育教学能力。二是鼓励社会组织、公益团体、企事业单位和个人设立师资队伍建设专项基金，如教师资助项目和青年教师基金，以多种形式为高校创新创业教育师资队伍建设提供资金支持，并做到专款专用，提高资金使用效率。三是建立创新创业教师选拔、引进和培训资金体系。教师选拔和引进资金用于扩大创新创业教育教师数量，特别是专职教师和校外兼职教师的数量。培训资金分为两部分：一部分用于教师培训，旨在使所有创新创业教师循序渐进地参与教师培训，使专职教师获得创新创业教育资格认证；一部分用于支持教师创新创业理论研究和创新创业项目，促进创新创业学科的成熟和创新创业项目的实施(李同彬，2017)。通过创新创业教育专项资金的支持，缓解高校创新创业教育教师数量和质量的双重困境，加快高校创新创业教育教师队伍建设。

二、高校层面：提升管理理念与强化组织管理并重

1. 树立科学的创新创业师资管理理念

高校推进创新创业教育师资队伍建设，应破除不合理的管理理念，树立科学的创新创业教育教师管理观。创新创业教育是以学科知识为基础、多学科支撑的教育，应鼓励各专业优秀教师积极参与创新创业教育，使每一位创新创业教育教师都以“培养创新创业人才”的教育教学目标为己任，并以此为目标进行自我控制和管理，从而完成高校和个人的目标；要摒弃创新创业教育专任教师“竭泽而渔”的管理理念，避免专任教师身兼数职的局面，以“各司其职、各尽其责，人尽其才、才尽其用”的观念对师资队伍进行管理，通过合理配置有限的教师资源，达到最优目标；建设一支以“专职为主、专兼结合，大力引进校外兼职教师”为理念的创新创业教育师资队伍，要严格监督和考核兼职教师的教学过程和教学成绩，做到“有监督主体、有考核细则、考核后及时反馈”；要不仅注重提高专职教师的内生素质，还要考虑对兼职教师的培训，建立公平合理的教师交流与培训机制(孙翠艳，2019)。

2. 加强创新创业教育师资队伍的组织建设

(1) 建立校院两级联动的组织机构。

为了使创新创业教育更加有序地发展，同时让高校创新创业教育教师获得更多的组织归属感，高校应着力加强创新创业教育的组织建设。在学校层面，设立专门的

创新创业教育学院或管理部门，全面管理全校的创新创业教育教师。在创新创业教育主管部门下设教学中心、实践中心、科研中心、企业对接中心、创新创业教育教研室等分支机构。教学中心协调创新创业教育的教学管理；实践中心负责学生和教师的创新创业实践项目；科研中心为创新创业教育教师在该领域的理论研究和探索提供资金、技术和场地支持，推动创新创业教育教师开展相关理论研究；企业对接中心是高校与企业之间的纽带，专门负责高校与相关企业之间的合作，其成员应具有企业就业经验、创新创业经验、丰富的社交网络资源和优秀的组织沟通能力；创新创业教育教研室负责制订和修订创新创业教学大纲、选择创新创业教育教材以及编制创新创业教育教学计划等。在院系层面，各院系成立创新创业教育办公室对接创新创业教育主管部门工作。各院系负责人负责创新创业教育办公室的管理以及学院创新创业教育师资及课程建设工作。各院系开展创新创业教育要立足于学院特点和学生需求，努力将创新创业教育融入专业教育。这样就形成了高校两级联动、部门分工明确的创新创业教育机构，以促进学校创新创业教育师资队伍建设（侯龙真等，2020）。

（2）建立多学科背景专兼结合的师资队伍。

高校应针对当前创新创业教育师资队伍建设的现状，建设一个具有多学科背景的专兼职创新创业教育师资队伍（董生等，2020）。除经济管理类教师外，高校还应从其他学科中选拔骨干教师加入创新创业教育教师队伍，不断丰富创新创业教育教师的学科背景，不断加强创新创业教育与专业教育的衔接，最终将创新创业教育拓展到全校教育中。要注意老、中、青教师和专、兼职教师的合理比例，适当增加校内外专兼职教师数量，特别是校外兼职教师数量，使创新创业教育师资结构更加合理。此外，构建专兼职创新创业教育教师队伍，意味着专兼职教师要发挥自身优势，相互合作，共同完成创新创业教育。这样既加强了专兼职教师的教学联结，又能将创新创业实践因素注入创新创业理论教学当中。

3. 完善创新创业教育师资队伍管理机制

（1）制定明确的教师选拔和聘用标准。

高校在招聘创新创业教育教师时，应进行统筹规划，根据学生人数明确创新创业教师总数，合理配置专兼职教师、理论与实践教师；在师资招聘过程中，将创新创业教育培训纳入新进教工岗前培训计划。同时，高校要结合区域产业特点，与地方政府部门和有关企业开展密切合作，招聘具有地方特色产业领域工作或创新创业经验的人员担任创新创业教育校外兼职教师，培养符合当地社会需求的优秀人才，促进当地社会经济发展（杨婧，2016）。

（2）构建系统的教师交流和培训体系。

高校创新创业教育教师的专业水平参差不齐，为缩小教师之间的专业差距，同时也为了促进教师之间隐性知识的共享，高校应建立一套系统的、公平合理的教师交流和培训体系（王峰，2017）。① 建立系统的教师交流体系。高校要有序地组织创新创业教育教师参与校内和校外交流活动。校内交流分为“一帮一、一帮多”的交流、专职教师之间的交流、兼职教师之间的交流以及全体创新创业教育教师之间的交流。校外交流一方面指的是高校之间创新创业教育教师的互聘，另一方面指的是教师利用创新创业信息交流平台展开的交流。其中，校际实行教师互聘，既可以让有限的、优质的创新创业教育教师资源共享，使教师的才华得到最大程度的发挥，还可以为本校教师队伍注入新鲜血液，增强师资队伍的教学活力。② 建立系统的教师培训体系。高校创新创业教育师资培训可分为校内培训和校外培训两种形式。校内培训包括创新创业教育教师的岗前培训和在职培训，各院校、各部门开展具有专业特色的自主创新创业教育教师培训，为全体教师举办创新创业教育讲座等。其中，各学校、学院可以根据自身情况设立准入制度，创新创业教育教师完成岗前培训和通过考核才能上岗；在职培训的目的是使创新创业教育教师获得专业资格认证；各部门教师培训应将创新创业教育融入专业教育，积极探索专业教育中创新创业的内在要素；高校应定期邀请部分创新创业教育专家和企业人才到学校为全体教师开展创新创业教育讲座，将创新创业意识渗透到全体教师心中，并向全体教师传达创新创业的最新风向和趋势。校外培训方面，高校可安排教师参加政府或高校举办的教师培训；适当给予优秀教学人才参与国际创新创业教育师资培训和研讨会的机会，让优秀教师及时掌握国际创新创业教育的最新发展趋势和理论研究成果；如有机会，可选派创新创业教育教师参加国内企业家大会或创新创业者大会，把握国内创新创业脉搏；可以派创新创业教育教师到当地有信誉的特色企业，甚至有一定行业影响力的大企业进行临时培训，让教师亲身体验企业的经营管理模式，增强创新创业的实践教学能力。

（3）实行优胜劣汰的动态管理机制。

为了提高创新创业教育教师的整体素质，高校必须实施动态的教师管理机制，使教师资源合理流动，实现能者上、庸者下（谢丽，2020）。首先，对于已经在岗的创新创业教育专职教师，高校应对其在创新创业教育领域的专业资格进行严格审查。对于具有创新创业教育相关资格认证的教师，高校应结合以往教学成果固定人员配备，从而增加教师队伍的稳定性。对于未取得职业资格证书的教师，高校应鼓励或提供更多的培训机会，使他们进行自我完善。其次，高校必须严格按照创新创业教育教师的招聘标准，公平、公开、合理地招聘教师，用高薪招聘的方式留住能力突出的教师，提高教师队伍的层次。最后，对于创新创业教育兼职教师，高校应定期对其进行培训和考核，继续留用考核合格者，淘汰考核不合格者。同时，高校还应组织创新创业教育专家、专职教师和学生对兼职教师的课堂教学进行评价和打分，分数低的要限期整改，整改合格后才可以重新授课。这样不仅有利于稳定创新创业教育师资队伍，而且可以促进教师的合理流动，让创新创业教育的教师能进能出、能上能下，从而使创新创业师资队伍的整体素质得到提高。

(4) 强化师资队伍建设的过程控制和目标管理。

高校在创新创业教育师资队伍建设过程中，既要坚持目标导向，又要兼顾过程控制(侯龙真，2020)。高校要根据自身定位、学生发展和社会实际需要，对创新创业教育师资队伍建设进行总体规划，将总体规划转化为阶段性目标，再转化为各学年的具体任务，然后再将各学年的具体任务分配到各部门；各部门领导与本部门创新创业教育教师共同确定本部门的学年目标，然后根据每位创新创业教育教师的实际能力划分职责范围。各部门要在具体职责和目标的指导下，不断完善创新创业教育教师的岗位职责和工作内容。高校教务处要加强对创新创业教育教师教学过程的监督指导，通过不定期抽查教案、听教师讲课等方式，对教师教学工作完成情况进行审核，及时发现教师教学过程中存在的问题和困难，找到教学问题产生的原因并针对问题采取有效措施。同时，高校应根据各部门目标的完成情况和外部环境的变化，适当调整创新创业教育教师的管理机制，使高校创新创业教育师资队伍建设长期处于监督、反馈和持续改进的状态。

(5) 建立健全创新创业教师考评和激励机制。

健全合理的教师评价与激励机制是高校创新创业教育教师积极工作的动力和源泉。高校应制定一套科学、详细、实用的创新创业教育教师评价与激励机制以规范创新创业教育教师的管理，激发教师的工作积极性(程杏花，2018)。在创新创业教育教师评价机制的建立中，首先要明确“谁来评价”的问题。创新创业教育专家具有权威性，创新创业教育教师彼此最为熟悉，大学生是创新创业教育的直接受益者，高校应建立以“学生评教为基础、创新创业教育专家为主、创新创业教育教师互评为辅”的创新创业教育评价机制。其次，应以岗位职责和工作任务为依据制定创新创业教育教师的评价标准。具体而言，高校应重视对从事创新创业教育实践教学教师的实践能力的评估，其考核内容应包括学生的创新创业能力、自主创新创业率、创新创业成功率。此外，由于该领域的一些教学成果难以进行定量评估，可以对难以进行定量评估的教学成果进行定性评估。这样，高校在对实践教师进行考核的同时也兼顾了制度化和人性化。对于从事创新创业教育理论教学的教师，高校应注重对其专业知识和理论研究能力的评估，考核内容可包括学生对创新创业理论知识的掌握程度和自身的科研成果。同时，高校应鼓励实践教师进行适当的理论研究和探索。

为了激发高校创新创业教育教师的工作活力，高校应当设立创新创业教育教师发展基金，对在创新创业教材开发、创新创业课程开发、创新创业理论研究与应用等方面做出突出成绩的教师进行奖励；高校应根据自主创新创业和进入企业挂职锻炼的创新创业教育教师的具体表现和最终成绩，给予相应的倾斜支持；高校还应根据理论研究成果的质量和转化率，优先支持开展相关理论研究的创新创业教育教师；对于创新创业教育的新教师,高校要帮助他们树立正确的创新创业教育认识,为其规划以组织目标为导向的职业发展路径,给他们更多的情感关怀和向前辈学习的机会,使他们能够迅速获得组织归属感;要鼓励已经熟悉创新创业教育的教师积极参与组织管理,为教学工作的发展和师资队伍建设贡献智慧。同时,在激励创新创业教育教师不断改革教学的进程中,应重视教师的信息反馈,根据教师的意见和建议适时调整奖惩措施。总之,应用型本科高校要营造良好的工作环境,形成有序竞争的局面,从而提升教师工作效率,激励教师不断前进,为创新创业教育高质量发展提供持久动力。

三、教师层面:树立正确理念与主动学习交流相结合

1. 树立正确的创新创业教育理念

第一,创新创业教育教师要认识到创新创业教育的重大意义。在高校开展创新创业教育,其目标是培养具有创造力的人才。创新创业教育并非精英化教育,而是面向全体学生的通识教育。应用型本科高校创新创业教育要面向全体学生,贯穿人才培养全过程,培养全体学生的创新创业能力。因此,教师要转变教育理念,着力将创新创业教育融入人才培养全过程。第二,创新创业教育教师要了解学生所学的专业知识,在课程讲授过程中贴近学生的专业背景。创新创业教育只有与专业教育相融合,才能促进创新创业教育专业化、学科化的进程,才能实现对学生创新思维和实践能力的培养,同时专业教育才能实现理论与实际相结合,实现学以致用、学有所用,使学生真正将专业所学应用到将来的职业发展中。通过立足专业谈创新创业,才能真正调动学生学习专业的热情与创新创业激情,将创新创业有形化、具体化,从而培养学生脚踏实地的专业精神,从专业汲取营养,化专业为专长(魏芬等,2019)。

2. 充分发挥创新创业教师的学习主动性

高校创新创业教育教师应增强主动学习意识,心怀专业学习的危机感和紧迫感。高校创新创业教育教师要不断提高创新创业理论知识和实践能力,深入学习国家创新创业政策文件,时刻关注和准确判断国内外创新创业的风向和趋势,培养更多具有高层次指导能力的创新创业人才,提高学生创新创业成功率,满足国家和社会对高校创新创业教育教师的期望。同时,高校创新创业教育教师应积极进行创新创业理论研究。创新创业理论研究的进展直接关系到创新创业学科和创新创业教育的发展。高校教师应通过广泛阅读和系统学习,提高科研水平,从我国实际出发,借鉴国内外优秀研究成果,探索一套适合我国国情的创新创业理论体系,使创新创业教育走向成熟,从而增强创新创业实践教学的理论基础,加快培养创新创业硕士、博士生,为创新创业教育提供更多教师资源。

3. 加强教师之间的知识共享

在创新创业知识方面,显性知识与隐性知识并存。显性知识很容易在教师之间

共享，隐性知识则相反。因此，高校创新创业教育教师可以采用以下方法获取创新创业隐性知识。第一，高校创新创业教育教师应积极参与优秀教学案例的观摩活动。通过观摩优秀的教学案例，审视自己的教学实践，更容易发现自己教学活动的不足和问题，还可以学习优秀教师的教学经验和方法，从而实现创新创业隐性知识的优化和内化，一举两得。第二，高校创新创业教育教师可以参与学校组织的线下教师交流活动。这些交流活动将创新创业教育教师联系起来，形成了一个传递创新创业隐性知识的创新创业教育教师网络，让更多的创新创业教育教师从中受益。第三，高校创新创业教育教师应学会使用各种创新创业教育平台和网站。各类创新创业教育平台和网站聚集了全国创新创业教育教师，使教师之间的教学经验交流和讨论摆脱了时间和空间的限制，也使教师获得的创新创业隐性知识更加多样化。高校创新创业教育教师熟练使用创新创业教育网站，拓宽视野，有助于教师自身素质的快速提高（刘占彦，2019）。

第五章　应用型本科高校创新创业教育的课程体系建设

第一节　应用型本科高校创新创业教育课程体系存在的问题

不同类型的应用型本科高校在开展创新创业教育的过程中，结合了自身的特点和优势，根据自身定位和人才培养目标实施创新创业教育实践，力争实现创新创业教育的多元化。但我们仍然需要认识到，目前的差异化和多元化还处于初级阶段，无论是从应用型本科高校创新创业教育课程体系的总体情况还是从不同类型学校的具体情况来看，应用型本科高校创新创业教育课程体系还存在很多问题。

一、课程目标不够科学具体

科学明确的课程目标是创新创业课程设置和实施的前提和动力。然而，从本研究所调查的应用型本科高校创新创业教育课程体系来看，课程目标还存在诸多问题：① 创新创业教育课程的培养目标和要求过于笼统。几乎所有学校的课程培养目标都是培养学生的“创新创业意识和能力”，在培养目标的要求上并没有充分体现高校的特点，也没有很好地发挥课程目标的导向和规范作用，这很容易导致在课程内容选择、课程结构建设和课程实施上出现偏离甚至迷失人才培养目标，课程实践与课程目标脱节，课程实践有效性低下等问题。② 各高校创新创业教育的课程目标过于相似。目前，各高校对创新创业教育内涵的理解还停留在理论层面，虽然已经明确教育的核心和内涵是创新，但在创新创业教育的具体实践中，还不能很好地将创新创业教育的理念与高校的特点相结合，形成自己独特的创新创业教育培养目标和课程体系。③ 个别学校创新创业教育的课程目标仍然侧重于培养学生的创新创业实践能力。只是将以前的创业教育换了一个称呼，但是在其课程体系的设置上并没有体现出对学生创新创业能力的培养，从本质上讲，学校的创新创业教育与以往的专业教育并没有显著区别。

二、课程结构缺乏连续性和程序性

创新创业教育课程结构具体是指对培养和锻炼学生创新意识和思维、创新创业精神和能力的所有课程进行的整合、选择和安排。创新创业教育课程在结构设计上应注重课程的连续性和程序性。这里的连续性是指创新创业教育课程内容的组织。为完成课程目标，应为学生提供符合课程培训要求的、连续的训练和学习内容，即课程结构须完整科学。程序性是指学校创新创业教育的课程内容应根据学生的特点和课程内容的难易程度等合理安排具体课程的先后顺序，即课程要按照培养要求循序渐进。

课程结构的连续性和程序性存在的不足主要表现在以下几个方面。首先，部分高校开设的创新创业基础理论课程和实践训练缺乏层次逻辑。教育部门对高校创新创业教育的基础理论课程和实践训练课程有一些基本设置要求，目前存在一些高校开设创新创业相关课程只是为了应对上级的考察和评价的情况，相关课程的选择和设置只是简单地模仿和借鉴其他学校的经验。课程设置混乱且跨度大，没有考虑到课程内容要科学地从浅到深、从易到难、循序渐进，课程设置分散，缺乏可操作性和连续性，学生不能科学系统地获取创新创业的核心知识，培养自己的创新创业能力。其次，高校专业教学中创新创业课程单一匮乏。有的高校创新创业教育与专业教育的交融虽然取得了一定成效，但专业领域中创新创业的课程尚未系统化，在具体实践中也只有部分专业课程在创新创业方面进行了改革，专业教育还未能系统有序地培养学生的创新创业思维和能力。

三、课程内容不够全面深入

全面深入的创新创业教育课程不仅包括创新创业理论基础课程和实践课程，还应整合创新创业的专业学科课程。在与专业高度融合的基础上，课程内容设置的重点还应增加能系统地培养学生与专业相关的、高层次的创新创业思维和能力的内容。创新创业教育与专业教育深度融合是高等教育新的发展方向，是高校提高创新创业人才培养质量、改革和丰富专业课程的重要举措。

创新创业教育课程内容单一、不完整的现象主要表现为：① 针对所有学生的创新创业必修或选修课程过于肤浅和片面。目前许多高校除了开设教育部门要求的“创新创业基础”“大学生就业指导”以及“大学生职业生涯与发展规划”等偏重创新创业就业的课程以外，对学生创新潜能引导和开发的创新创业基础课程开设过少。② 其他跨学科基础通识课程的设置还远远不够，学校人才培养的专业刚性仍然太强，不能满足学生丰富多样的基础知识的储备和应用，不能系统培养学生的创新精神、意识和能力。③ 创新创业教学在专业教学中融合不够，很多专业学科仍然采用传统的常规课程，学生在专业知识的学习上缺乏创新。④ 创新创业与专业教学相结合的专业学科较少。目前各高校的创新创业教育都是选择少数应用型专业进行专业改革试点，创新创业教育尚未推广到学校所有专业，尤其是一些人文社科类的基础学科，如历史、文学、教育等学科，还未开始探索融入创新创业教育的有效途径和渠道。

四、课程实施过程中理论与实践脱节

在创新创业教育中，要高度重视专业理论课、创新创业理论基础课和创新创业实践课程的科学结合，学生只有在实践课程中，才能真正发现和解决问题，更好地实现对创新创业能力的培养。目前应用型本科高校的创新创业教育理论课程更多地侧重于与创新创业相关的理论知识，课程教材较为陈旧，知识更新速度较慢。专业课程的实践教学主要通过验证性实验课程进行，不利于学生创新创业能力的培养。有些高校在创新创业教育宣传中非常重视理论学习与实际应用相结合，但在具体实践中存在偏好专业理论和创新创业理论学习的情况，或者理论学习无法在实践应用中实施和验证，理论学习与实际应用难以衔接的情况。比如，虽然很多高校开展了与创新创业相关的培训和竞赛，建立了多样的创新创业孵化基地，但由于成果缺乏可操作性和实用性，导致成果转化难以实现，学生的创新创业构思和计划最终成为空谈。更有甚者，一些高校设立创新创业孵化培训基地只是为了获得相关资金支持，并没有真正投入使用，实践课程的效果更是难以发挥。

五、课程评价单一且缺乏有效性

我国是一个教育大国，经济发展对创新创业人才的需求和高等教育内生的多元化发展需求，都要求高校根据人才培养目标采用多元化的创新创业课程目标、课程内容和课程组织方式。因此，我们也需要建立多样的、科学合理的课程评价方法和标准。目前，高校主要采用传统的课程评价方法和标准，缺乏对具体实施过程和实施效果的评价，如教师在课程教学过程中是否注重培养学生的创新创业思维和能力，学生的创新创业思维和能力是否真正在课程学习中得到锻炼等，更不用说根据学生的不同专业、不同学习阶段采用不同的课程评价标准了。这就导致高校专业课程中的创新创业教育得不到重视，无法实现专业课程与创新创业课程的深度融合，从而导致高校创新创业实践课程流于形式，不能真正培养学生的创新创业思维和能力，更难以真正实现创新创业教育的人才培养目标。

第二节　应用型本科高校创新创业教育课程体系问题的成因

一、自主创新创业意识不强

1. 大学生创新意识不强

由于大学生在接受高等教育之前，长期接受重分数、轻能力的应试教育，导致其大学期间学习能力较强，但缺乏创新意识。进入高校后，他们不热衷于参加大学的创新创业相关课程。许多大学生选择参加学校开展的创新创业基础理论课程、相关实践竞赛和培训项目的主要原因是学校的强制性要求或学分要求。

2. 大学生对创新认知不够

很多高校学生对创新创业教育的认识还停留在高校早期的创新创业教育阶段。他们认为只需要参加一些创新创业培训课程和创新创业竞赛就可以了，对创新创业教育的认识不够充分。甚至有学生认为创新创业教育的含金量和技术含量不高，拒绝参与学校开设的创新创业教育课程。

3. 教师创新意识不强

一方面，教师对培养学生的创新创业意识和能力不够重视。由于受长期传统教学观念的影响，高校教师特别是各学科专业教师在教学过程中更多地重视专业知识的传授，缺乏有针对性地培养学生创新创业思维，激发学生创新潜能。另一方面，教师还不能将自己最新学术科研成果进行转化，用于培养学生的创新能力。

总体而言，创新创业教育课程中教师和学生这两个重要主体缺乏创新意识，导致创新创业教育课程体系在课程目标的制订、课程内容的选择与组织、课程实施的全过程中，无法实现对学生专业、高水平创新思维和能力的培养。

二、对创新创业教育内涵的理解偏差

1. 对创新创业教育理念的认知存在偏差

我国的创新创业教育主要是通过引进和借鉴国外创新创业教育的理论和实践而发展起来的。创新创业教育在我国的兴起源于经济发展和高校缓解学生就业压力的需要。学者们经过长期的研究，创新创业教育的基本理念和内涵目前已逐渐明晰，但在许多高校的实践中，对创新创业教育内涵的理解却存在偏差，简单地将创新创业教育与创业教育对等，“重创业轻创新甚至不创新”的现象屡见不鲜。许多高校没有意识到培养学生创新精神和实践能力这一重要理念，只是简单地将其等同于创新创业

教育，作为人才培养的一个环节，更不用说将其融入应用型本科人才培养的全过程。这直接导致学校在设置创新创业教育课程体系时，缺乏培养学生创新思维和能力的必要课程，并且在专业课程的教学中，无论是在教学内容上还是教学方法上对学生创新思维的培养都不够重视。创新创业课程仍然停留在对学生创业和就业的指导上，忽视了对学生系统地传授创新创业相关知识和理论在实践中的运用，从而使高校创新创业教育课程不能很好地服务于创新创业教育的人才培养目标，人才培养效果不显著。

2. 创新创业教育与学校自身特色结合不够

随着经济发展和高等教育自身发展的需要，创新创业教育在各应用型本科高校有序推进。各个高校在响应政策要求开展创新创业教育的过程中，直接借鉴其他高校成功的实践经验，这就很难在正确理解创新创业教育内涵的基础上实现与自身学科特色与优势的结合，阻碍了“校本化”创新创业教育的开展。高校创新创业教育更多的是模仿、借鉴和学习，创新创业教育的人才培养目标缺乏高校自身特色，定位模糊甚至错误。对内涵的错误理解和人才培养目标的不明确，自然会影响到人才培养的重要载体——课程，导致大多数高校创新创业教育课程目标不明确，课程设置简单模仿、照搬国外高校模板，高校整体创新创业教育课程设置相似。

三、政策的引导与支持力度不强

目前，不管是国家层面还是地方政府层面，在创新创业教育政策制定上都投入了大量精力，但效果并不十分显著，政策的引导和支持作用没有充分发挥，主要原因如下：① 政策制定不科学，没有细化。虽然政府发布了许多政策文件，积极鼓励和引导高校开展创新创业教育，但各级政府发布的政策文件大多是在整体上对高校开展的创新创业教育提出一些原则和要求，具体针对高校创新创业教育课程体系设置的官方要求非常少，现行直接针对高校创新创业教育课程体系的政策也较为片面，缺乏科学性和系统性，高校创新创业教育课程体系的有效构建需要科学、具体的政策的指导。② 缺少有效的评价系统和追踪监测机制。高校创新创业教育实施效果如何，是否符合政策要求，创新创业教育课程体系的实践是否在体现高校办学特点的基础上，真正提高学生的创新创业能力和思维，从而激发学生创新创业的潜力和兴趣。对这些需要反馈的信息缺乏有效的监控评价标准和手段，创新创业教育课程的实践情形无法得到真正有效的评价、反馈和改进。③ 政策落实不到位。国家对创新创业教育的财政和制度上的支持一般是自上而下。部分高校创新创业教育政策的贯彻实施仍停留在学校管理层面。一些拥有最新技术含量的专业知识，没有及时纳入创新创业教育课程，丰富创新创业教育课程的内容。

四、社会和企业参与程度仍显不足

随着国家对高校创新创业教育的支持和大力推进，社会各界也开始重视高校创新创业教育，但在高校创新创业课程体系的发展和完善方面，社会和企业的参与程度仍然不够。社会和企业的高度参与和支持，有利于营造浓厚的创新创业氛围，让学生有更多的机会参与企业实践，丰富高校创新创业教育课程内容，优化课程实施模式。近年来，随着"大众创业、万众创新"的提出与发展，社会越来越注重创新创业，企业也越来越强调自主创新的重要性。然而，要在全社会范围内营造鼓励创新创业的氛围，同时企业也能积极参与和支持高校的创新创业教育，可能仍需要很长时间。社会舆论对高校创新创业教育具有重要影响。企业目前对高校创新创业教育的认可度偏低，他们认为高校创新创业教育只是迎合政府政策的"空心汤圆"，只是停留在口号上，质疑高校创新创业教育的课程质量和人才培养质量，不愿参与高校创新创业教育课程。社会对学生的创新创业实践活动也存在疑虑和担忧。

第三节　应用型本科高校创新创业教育课程体系的结构

课程结构是课程中各要素和组成部分之间内在关系和相互作用的组织形式。课程结构要解决的问题是根据教育目标选择和整合各种课程内容和形式，以达到最佳的培养效果。为了适应应用型本科高校培养基础深厚、综合素质高、适应性强、富有创新创业精神和能力的、服务地方经济社会发展的高级应用型人才的目标，需要建立多层次、立体化的创新创业教育课程体系，培养学生的创新精神、创新创业意识和能力，推动学生的全面发展。通过对部分典型应用型本科高校创新创业教育课程设置情况的调研，我们可以发现，应用型本科高校的创新创业教育课程主要由公共课程（创新创业通识课程）、专创结合课程（专业方向课程、企业运营管理课程）和辅助课程（科学人文类课程）三部分组成，如图 5-1 所示。

从总体上看，创新创业教育公共课程、专创结合课程、辅助课程在结构上是齐头并进的，各部分形成了自己的体系。具体而言，这三部分课程在课程目标和学生群体方面有所不同，但在课程内容上有所交叉。同时，创新创业教育具有明显的跨学科性和实践性，这就决定了必须将理论课程与实践课程、第一课堂与第二课堂相融合。公共课程（创新创业通识课程）、专创结合课程（专业方向课程、企业运营管理课程）和辅助课程（科学人文类课程）包括了理论课程与实践课程。各课程模块之间的逻辑缜密、针对性强，整体上呈现出全覆盖、层次化的特点。全覆盖表现为创新创业教育课

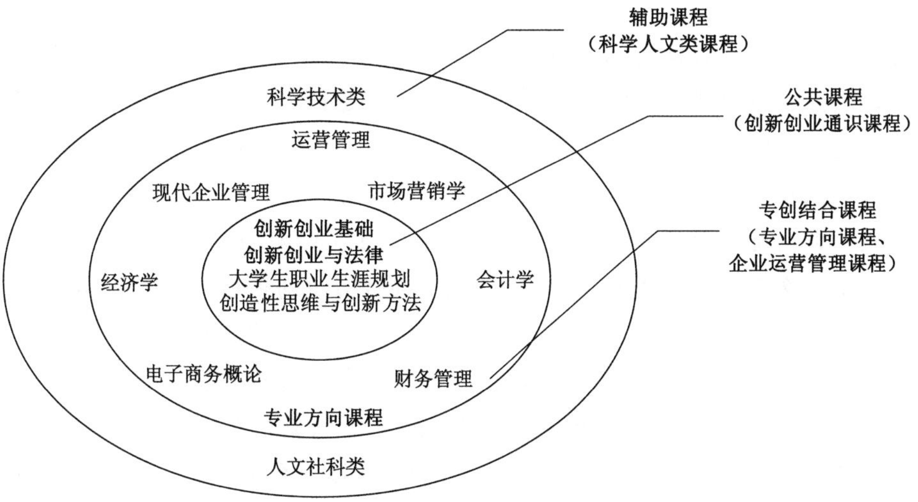

图 5-1 应用型本科高校创新创业教育的课程体系

程覆盖了所有本科生，层次化表现为针对不同学生群体设置了不同的课程模块，以满足不同的学习需求，创新创业教育课程既实现了全面辐射，又聚焦了重点。

一、公共课程(创新创业通识课程)

创新创业教育通识课程对所有本科生开放，根据不同创新创业实践阶段的需求和培养目标，构建"模块化"课程群，包括创新创业教育基础知识课程模块、实践课程模块和产业课程模块，学生可以根据自己的兴趣和需要，通过学校的选课系统进行选修学习。主要开设的课程如一些创新创业基础、创新创业与法律、大学生职业生涯规划、创造性思维与创新方法等。

二、专创结合课程(专业方向课程、企业运营管理课程)

专创结合课程将创新创业教育与专业教育深度融合，由专兼职教师共同参与课程建设并建立"模块化"课程群，由专业基础课程、专业必修课程、专业选修课程和一些企业运营管理课程。

另外，还可以聘请行业专家走进创新创业课堂开展专项课程，涵盖创新创业经验分享，创新创业案例介绍，创新创业涉及的过程、技术方法、法律、金融等特定领域知识的分享等，任课教师来自相关行业、政府创新创业相关主管部门、研究所研发人员等。学校可以定期发布和更新相应的课程信息，吸引广大学生积极参与相关课程。

三、辅助课程(科学人文类课程)

将科学人文素质教育的思想理念纳入高校创新创业教育课程体系，打造综合式、开放式、参与式、研讨式教学内容，使创新创业教育过程更具启发性，提升学生对创新创业教育的认可度与接受度，在培养创新创业能力的同时兼顾人格的开发与完善。同时，各院(系)要有针对性地打造结合自身专业特色、融入创新创业教育元素的科学人文素质教育选修课程，并通过设置灵活的考核方式保障教学质量与学习效果。创新创业科学人文类辅助课程面向所有本科生开放，构建创新创业相关科学、人文类基础知识“模块化”课程群，用以提升创新创业学生的人文科学素养。

另外，各专业结合专业特点对创新创业教育的课程进行开发和教学，每个专业在培养方案中根据本专业特点应增加若干学分的创新创业教育课程，以提升不同专业学生的创新创业基础知识和创新创业实践能力。同时，在创新创业教育课程的教学过程中，可以设立专项资金，以支持各类专兼职创新创业导师、企业专家进入创新创业教育课堂与学校教师开展合作教学，目的是增进创新创业教育课程教师与行业专家的密切接触和交流，激发师生对行业前沿问题的学习和研究兴趣。

第四节　应用型本科高校创新创业教育课程体系的实施与评价

课程体系的有效实施与评价需要合理的组织和管理。2015年发布的《国务院办公厅关于深化高等学校创新创业教育改革的意见》明确提出，各地区、各高校要建立健全创新创业指导服务专门机构，做到“机构、人员、场地、经费”四到位。在创新创业教育课程的组织管理方面，部分应用型本科高校形成了有效的协同实施机制。在高等教育发展的新形势下，部分应用型本科高校进一步深化了本科教学改革，在人才培养计划中，明确要求各专业开设相应学分的创新创业教育专业课程，大力推进创新创业教育与专业教育深度融合；在学校通识课程中，将创新创业教育相关课程列入核心通识课程目录和一般通识课程目录；同时，将能够反映学科、技术和行业最新发展的通识课程纳入创新创业教育课程管理。另外，创新创业教育的课程安排、竞赛活动、师资培训、项目培训、资金申请等信息也将通过学校网站进行发布，有效发挥创新创业教育信息平台的作用。

另外，学校通过设置创新创业学院或创新创业中心作为创新创业教育课程体系的专职执行机构，起着顶层设计的作用。校级主管部门通过“职能统筹、协同运作；平台对接、协调配合；资源共享、合作共赢”的工作思路，主要负责协调创新创业教育和实践资源，促进内外部资源自然衔接。同时，根据创新创业教育需要进行项目实践或项目孵化的特点，大部分学校都设立了创新创业实践训练中心或“众创空间”“创客汇”等职能部门或与传统实验教学中心相配合，负责大学生创新创业训练项目的管理和孵化，同时负责创新创业实践课程的协同组织和实施。

创新创业教育课程的组织与实施涉及资金筹集、课程开发、教学安排、师资配置等多个方面，须融合校内外各方资源。纵观国内高校，创新创业教育课程仍然缺乏统一的组织管理机构、专业的人员配备和规范的工作制度。大多数高校的创新创业教育由学校学生就业指导部门和团委负责，创新创业教育研究与实践的开展一般都是由校内就业指导人员和学校教职工负责，这种组织模式已经无法适应创新创业教育的发展。究其原因，一方面在于支持学生开展创新创业活动本就属于学校就业指导部门和团委的行政管理责任，而高校创新创业教育资源总量参差不齐，资源条件的缺乏导致无法对这种组织管理模式进行创新；另一方面，创新创业教育的定位不明确，创新创业教育没有受到重视，高校认为没有必要设立专门的组织管理机构。目前，创新创业教育正处于深化改革阶段，创新创业教育的组织管理工作远远超出学校就业指导部门、团委的工作范围和管理职能。一个片面、独立的组织机构无法为创新创业教育课程的顺利实施提供保障和支持。因此，需要突破现有资源和分工的限制，依托应用型本科高校校级层面的制度设计，建立专职执行机构和实践中心，建设信息平台，全面领导创新创业教育，形成有效、协同的创新创业教育课程组织与管理机制，以适应创新创业教育的发展。

一、教学实施

教学实施是课程计划实施的具体过程，创新创业教育是一种综合性、实践性教育，其目标的多层次和课程内容的跨学科性、综合性决定了它的教学实施应该是一个全新的育人过程，应该充分尊重学生的主体地位。

在创新创业教育教学中，要注重师生互动和学生参与，采用灵活多样的教学方法，除传统教学外，还可采用案例式教学、讨论式教学、直观演示式教学、模拟式教学、体验式教学、项目式教学和竞赛式教学等常用的教学方法。案例式教学是将国内外成功或失败的双创案例引入课堂，总结相关经验教训，启发学生开阔思路和视野。讨论式教学是让学生以小组为单位，围绕课堂主题进行讨论或辩论活动来巩固他们的知识。直观演示式教学是邀请创新创业者现身说法，讲授创新创业的过程、体验和感悟，让学生获得创新创业的感性认识。模拟式教学通过模拟真实的创新创业环境，让学生置身于情境之中，体验新创企业成立、生存、成长的全过程和环节，使学生掌握开展创新创业活动的程序。体验式教学，引导学生考察创新创业企业，了解企业的日常运营和工作环境；建立学校与企业、社会之间的长期合作关系，组织学生进入企业见习、实习，锻炼学生实践能力，积累实践经验。项目式教学，学生组成创新创业项目团队，选择一个创新创业项目方向，在创新创业导师的指导下设计项目并完成创新创业的主要活动。竞赛式教学，组织学生参加全国“互联网＋”大学生创新创业大赛、“创青春”大学生创新创业大赛等各类创新创业大赛、科技创新和学科竞赛，以赛促教，以赛促学。

教师既是教学活动的执行者，又是教学内容的主要研究者，由于创新创业教育课程不仅内容丰富，而且实践性很强，因此要求课程教师不仅要有全面扎实的理论知识，还要有足够的创新创业经验。从国内创新创业教育教师的发展现状来看，在数量上，创新创业教育教师严重短缺，不能满足课程教学的需要；在专业水平上，创新创业教师缺乏实践经验，大多不具备创新创业经验和企业工作经验，不熟悉企业的运行机制和管理规律，创新创业理论知识难以转化为实际应用；在结构上，创新创业教育的教师大多来自学校经济管理专业或就业指导部门，从社会上聘请的各行各业的专家较少，导致创新创业教育与社会之间缺乏桥梁。应用型本科高校开展创新创业教育，需要建立起一支结合校内与校外、理论与实践的多元化、专业化的创新创业教育教学团队，共同开展创新创业教育的研究与教学。坚持“请进来，请出去”的原则，首先依托学校各学科教师资源，选拔一批理论知识渊博、教学经验丰富、研究能力突出的高水平教师，形成一支创新创业的学校教师队伍。其次，为加强创新创业教育课程教师与行业专家的交流，学校可以设立创新创业教育专项基金，支持各界专家进入创新创业教育课堂，与学校创新创业教育教师开展合作教学，建立开放的创新创业教师体系，积极聘请社会各行业中的优秀企业家、创新创业者和各类专业人士作为创新创业导师，形成校外创新创业导师团队。最后，为了进一步提升校内外专兼职创新创业导师的教学能力，学校需要定期开展创新创业教育师资培训，提高教师创新创业教育教学能力。

二、课程评价

评价是根据一定的标准判断对客体满足主体的需要及其程度的过程。评价总是与价值密切相关的，从本质上讲，评价是对评价对象的价值判断。课程评价是课程开发的基本问题与核心环节，它是学校课程实践、课程改革和课程开发活动的有机组成部分，是描述教育目标完成程度，并根据一定指标做出价值判断的过程。

现阶段，多数应用型本科高校尚未建立专门针对创新创业教育课程的评价体系，创新创业教育课程评估一般按照学校统一的课程评估标准执行，评价的四个主体是学校、专家、教师和学生，相应的评价方法有领导评价、专家评价、教师评价和学生评价。对教师的评价由领导听课、专家评课以及学生评教三方面组成。其中，领导评估侧重于教师遵守教学规范、教师教学水平、学生参与程度、教学纪律情况等方面；专家评课注重教师的教学技能和学术水平，包括基本教学技能、教学准备、教学态度、教学内容、教学方法、教学手段、教学效果、教学机制、教学艺术和教学特点等方面；学生评教则注重教师的教学态度、教学内容、教学方法和教学效果等方面。

对学生参与创新创业学习效果的评价主要通过课程考核的方法，不同教师采用的评价方法大致相同，包括平时成绩和期末考试成绩两种形式。以创新思维与方法课程为例，课程评价分为考查和考试两部分，分数比重为3∶7，考查内容包括上课出勤率与参加讨论的情况以及作业完成情况；考试内容主要以开卷考试的形式，侧重考核学生运用基本知识和基本原理分析、解决问题的能力。

第六章　应用型本科高校创新创业教育的实践基地建设

第一节　创新创业教育实践基地建设的理论基础

一、创新创业生态系统

我们认为创新创业是个体、组织和环境共同作用下的一种群体活动。在这个体系中，学科是不同的，每个学科都有不同的角色和功能，它们相互依存，相互影响，维系着整个创新创业生态系统。创新创业生态系统最初是由麻省理工学院提出的，目的是为大学创新创业发展创造一种新模式，即“以大学为主导，联合政府和企业”的模式。

高校创新创业教育实践基地建设主要是为大学生提供一个创新创业的实践平台，满足、鼓励和支持大学生的创新创业活动，单纯依靠高校师生难以做到这一点，故而存在利益相关者。这些利益相关者包括政府、企业和校友，他们的角色分工各有不同。例如，政府发挥支持和扶持作用，在政策、制度和资金等方面提供支持；企业作为经济生产组织，根据实际需要加大投入或提供部分技术支持；校友是企业和学生的结合体，知识经济的生产者，创新创业教育实践基地的推动者、赞助者和使用者。以上是利益相关者在创新创业教育实践基地中发挥的作用，那么，作为直接利益主体，高校应发挥知识储备、积极联合组织和边界扩张的作用，成为创新创业教育实践基地的组织者、领导者和推动者。综上所述，创新创业教育实践基地的建设需要各方面的联合，单靠大学的力量难以有高质量的发展，有悖当前“共享”的发展理念。正是由于不同利益相关者的贡献，才保证了整个创新创业活动的顺利开展。

二、集聚效应理论

“集聚效应”理论是一种常见的经济现象，是指不同产业、不同经济活动为实现共同的经济目标，吸引更多的社会力量进入这一中心。硅谷正是这种理论的产物，硅谷聚集了很多高科技公司，有行业巨头和中小企业，是产业集聚的典型案例。在中国的长江三角洲地区，各行各业达成共同利益，聚集在一起，形成强大的集聚效应。

通过建立创新创业平台，高校将汇集具有创新创业意识以及创新创业愿望的不同年级和专业的大学生。这个平台将极大地加强学生之间的交流，这些学生走到一起，实现创新创业的共同目标，因为它有利于学生们无障碍地交流信息和共享资源，进行思想的碰撞和启迪以及合作和讨论。良好的创新创业基础应该有良好的创新创业项目，以及良好的团队和团队指导。正是由于创新创业实践基地，好的项目才能汇集在一起，等待好的团队来开发，从而使创新和创业项目的发展道路更加广阔，前景更加美好。人才与项目的集聚就是大学生创新创业实践基地明显的集聚效应。大学生创新创业实践基地除了具有人才聚集、项目聚集的功能外，还具有资源聚集、效益聚集的功能。这些集聚效应为构建科学、合理、高效的创新创业管理机制提供了良好的基础，从而产生实体经济效应，促进区域经济发展，为地方经济发展做出重要贡献。了解集聚效应理论有助于认识创新创业基地建设的必要性和长远发展规划。

三、三螺旋模型理论

三螺旋模型是美国的一个创新理论，该理论认为实施创新创业教育不仅是高校的责任，也需要政府和企业的积极参与，形成一个“政府—高校—企业”的封闭循环，三者既相互独立，又相互配合，形成合力，共同促进创新创业教育的发展。在创新创业的过程中，政府、高校和企业作为独立的主体，各有自己的发展螺旋，每一个螺旋的发展都不可避免地影响到其他两条螺旋线的发展。因此，在创新创业的过程中，由于三者之间的关系和作用，无论哪种发展螺旋得到更大的推动力，都将支撑其他发展螺旋，形成三者叠加的加速发展。

三螺旋模型理论是针对高校创新创业教育实践基地的主体提出的，其功能是保证高校创新创业教育实践基地建设的成功。大学生创新创业教育实践基地建设在该理论体系里可以理解为一个三层网络和一个混合组织，它们之间的关系是平等的、相互依存的、资源共享的，三者的交叉促进了大学生创新创业基地的螺旋式发展。高校创新创业基地建设依赖于高校与更多社会群体的联系，依赖于各方力量，高校创新创业基地可以由政府、高校、企业建设，也可以是多主体合作建设。在实际建设中，校企合作的形式占大多数，这种建设主体不仅能够解决高校建设创新创业基地的资金需求，而且能够满足企业的效益需求。然而，无论是什么样的建设模式，我们都不能忽视各方在大学生创新创业基地建设中的作用。“政—校—企”共建模式主要是贯彻国家政策、落实国家行动号召，对高校开展创新创业教育活动的鼓励和支持，在一定程度上给予一定的政策支持和优惠待遇。三方合作对创新创业教育在政策、资金、知识等方面提供了保障，推动了大学生创新创业基地的建设。

第二节　应用型本科高校创新创业教育实践基地建设的动因

一、实践基地建设的学校动因

创新创业教育实践基地是学生提升创新创业能力和提升创新创业项目成功孵化的大门和窗口。学校通过为大学生创新创业项目提供实践场所和实践设备，帮助大学生解决专业实践经验不足和创新创业心理准备不足的问题。地方应用型本科高校应逐步加大对创新创业实践教学的重视，不断加强大学生创新创业实践基地的建设，为大学生创新创业实践教学的开展提供良好的保障(周倩，2021)。大多数应用型本科高校在服务地方和区域的经济和社会发展方面扮演了重要角色，更应注重加强大学生创新创业意识的提升和实践能力的培养，为地方经济社会发展培养具有创新创业意识和创新创业能力的高级应用型人才。

应用型本科高校在大学生创新创业能力培养过程中应发挥自身优势，加强与企业的合作共享。通过创新创业实践基地的创办或与企业共享实习基地，加强高校与企业的联系，体现高校在创新创业实践过程中的作用，从而赢得全社会对高校创新创业教育工作的认可和对高校培养的大学生创新创业实践能力的认可。通过创新创业项目的开展，强化了校企合作、产学研合作，帮助师生走向社会，开展创新创业的技术研究和管理研究等活动，强化创新创业教育开展的效果(吴学松，2020)。

二、实践基地建设的企业动因

任何企业的发展、生产过程都是一个长期、渐进的过程，以实践基地为依托，与高校建立稳定的合作关系，有利于知识产权与生产力的有效转换，促进企业生产效率的提高。不少企业把大学实习生看作是一种廉价的劳动力(赵燕等，2020)，帮助企业节省资源，促进企业市场运行，获得更高的经济利益。

创新创业教育实践基地为企业提供了强大的人才储备。与高校合作建设实践基地或共享实践基地，有利于深化单位用人制度的改革，便于合理配置毕业生资源。同时大学生加入企业，可以为原本枯燥的企业生产增添活力，提升创造性。大学实习生作为企业职工的一部分，有别于企业的正式员工，他们更敢于向企业反馈职工问题，提出企业管理方面的问题，是企业与职工之间良好的沟通桥梁。

三、实践基地建设的社会动因

随着社会的不断进步和经济逐渐向更高质量发展迈进，传统教育模式难以适应社会和经济发展对高质量创新应用型人才的需要。只有将创新创业理论教学与实践教学相融合，才能培养出综合素质高、创新能力强、适应社会和企业要求的高级应用型人才。

创新创业实践基地建设，可以使创新资源不断集聚，创业活力持续提升，有利于大学生创新创业能力的显著增强，有力地带动大学生创新创业活动的深入发展。同时，创新创业实践可以提升全社会的创新发展动力，进一步提升实践基地对促改革、稳就业、强动能的带动作用，促进创新创业更加蓬勃发展，更大程度激发市场活力和社会创造力，推动我国创新创业活动高质量发展。

第三节　创新创业教育实践基地建设的内容体系

应用型本科高校创新创业教育实践基地建设可分为硬件设施建设、导师队伍建设、学生团队建设和管理体系建设四个方面。硬件设施建设，主要是场地设备建设。导师队伍建设，是创新型创业教育工作成功推进和提升的生命线，创新型创业导师队伍在一定程度上决定着创新型创业教育活动的成败。因此，各高校都在积极建设一支强大的创新创业导师队伍。学生团队建设，创新创业活动中学生是主体，所有的硬件、导师和机构都是为了大学生创新创业活动的顺利开展而建设的，以确保大学生提出创意，最终产生成果。管理体系建设，创新创业实践基地的组织建设和运行管理体系的建设，可以保障创新创业基地的正常运行，提高创新创业实践基地的工作效率，更好地为师生服务。

一、实践基地的硬件设施建设

硬件设施建设是大学生创新创业教育实践基地的基础。大学生创新创业教育实践基地不同于一般的专业实验室和传统的实验室。实践基地的硬件设施建设包括基地的划分和硬件设备的购置。高校应根据本校参与创新创业教育的学生人数规划一定的区域，为学生开展创新创业活动提供必要的仪器设备。然而，一般来说，硬件设备成本较高，一些高校自有资金不足，造成大学生创新创业教育实践基地硬件设施建设无法满足实践教学需要。一方面，如果大学生创新创业基地的设备与实验室设备重叠，可以在资金有限的情况下借用。另一方面，通过校企合作，利用企业力量实现“校企共建”或“校企共享”创新创业活动所需仪器设备。大学生创新创业教育实践基地主要用于大学生实施自主创新和创业，基地建设本身就是一项创新工作，其空间应配备多种功能区，包括工作区和休闲区两大模块，让学生在实践过程中既能通过知识育人，又能通过环境感人，为创新创业教育取得更好效果提供硬件保障。

二、实践基地的导师队伍建设

创新创业导师是大学生创新创业教育的关键。没有优秀的导师，很难培养出优秀的创新创业人才，更难产生优秀的创新创业成果。因此，大学生创新创业教育实践基地必须配备专兼结合、高层次、多学科交叉的导师队伍。这些导师不仅要有坚实的创新创业理论基础和丰富的专业知识，而且在创新创业方面也要有丰富的经验。在这方面，美国一些高校的做法值得学习。美国斯坦福大学允许全职教师和在校研究人员每周保持一天到企业兼职，甚至在校外创新和创业一两年后反哺学校，从而形成优秀的创新创业教师队伍。我国高校创新创业实践导师队伍缺乏与传统的教育模式有关。鉴于当前形势，实践基地导师队伍应充分吸收各类创新创业人才，包括优秀的校园专职教师、精英企业家、行业领袖、成功企业校友、高级专家等，为学生的创新创业项目提供强大的后盾。大学生创新创业教育实践基地导师能够全程参与大学生创新创业团队的项目，跟踪整个过程，监控项目孵化过程，实时纠错，降低创新创业失败的风险。

三、实践基地的学生团队建设

学生团队作为创新创业的主体，通过在实践基地开展创新创业项目，不仅能够获得良好的创新创业经验，提升创新创业项目的开展效果，提升应用型人才培养的质量，还能够促进大学生创新创业教育实践基地的建设，为学校进一步完善人才的选拔和培养机制奠定基础。高校可以通过向所有学生开放创新创业教育实践基地，为大学生提升创新创业兴趣和开展创新创业活动提供良好的平台。高校应该把握大一新生对实践基地的好奇心，向他们介绍实践基地的基本情况，如基地的建设、工作模式、基地的成就等，使学生对实践基地有一个基本的了解。通过组织新生参观基地，邀请学生分享他们的创新创业故事，激发新生对创新创业的兴趣。让大学新生从一年级开始就参与创新创业活动，培养他们的创新创业兴趣和意识，在这一过程中，选择优秀学生作为创新创业项目进一步开展的骨干力量。大学二年级开始对学生进行培训，组织学生参加基地组织的各种创新创业竞赛，进一步提高学生的创新创业能力。这个阶段是一个双向互动的过程，学生可以决定是否参加一个更高层次的创新创业项目，教师可以选择具有潜在能力的学生进行培训，通过申请学生可加入创新创业团队。加入创新创业教育实践基地团队有两种方式:一种方式是由老师发布项目,学生申请加入;另一种方式是由学生团队自己申请项目或参加学校组织的相关竞赛。

四、实践基地的管理体系建设

管理体系的建设主要包括实践基地的日常管理和项目运营管理。日常管理可以安排学生社团,如创新创业协会或学生科学协会等负责,其职责是保证基地的正常开放、设备的管理和使用、基地的卫生和安全,大学生在暑假和寒假期间可以根据项目安排申请继续使用实践基地的场地和设备。项目运营管理主要包括项目入驻管理和入驻后的管理。各院校根据实际情况制订项目进入的流程。虽然每个高校在项目的入驻和运行管理方面稍有差异,但总体上应涵盖四个方面:项目入驻审批、竞争淘汰机制、资源配置机制和政策保障机制。我国大学生创新创业教育实践基地的组织管理分为独立管理和非独立管理。目前,高校大学生创新创业教育实践基地的组织管理以非独立为主,学校行政干预较重,市场化竞争程度较低,最终导致项目运营的市场竞争能力不足,无法满足学生创新创业能力综合提升的实践要求。为此,必须要完善项目的市场化申请、运营和管理体系,促进项目的可持续发展。创新创业项目进驻实践基地后的日常管理工作也不能掉以轻心。通过强化日常管理实现对项目团队成员的督促,促进项目的顺利实施。同时,对入驻实践基地的创新创业项目要进行分阶段、全过程考核评价,强化监督机制,促进项目孵化的成功率。

第四节 应用型本科高校创新创业教育实践基地建设的现状及提升策略

一、创新创业教育实践基地建设的现状分析

创新创业实践教学是高校整个创新创业教育活动的重要环节,是理论教学的验证、补充和拓展,与理论教学相比,它具有直观性、实践性、探索性和启发性的特点。创新创业实践教学对培养学生的创新创业实践能力,提升学生的创新创业综合素质具有特殊的作用(施永川,2021)。通过对现有应用型本科高校创新创业教育文献的总结和调研分析,我们可以看到现阶段高校创新创业实践教学主要包括以下三个方面:一是创新创业实践教学体系建设。实践教学体系包括创业学、风险投资等相关理论课程体系建设;商战模拟、沙盘练习等实践课程体系建设;综合实训体系,如各种创新创业竞赛活动等。二是创新创业实践教学方法。教学方法多种多样,主要包括:案例教学法,即通过对案例进行分析讨论的方法开展教学;讲座教学法,主要是邀请成

功的企业家到学校讲课分享创新创业经验;竞赛教学法,即让学生参与创新创业相关的竞赛,进行创新创业的实践教学;创新创业实训基地、孵化园类教学,即学生团队在孵化园或实践基地开展企业实际经营的方式。三是创新创业实践教学平台。这部分内容与实践教学体系和实践教学方式重叠,主要的实践教学平台包括课堂教学平台、校内实践教学平台、校外实践教学平台等。各高校开展的创新创业实践教学,一般是结合学校自身的特点对以上内容的多维交叉融合。本部分采用 SWOT 分析法对创新创业实践基地建设的内部优势(strengths)、劣势(weaknesses)、来自外部的机遇(opportunities)和威胁(threats)等四个方面进行概要分析,较为直观地了解实践基地建设的有利条件和存在的问题(见表 6-1),以期为提升创新创业教育实践基地的高质量建设提供针对性对策。

表 6-1 应用型本科大学生创新创业教育实践基地建设的 SWOT 分析

内部		外部	
优势(strengths)	劣势(weaknesses)	机遇(opportunities)	威胁(threats)
(1) 国家对实践基地建设的重视 (2) 大学生对实践基地的正确认识 (3) 企业对建设实践基地的重视,校企共建、共享	(1) 实践基地建设过分关注数量,忽视质量 (2) 后续利用不足 (3) 实践基地的内涵建设有待提升 (4) 资金不足,师资结构有待提升	(1)"十三五"期间已初步形成创新创业教育的质量建设体系 (2)"十四五"开局,国家大力发展高校创新创业教育,争取培育一批创业拔尖人才	(1) 高校实践教学师资力量不足 (2) 高校进行实践教学受到各种多方面因素的制约 (3) 社会创新创业氛围有待进一步提升

1. 实践基地建设的优势分析

随着创新型国家建设的需要,国家对应用型创新人才的需求不断扩大,创新创业教育实践基地的建设已成为各级高校关注的焦点。各高校创新创业教育实践基地逐年增多,校企合作不断深化,产业领域不断拓展,实践基地的作用日益突出。

高校大力推进创新创业教育实践基地建设,对大学生创新创业实践起到了很好的推动作用,极大提升了大学生创新创业实践活动的认识水平。实践基地建设不仅加强了校企之间的合作沟通,而且提高了学生的综合能力,扩展了大学生的人际沟通领域,帮助学生直接参与企业的生产活动,提升了大学生的创新创业技能,培养了良好的专业素养,为未来创新创业成功实践奠定了坚实的基础(王志军等,2020)。

实践基地建设也受到企业的重视。校企合作,建设、共享实践基地,可以提高企业的声誉,树立企业的正面形象,赢得良好的社会声誉。同时,校企合作有利于知识产权转化,使高校的研究成果应用于实践,转化为生产力,进一步提高企业的经济效益。

2. 实践基地建设的劣势分析

创新创业教育实践基地建设在多数高校起步较晚，特别是部分高校存在急功近利、盲目开设创新创业教育实践基地、盲目注重数量的情况，忽视了实践基地建设的质量。实践基地发展道路单一，方式传统，缺乏创新。一些高校盲目扩大实践基地数量，导致办学经费严重不足，影响了创新创业教育的正常开展(刘辉，2020)。

为了满足国家近年来越来越重视的创新型人才培养的需求，许多高校积极参与实践基地的建设，充分利用一切资源，与地方企业谈判，签订合作协议，但部分高校在签订协议后放任不管，沟通不足，更谈不上有效利用和管理。许多创新创业实践课程的开设流于形式，导致学生理论与实践脱节，不利于大学生的创新意识和创业能力的提升(张士威，2020)。

此外，高校在创新创业课程体系和课程内容方面普遍存在教学实践环节不足的问题，即使在教学计划中安排了相关课程，其形式也主要体现在课堂讨论、案例分析、观看视频资料等浅层环节，真正走出去，参与企业生产实践的机会太少。即使是与企业合作，也仅仅为了加深学生对相关理论知识的理解和掌握，对实践环节的关注过少且重视程度不足(陈诗慧等，2017)。

3. 实践基地建设的机遇分析

今天的中国，比历史上任何时候都更接近实现中华民族伟大复兴的目标，比以往任何时候都更迫切需要有理想、有本领、有担当的青春力量。创新创业教育作为高校人才培养模式的新探索，是高等教育主动适应、积极回应时代呼唤的创新、发展和升华，将直接影响甚至引领未来世界高等教育发展。

党的十八大以来，习近平总书记多次作出重要指示，强调要加快教育体制改革，注重培养学生创新精神，造就规模宏大、富有创新精神、敢于承担风险的创新创业人才队伍。2017 年 8 月，习近平总书记给第三届中国“互联网＋”大学生创新创业大赛“青年红色筑梦之旅”大学生回信，对高等教育战线全面落实立德树人根本任务，深入推进创新创业教育改革，努力培养德才兼备的有为人才提出了明确要求。全国教育大会进一步强调，要把创新创业教育贯穿人才培养全过程。

加强创新创业教育实践基地建设，大力提高应用型本科高校创新创业教育质量，坚持创新创业教育理论与实践相结合，坚持理论学习、创新思维和社会实践相统一，按照建设创新型国家和人才强国的要求培养新时代应用型高层次人才，以适应国民经济和社会发展的需要。

4. 实践基地建设的挑战分析

高校创新创业教育实践教学水平不稳定是创新创业实践教学发展缓慢、教学水平亟待提升的主要原因。特别是多数应用型本科高校创新创业教育师资力量薄弱，教学实践经验不足。部分青年教师博士或硕士毕业后直接进入高校任教，理论水平较高，但实践经验不足，在实践基地建设和学生创新创业实践指导过程中不能很好地对学生的创新创业实践提供针对性指导。与此同时，高校对实践教学人员的重视程度也不够。与教育背景相同、专业技术职务相同的教师相比，实践教学人员的地位往往较低，待遇较差，影响了教师在实践课程中的主动性和积极性（郭广军等，2018）。

另外，高校引导学生进行创新创业实践活动，自然也对学生的安全承担着相应的责任。创新创业实践活动需要学生直接参与社会活动、接触社会，这对第一次接触创业活动的学生来说无疑是一个挑战，而参与企业生产经营活动的要求更高，存在着一定的安全隐患，这无形中给大学生创新创业实践的组织管理工作增加了困难（荀延杰，2019）。

二、创新创业教育实践基地建设的问题分析

1. 实践基地缺乏硬件设施

大学生创新创业教育实践基地硬件设施建设是培养创新型人才的基础，也是实践基地落地的重要保障。由于我国高校创新创业教育体系不健全，创新理念和创新创业意识滞后，导致我国高校创新创业教育实践基地规划不合理，场地、设备等基本硬件设施不能满足实际需要。“硬件”建设是基础投入，如果基础不牢固，后续创新创业教育实践活动的开展就要受到影响，因此高校应立足现实，加强硬件设施建设，为学校开展创新创业活动奠定基础。大学生创新创业教育实践基地应有别于传统的实训基地和实验室。高校应与企业保持密切的合作关系，通过校企共建模式，充分整合校企资源，提高硬件设施利用率。

2. 实践基地缺乏高水平双创导师

作为创新创业教育体系的灵魂，双创导师在大学生创新创业教育实践基地中扮演着“推手”的角色。然而，我国高校创新创业教育实践基地的师资力量还存在较大缺口。“双师型”队伍的理想结构是学校的全职教师队伍和校外创新创业教育的兼职教师队伍相结合。然而，现实中高校创新创业教育实践基地的教师一般由研究型教师和管理型教师组成。高校研究型教师致力于学术研究，理论基础扎实，其中大部分人是“从学校到学校”，缺乏创新创业的实践经验。高校管理型教师作为高校行政管理机构的工作人员，在管理综合事务方面相当得心应手，但实践基地的建设不仅仅是一个物理空间，管理者需要用专业知识来帮助大学生解决在创新创业实践中遇到的问题。另外，部分高校通过聘请在商业领域具有丰富创新创业经验的外聘教师来指导大学生的创新创业发展，但这些外聘教师在实践基地指导学生的时间有限，往往停留在经验分享和案例讲授层面，对大学生的具体实践指导作用有限，往往会流于形式，无法满足学生在创新创业过程中对导师的需求。

3. 学生团队的选拔机制灵活性不足

尽管高校根据自身情况制订了不同的学生团队选拔办法，但大多是以下流程：首

先，开展校级或院级层面的创新创业讲座，对学生进行创新创业教育引导；然后，由学生根据自身创新创业意向或项目开展需要提出实践基地使用申请，学校或二级学院层面展开选拔和培训工作，并最终根据项目开展的过程对学生团队进行考核评估。这一流程起到了一定的作用，但局限于时间安排不够灵活，不能适应学生创新创业团队相对灵活的特点。一方面会造成创新创业团队的漏选或错选，另一方面会造成实践基地教师和空间等资源的浪费。因此，对创新创业学生团队入驻实践基地的选拔机制要规范且不失灵活性，要通过多种渠道鼓励学生参与创新创业实践。另外，参与创新创业活动的学生团队群体以二年级和三年级大学生为主，受研究生入学考试和就业的影响，很多学生团队逐渐退出了创新创业的实践活动，因此受惠于创新创业实践基地建设的学生人数有限且未能引起学校的全面关注。因此需要对实践基地学生团队参与的可持续性加强研究，改进现有选拔机制。

4. 实践基地的组织管理不规范

高校对创新创业实践活动的重视程度直接关系到创新创业教育发展的前景。大多数高校创新创业实践活动依赖高校的教务处、学工处、团委、就业指导中心等机构，采用举办比赛、大型活动，或者依托创新创业项目的形式，缺乏创新创业教育的连续性，不利于创新创业实践教育的常态化。同时，这种多部门参与的管理体制形式化严重，缺乏对学生创新性的培养和关注。学生创新创业能力的培养，是一个长期的过程，高校应建立专门服务管理创新创业教育活动的机构，保证创新创业实践活动的规范、合理、常态、科学。这就需要多部门的配合和共同努力。

建立创新创业项目退出机制，对部分长期不能开展运营或项目没有进展的团队应及时清理，促进实践基地创新创业项目能进能出，形成良性循环。同时，由于大学生开展创新创业活动的特殊性，大学生通常会面临较大的风险，需要学校联合合作企业、合作投资机构、银行等建立大学生创新创业项目风险分担机制，使大学生能积极且无后顾之忧地参与创新创业实践活动。

三、创新创业教育实践基地建设的提升策略

2019 年 10 月，《教育部关于深化本科教育教学改革全面提高人才培养质量的意见》(教高〔2019〕6 号)提出，要“进一步深化创新创业教育改革。挖掘和充实各类课程、各个环节的创新创业教育资源，强化创新创业协同育人，建好创新创业示范高校和万名优秀创新创业导师人才库”，为创新创业教育实践基地建设提供了难得的发展机遇。深入挖掘本地政府、行业和企业资源，提升创新创业教育实践基地建设水平具有重要意义。

应用型本科高校开展创新创业教育实践基地建设一般有两种模式：一是点对面模式，即一所高校与多所企业合作，如金陵科技学院与南京亚太化工电子交易中心、

天邦生物技术有限公司等多家公司合作建设实践基地，使学校相关专业得到发展。二是面对面模式，即多所高校与多家企业达成全方位合作（宣晓等，2019）。实践基地的本地化建设可以将两种模式相互结合。一所高校与多家企业合作，能有效推动高校多方面的专业特色化，促进高校全面发展，并将高校学科优势与企业产业优势充分结合，实现校企共赢局面。另外，多家企业之间也可以相互进行交流，在探讨实践基地建设顺利开展、学生创新创业实践能力提升的同时，可以为企业自身发展谋福利，推动产业更快更好发展。高校也可以与本地其他高校合作，不仅可以合作建设实践基地，努力落实实践基地建设目标，而且有利于各高校之间交流学习经验和相关研究成果，取长补短，促进实践课程设计和开展，提高实践课程学习效果。

以金陵科技学院为例，学校确立了应用型本科大学的办学定位及培养高级应用型人才的人才培养理念，紧扣南京城市发展需要，在重点学科、特色专业、科技研发、教学与人才培养等方面取得了一系列的突破性进展。学校各个学院积极推进创新创业教育实践基地建设，如建筑工程学院与江苏建科建设监理有限公司签署实践基地建设，商学院与南京工艺装备制造有限公司合作进行实践教学等。由此促进了学校各个专业的发展。另外，学校园艺系聘请南京农业大学园艺学院部分专家对园艺系实践基地参观指导，就园艺设施的建设和管理进行广泛的交流，对园艺系的实践基地建设和发展起到积极作用。同时，学校紧紧围绕南京区域经济社会发展对人才和科技的要求，抢抓战略机遇，加快各种平台建设，深化教育教学改革，以培养具有高度社会适应能力和健康人格的高级应用型人才为中心，锁定“南京”“特色”“提升”三个关键词，牢固树立“生于斯，长于斯，服务于斯”的思想，坚持立足南京、融入南京、服务南京、贡献南京，以人为本，开放办学，坚持走面向南京市的区域成长发展道路。

第三篇

管理机制篇

第七章　应用型本科高校创新创业教育的运行机制

随着我国步入新时代，高校创新创业教育肩负新使命、新任务。2021 年，全国高校毕业生总规模达 909 万人，同比增加 35 万人，加之在疫情影响下经济下行，毕业生面临更加严峻的就业形势。要解决严峻的就业问题，高校必须推进创新创业教育，培养高素质创新型、应用型、技能型人才，服务国家产业优化升级，实现创新创业带动就业，促进毕业生更高质量和更充分就业、创业。

第一节　应用型本科高校创新创业教育运行的问题分析

当前，高校创新创业教育运行中在参与主体、生态系统建设、教育管理机制、资源整合配置等方面仍存在不同程度的问题。

一、师生参与创新创业教育的专业基础薄弱

高等教育的过程可以浓缩为积累、总结、抽象三个阶段，教师和学生作为创新创业教育的主体，需要主动参与，但是目前我国师生的专业基础比较薄弱，且主动性不强。一方面专业型师资力量薄弱。高校创新创业教育应拥有一支由校内外创新创业指导专家和人力资源专家组成的专业化、职业化、专兼结合的高水平师资队伍。同时，专业教师只有具备扎实的理论知识和丰富的实践经验，才能指导学生进行创新创业。但是，现在的创新创业教师大部分存在“半路出家”“身兼数职”的教育背景，对国家创新型战略的实施不了解，趋势把握不准，填鸭式地将抽象理论传授给学生，创新创业教育更多停留在课堂，停留于理论层面。创新创业优秀教学团队、创新创业教学名师、优秀青年导师的缺乏更是制约创新创业教育的问题之一。另一方面，学生作为创新创业的主体，存在三个方面的问题：一是知识结构不完善，学的都是书本上的知

识和校园内的经验；二是实践经验不足，学生长时间处在象牙塔中，与社会接触不足，缺少社会阅历；三是学历层次不够，本专科学生缺乏足够时长的学术训练，在创新创业过程中难以掌握核心知识和技术支撑，创新创业的风险大。

二、创新创业教育生态系统融合度亟须强化

创新创业教育的开展，是在新一轮产业结构调整、新科技革命和新型城镇化等所带来的一系列挑战与问题的背景下进行的，需要创新创业教育不仅在空间上与现代城市相连，而且在经济、科技、文化、社会等领域与城市深度融合、全面互动，逐步形成一种“我中有你，你中有我”的共生共进关系，需要进一步彰显创新创业教育在城市建设与发展中的支撑、引领作用，需要形成一种政府、企业、高校、社会文化环境共生共进的生态系统。现实问题是政府、企业、社会与高校没有形成共生关系，导致政府对高校创新创业教育的政策落实不到位、创新创业资金支持匮乏、创新创业融资渠道狭窄；企业参与度低，积极性不高，部分校企合作共建的创新创业教育实践基地形式化；高校走出去开展创新创业教育的意愿不够。创新创业教育的社会环境建设欠缺，社会上创新创业氛围不够浓厚等在一定程度上影响了高校创新创业教育活动的开展。

三、创新创业教育管理和保障体系有待完善

课堂讲授为主的创新创业教学模式，功利性、片面的创新创业成败评价标准，导致创新创业教育在引导高校学生创新创业、提升校园创新创业文化等方面暴露出明显的不足。“就创新创业论创新创业”、重引进轻自主开发、创新创业教育与专业课程结合不够紧密、学科交叉融合不足等与创新创业活动开展的系统性和综合性不相适应。特别是创新创业教育师资不足、质量不高、专兼职教师队伍评价体系不合理等直接影响了创新创业教育质量的提升。学校各部门创新创业教育保障要素相互孤立、创新创业形式单一、管理服务不规范、缺乏资金来源等问题制约了创新创业活动的深入开展。高校创新创业教育工作应该由现阶段的“一项重要的特色工作”定位转变为一项融入教学全过程、多部门协同、保障有力、重中之重的工作。

四、校内外创新创业教育资源配置不够合理

高校的创新创业教育绝对不是“象牙塔”里面的教与学，而应该是统筹校内外各方资源，充分发挥政府、企业、社会、师生等多方力量，合理分配，形成“1＋N”良好局面的教育。但是在高校创新创业教育资源配置中存在一些不足之处，一是资源合理配置的先进理念不足。高校始终在创新创业教育中立足教育职能，围绕立德树人的根本任务，但是并没有真正把提高人才培养质量作为创新创业教育的出发点和落脚点，这个理念的贯彻不尽如人意。在创新创业观念融入专业课程教学、开展创新创业

实践、改革人才培养方案等促进措施的落实力度上不够，主观上存在一定的困惑，在实施中就存在“沉不下去”的问题。二是资源合理配置的实践经验不足。高校也尝试着修订学生培养计划，采取举措挖掘创新创业教育资源，但是因为缺乏实践经验，总是无法抓住资源合理配置的核心点，“引进来的资源”没办法合理、按需分配，“走出去的资源”先天缺陷、后劲不足，校内外教育资源联动机制动不起来，校内外各单位各部门均存在“给我分一杯羹，我就干一点事”的消极态度，不落实各项措施，导致校内外协同推进、协同合作、全员参与的创新创业教育工作氛围难以营造。

第二节 创新创业教育运行机制的总体设计

大学生创新创业教育的开展普遍经历创新创业意识启蒙、创新创业知识储备、创新创业能力培养和企业项目孵化的过程，不同阶段创新创业教育活动的开展，需要学校的管理机制、服务机制、激励机制和评价机制的协同配合。同时，创新创业教育活动的开展离不开社会创新创业文化环境的激励、政府产业政策的扶持、企业提供更多的实践机会和平台。为此，借鉴蒂蒙斯创新创业模型的思想，我国创新创业教育运行机制设计为一个“多主体、全过程、一体化和高质量提升”的系统过程（见图 7-1）。

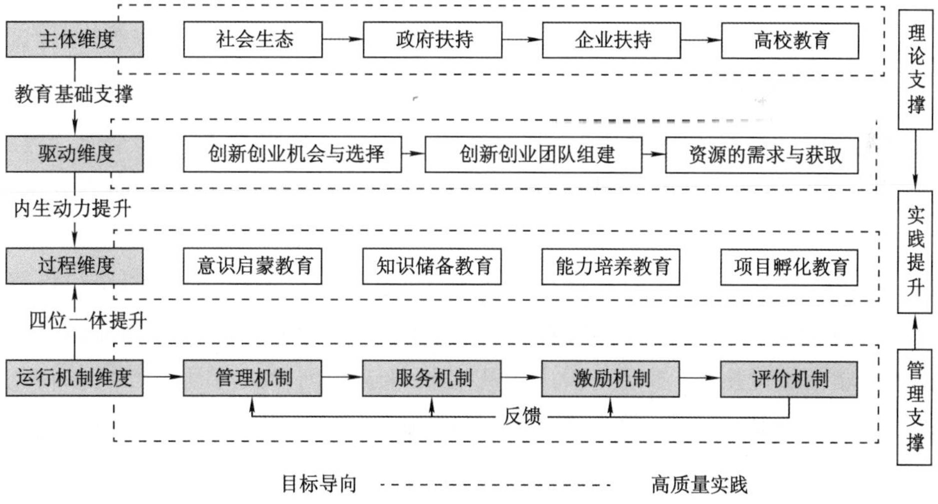

图 7-1 创新创业教育运行机制的总体设计

该模型充分考虑了创新创业教育开展过程中主体维度的基础支撑作用、驱动维度目标导向下的高质量推动作用、过程维度的内容深化作用、运行机制维度的“四位一体”提升作用。该模式在探讨创新创业教育的运行机制过程中，对“四位一体”运行机制涉及的管理主体、知识培育过程和高质量提升驱动力等进行系统整合，有利于创新创业教育运行管理过程中多维度子系统的协同提升。① 主体维度。政府、学校、企业和社会文化环境是创新创业教育活动运行管理的主体。其中，学校承担了创新创业教育开展的关键环节，但政府的政策、企业的实践机会和社会文化环境等多个主体维度的支撑能更好地促进大学生创新创业活动的开展。② 驱动维度。创新创业机会的识别与选择、组建创新创业团队及对创新创业资源的需求与获取则属于创新创业过程中最重要的驱动维度，也是新时代创新创业教育质量进一步提升的驱动力。创新创业前期必须注重机会的发掘与选择，创新创业中期侧重于团队的组建，当企业顺利启动逐渐步入正轨后，会逐渐增加对外部资源的需求。如何将创新创业教育与创新创业前、中、后期对不同教育内容的需求相结合是创新创业教育高质量提升的重要命题。③ 过程维度。创新创业教育促进了创新创业的意识启蒙、创新创业知识储备、创新创业能力培养到创新创业项目孵化等全过程的深化与提升。要想保护和引导大学生的创新创业意识启蒙，提升创新创业知识储备，可以通过帮助大学生积极参与大学生创新创业训练计划、“互联网＋”大学生创新创业计划大赛、“挑战杯”等活动进一步提升大学生的创新创业综合能力，最终通过政府财政扶持、高校“众创空间”培育、企业合作支持等手段实现创新创业教育内容的全过程高质量提升。④ 运行机制维度。多主体的协同、创新创业意识的内生驱动和全过程的创新创业教育体系需要创新创业教育的管理机制、服务机制、激励机制和评价机制等“四位一体”运行机制的协同。通过管理机制提升高校内部各级创新创业管理部门、政府主管机构、合作企业的协同作用；通过服务机制的提升，为提升学生的创新创业意识、培养综合创新能力、孵化创新创业项目提供支持性帮助；通过激励机制提升创新创业参与导师、高校学生、创新创业项目团队的自身主动性；通过评价机制对创新创业氛围的提升程度、创新创业人才的培养质量、创新创业师资的总体表现等进行评价。

在“多主体、全过程、一体化和高质量提升”的系统中，“四位一体”的运行机制维度是核心，破除政府、高校、企业等管理主体维度的协同障碍，提供创新创业机会创新创业资源的驱动维度服务，激励高校师生积极投身创新创业教育活动开展并在创新创业实践过程提供制度保障、服务支持、激励措施和评价考核，最终实现新时代创新创业教育的高质量提升。① 作为基础的管理机制发挥其特有的组织管理功能，指导服务机制、激励机制以及评价机制的运行，并接收三者的反馈，及时改善管理模式以及管理体系；② 服务机制作为创新创业教育关键环节，在整个机制运行过程中接受管理机制管理，依托内外载体，围绕自身优势，加强创新创业主体间横向与纵向的联系；③ 激励机制作为创新创业教育动力机制，通过政策、资金等优势，激励运行机制的高效运行；④ 评价机制通过评价反馈，对“四位一体”运行机制的效果进行测度，通过适时调整，循环往复，实现创新创业教育效果的螺旋式上升，逐步实现创新创业教育模式及效果的优化。

一、应用型本科高校创新创业教育的管理机制

高等院校创新创业教育的管理机制设计应立足于高级应用型、技能型创新创业人才培养，以专兼结合的师资队伍、课程体系和创新创业孵化项目为抓手，采取市场或行政的手段，不断优化“政—校—企—社”一体化、协同化运行机制，实现校内外人力、物力、财力资源的合理调配。其核心内涵包括两个部分：管理什么和怎么管理。

(1) 管理什么？围绕创新创业教育目标来安排和确定创新创业教育管理机制的活动、过程、资源、制度等要素。培养高级应用型、技能型创新创业人才这一目标决定了创新创业教育管理不能孤立地管理个别部门、个别教师和个别学生，而应该将创新创业意识的提高、创新创业精神的培养和创新创业能力的锻炼贯穿于创新创业教育的全过程。

(2) 怎么管理？创新创业教育管理机制是对创新创业教育提供组织进行指挥和控制，这种指挥和控制的形式特征体现为，由创新创业教育相关的主体维度、驱动维度和过程维度等有机联系而成的“总和”，要通过管理模式改革打通不同维度之间的壁垒，增强系统运行的活力。

通过创新创业教育管理机制的运行，实现教育管理主体的自我管理和互相成就，使各主体，包括创新创业领导小组、职能部门、二级学院发挥相应的职能作用，在创新创业教育中发挥和完善教育管理机制的组织功能和价值优势，为教育服务机制、激励机制、保障体系打下夯实的基础。

二、应用型本科高校创新创业教育的服务机制

服务机制的运行，需要高校发挥主动性，积极探索与政府和企业的长效合作机制，围绕高校学科特点与自身平台优势，聚集社会资源，为高校创新创业教育提供最大限度服务。① 在校政合作中，高等院校结合自身特点和当地政府特点，在政策范围内探寻出独特的校政合作长效机制。政府在高等院校创新创业教育人才培养的过程中，可以为高校、教师和学生提供政策倾斜、法律保障以及各项服务保障，并且可以与高校共建具有独立法人资格的孵化机构。为高校引导、孵化的企业提供公共技术服务、检验检测服务、财税会计服务、法律政策服务、教育培训服务、管理咨询服务等全过程服务，从而降低创新创业实施困难。② 在校企共建合作中，高等院校需要大力推动校企共建众创空间的建设，建立适用于应用型、技能型专业创新创业意识培养的众创空间质量管理体系，引导众创空间向专业化、精细化方向升级。这其中，高校的重点在于深化产教融合，打通知识传授与市场实践通道，在解决自身教育实践不足的同时解决企业对接轨市场的成熟劳动力的需求。引入企业开展生产性实习实训，

借助企业提供的创新创业空间场地、设备设施与成长指导，使高校教师和学生深入企业，更新理论，增强创新创业实践能力，学习市场实践经验，从而推动高校创新创业教育深入发展。

三、应用型本科高校创新创业教育的激励机制

为提高教师与学生创新创业热情，根据教育管理机制提出的目标，利用教育服务机制提供的条件，建立全面合理的激励机制。通过激励机制解决教师教学科研与创新创业之间的矛盾，解决学生上课与创新创业之间的矛盾，为政府和企业提供高校资源，使教师、学生、政府、企业等主体都进入良性循环，继而对创新创业教育产生持续的推动力。① 为激励教师积极参与创新创业教育，应用型本科高校需大力探索创新创业导师制，把创新创业教育和实践课程纳入高校必修课体系。鼓励和支持教师积极投身科技创新创业（王志梅等，2018）。鼓励和支持教师离岗创业，健全教师评价机制，合理量化教师在创新创业中取得的成绩和引导学生创新创业的情况，将其作为职称评审、岗位竞聘、绩效考核、收入分配、续签合同等的重要依据。② 为激励学生积极创业，可采取提高创新创业理论课程和实习课程学分、设立创新创业专项奖学金、允许学生创新创业休学、提供创新创业众创空间以及允许大学生用创新创业成果换取学分或申请学位论文答辩等的激励机制。③ 为促进政府、企业与学校在创新创业教育方面的良性互动，高等院校须立足企业和当地政府需求，与政府、企业深入合作，发挥高校专业性优势，一方面跟踪调查创新创业人才培养结果，为政府制定下一步政策措施提供反馈与建议；另一方面为企业提供专业指导、政策、场地、资金倾斜，以及提供具备创新创业能力的劳动力。

四、应用型本科高校创新创业教育的评价体系

创新创业教育效果评价存在着突出的“时滞效应”（王占仁等，2016），加强评价体系建设的当务之急在于创建与创新创业教育特征相匹配的教育效果评估方案，充分考虑主观和客观指标、短期和长期指标等特殊因素，形成模块化评价体系。① 充分认识大学生创新创业教育评价的“时滞性”特征，评价体系设计应兼顾长期与短期效果。改变单纯以学习成绩评价教育效果的方式，根据创新创业人才培养目标，探索既包括学生创新创业参与率、成功率也包括学生岗位创新，既包括数量统计也有质量评估的科学多样的评价体系。② 构建模块化评价体系，实现综合评价与单项评价功能的有机结合。探讨创新创业教育质量评估与专业教学质量评估、教学管理评估、学生学习状态与效果评估相结合的常态化评价体系。

第三节　基于“四位一体”创新创业教育运行机制的优化对策

一、关注运行机制的整体性和系统性

创新创业教育体系的运行与管理涉及社会生态、政府、企业和高校等不同主体，不同主体在创新创业的机会选择、团队组建、资源需求与获取等过程中提供的驱动力各有差异，需要协同配合。高校在创新创业教育的执行过程中处于核心地位，创新创业教育的管理机制、服务机制、激励机制和评价机制的协调作用决定了创新创业教育能否高质量开展。注重运行机制的整体性和系统性，实现管理、服务、激励和评价机制的“一体化”，最终实现创新创业教育的高质量提升。

二、通过“一体化”平台实现创新创业教育资源的整合

创新创业教育资源涉及社会环境资源、政府政策资源、高校课程和师资资源、企业实践资源等，通过构建“四位一体”的创新创业教育平台，将资源配置涉及的多主体和全过程进行整合，以推动创新创业教育的全方位开展，真正实现大学生创新创业能力的提升。首先，要充分整合、优化校内资源，打破原有的行政部门、二级学院、学科专业壁垒，优化资源配置，建立可共享的、开放式创新创业教育课程体系，提升创新创业教育师资力量以及仪器设施、实践场地等的运行与维护效率，实现创新创业课程和配套设施在全校范围内的优化配置。其次，要充分发挥众创空间创新孵化的作用，依托众创空间建设，有效利用国家自主创新示范区、国家高新区、应用创新园区等的有利条件，抓住政策集成带来的规模效应，实现创新与创业相结合、线上与线下相结合、教育孵化与投资相结合，为创新创业教育的开展提供理论与实践相结合的契机。

三、强化创新创业教育人才培养体系的建设

加速人才培养体系建设是确保创新创业教育持续发展的根本，而创新创业教育师资建设是人才培养体系建设的关键。首先，以满足创新创业活动开展为目标，从管理层出发，整合构建一批跨专业、跨学院、校企融合的创新创业教育师资队伍。由行业领军专家引领方向，由各类业务核心专家和企业技术骨干支撑，吸纳年轻教师与企业骨干参与，建立创新创业教育的传帮带培养机制，确保创新创业教育师资队伍的健康、有序成长。其次，构建完善的保障与激励体系，把创新创业教育成果纳入职称评定、待遇提升和专业发展等框架体系，真正破除唯论文、唯课题导向，建立长效的、可

操作的考核机制，真正解除创新创业师资队伍的后顾之忧。通过构建完善的创新创业教育服务体系，依托高校、政府、企业、数据中心、网络等多方资源，构建开放创新的数字化人才培训基地，强化创新创业教育人才培养体系。

随着我国经济从高速增长进入中高速阶段，经济向形态更高级、分工更复杂、结构更合理的新常态过渡，增长驱动力必须由要素驱动、投资驱动转向创新驱动。而应用型本科高校作为培养应用型、技能型、复合型紧缺人才的机构，应该责无旁贷地为中国经济发展引擎助力。只有立足创新创业"四位一体"运行机制，应用型本科高校才能够适应自身情况形成一套适合大学生创新创业的培养体系，高质量地履行应用型本科高校的育人职能。

第八章　应用型本科高校创新创业教育的管理体系

应用型本科高校创新创业教育在学科发展、专业结构、课程设置、教学内容等方面更多地体现了“应用”二字，以培养具有较强社会适应能力和创新创业意识的高素质应用型人才。为了提升高校人才实践能力的培养成效，适应我国经济发展由高速增长阶段向高质量发展阶段的转变，进一步激发市场活力和社会创造力，2018 年，国务院发布了《国务院关于推动创新创业高质量发展打造“双创”升级版的意见》(国发〔2018〕32 号)。近年来，越来越多的大学生投身于创新创业实践，但也面临融资难、经验少等问题。为进一步提升大学生创新创业能力、增强创新活力，进一步支持大学生创新创业，2021 年，国务院办公厅发布了《国务院办公厅关于进一步支持大学生创新创业的指导意见》(国办发〔2021〕35 号)。现阶段对应用型本科高校创新创业教育教学管理工作涉及的师资建设、课程建设、教学资源开放共享、绩效考核、运行管理与实践创新等方面均提出了更高的要求，开展应用型本科高校创新创业教育管理体系的深入研究变得更加重要。

第一节　应用型本科高校创新创业教育管理体系的总体方案设计

为适应应用型本科高校创新创业教育的要求，我们对创新创业教育的管理体系从创新创业教育主体的层次、运行管理客体的领域和创新创业教育的过程三个维度进行系统分析，构建创新创业教育管理的“三维金字塔”型管理体系(见图 8-1)，实现了创新创业教育管理全过程涉及的教学主体、客体和创新创业教育内容三方面相互作用，完善了创新创业教育的运行管理、保障体系、评价与激励机制，加强了创新创业教育的内涵建设。

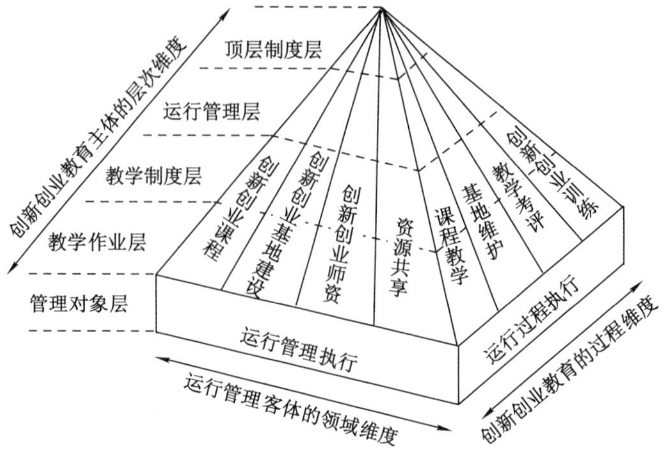

图 8-1　创新创业教育“三维金字塔”型管理体系总体框架

一、层次维度——创新创业教育管理体系的宏观设计

宏观方面，将创新创业教育管理体系中涉及的创新创业教育主体划分为以下五个层次。

（1）顶层制度层。这一层对创新创业教育管理体系起着提纲挈领的作用。高校应当从总体上把握创新创业教育制度的建设，明确应用型本科高校创新创业教育的目标、规模、管理模式等，整合好相关资源与创新创业教育活动的关系，为创新创业教育工作的顺利运行奠定基础。

（2）运行管理层。这一层主要对创新创业教育工作的具体运行进行整体的管理规划。创新创业教育在教学内容等具体业务上接受院系领导，同时，在教学质量和创新创业教育的技术保障、维护上，接受学校教务处以及上级部门的指导、监督和检查。

（3）教学制度层。这一层对创新创业教育内容所适用的专业对象、在教学中的注意事项以及创新创业教育的目标等提出明确规定，为创新创业教育工作的开展提高效率。

（4）教学作业层。这一层主要是对教师在创新创业教育过程中提出相关要求。教师应在充分利用创新创业教育资源的基础上，提高学生创新创业实践能力，并及时反馈创新创业教育的教学成效。

（5）管理对象层。这一层包括创新创业教育活动开展的制度、课程、师资、学生、场地、设备等各个方面，每个方面都是创新创业教育管理体系所要考核的对象。同时，创新创业教育管理不仅包括创新创业教育硬件资源的整合，还包括后续的实践教学维护、质量评估等以实现创新创业教育可持续发展的工作。

二、领域维度——创新创业教育管理体系的中观设计

中观方面，将创新创业教育管理体系涉及的各个领域进行总结概括，主要从课程体系、基地建设、师资队伍和资源共享等方面进行考虑。

（1）课程体系。针对不同学科专业开设不同的课程体系，充分利用已有条件开展有针对性的创新创业教育。比如，市场营销专业的创新创业教育可能需要较高的产品展销与摄影技术，那么高校可以通过开设基础和专业课程，使学生系统地掌握展销技巧、摄影、摄像及制作等基本实验方法和技术，熟悉相关设备和软件的使用，提升创新创业实践的专业基础。

（2）基地建设。不同专业的创新创业课程需要各自的专业设备，创新创业教育应当根据创新创业课程体系来建设相应的实践基地。比如，经管类专业可能需要沙盘模拟、金蝶软件等，理工科可能需要显微镜等相关实验器材，实践基地的建设可以与原有的专业实验室相配合。对于基地建设，除了要完成初期的建设外，更重要的是后续的更新维护，使基地提供的实验设备能够不断适应创新创业教育新的变化。

（3）师资队伍。老师是创新创业教育工作高质量开展的关键因素之一，包括校内创新创业指导教师和企业外聘指导教师。对于创新创业教育的开展，高校可以聘请校内指导教师，也可以从校外聘请专家进行授课。校内指导教师学术水平高、理论基础强，可以针对创新创业教育的理论体系进行系统指导；企业外聘指导教师实践经验丰富，可以通过实践分享和项目指导等多种形式对大学生开展创新创业教育指导（姚圣卓等，2020）。

（4）资源共享。资源共享主要表现在创新创业教育实践基地建设过程中的“协同创新、资源共享”。校内外创新创业教育管理工作不但要做到创新创业教育软硬件资源的共享，而且要打破单位、部门门槛，相互协助，积极营造有利于跨单位、跨部门、跨学科的合作氛围。

创新创业教育管理体系的运行离不开以上四个领域的建设管理，只有四个方面齐头并进，才能使应用型本科高校创新创业教育工作取得更好的效果。

三、过程维度——创新创业教育管理体系的微观设计

微观方面，细化创新创业教育管理体系涉及的各领域的运行管理过程，提升创新创业教育工作的管理细节，主要涵盖以下几个方面的内容。

（1）课程教学。教师应当学会利用教学优势，打破固有的教学方式，充分利用先进的科学技术，进行课程结构的优化，通过综合型创新创业教学，特别是综合创新型的项目实践，使学生掌握创办企业、参与企业管理的综合创新型理论和实践本领（高志刚等，2016）。

(2) 基地维护。为了提高创新创业教育实践基地设备的使用效率,延长使用寿命,可以通过采取一系列措施来进行场地与设备维护。例如,可以建立基地设备技术档案以及设备审批、购置、验收、运行使用、停机、维护直至报废整个寿命周期的记录和原始资料,对一些大型精密仪器设备可由专职人员保管,同时,要重视维修保养和检查工作,定时、定人进行大型仪器设备维护维修,做好维护维修记录。

(3) 教学考评。为了使创新创业教育工作的开展取得更好的效果,进行创新创业教育考评是十分必要的,包括对教师的教学方式、教学辅导、教学控制、学习效果等进行教师自评和学生评价,形成综合评价。教学考评能够较好地激励教师充分利用创新创业教育工作进行教学方法的改善,提高教学质量,推动教学、科研和管理水平协调前进。

(4)创新创业训练。创新创业教育的一个重要作用就是能够使学生在一个接近实务的环境条件下,更好地将理论知识运用于实践,达到培养高级应用型人才的目标。因此将创新创业教育内容与大学生创新创业训练、创新创业竞赛等相结合,对学生以后的职业生涯规划、创新创业训练和实践具有良好的引导作用,极大地提升学生的创新创业热情,取得较好的创新创业教育效果。

第二节　应用型本科高校创新创业教育管理体系的组合分析

"二维金字塔"型管理体系从层次维、领域维、过程维三个维度分别分析了创新创业教育管理体系需要解决的问题。同时,三个维度之间互有交集、相互联系、密不可分。下面分别对层次—领域维度组合、层次—过程维度组合和领域—过程维度组合进行分析。

一、层次—领域维度组合分析

以创新创业教育课程教学、基地建设、师资队伍和资源共享为例(见表 8-1),创新创业教育层次维度和领域维度的关联体现出各领域维度在不同管理层次上内容的差异。

一方面,各层次都涉及创新创业教育各个领域的管理问题。例如,学校层面的创新创业教育开展预算的分配、设备采购等不仅要关注学校整体创新创业教育设备的分配,而且要考虑不同学科领域对创新创业教育设备的不同需要。另一方面,每一个创新创业教育涉及的领域都有各自的顶层制度、运行管理层到教学作业层的问题。以实验师资的管理为例,学校层面要考虑创新创业教育师资的管理、激励与考评等的整体规划，具体到各个学院和创新创业课程层面又要对不同教学内容的教师进行日常规范的管理，并要对教学前期的准备情况、教学过程中的控制和教学结果的评价等进行反馈控制。

表 8-1　层次—领域维度组合交叉分解概要

领域维	层次维			
	顶层制度层	运行管理层	教学制度层	教学作业层
课程教学	通识课程、专业课程设置、实践课程占比、实践课程内容设置等	课程教学运行过程控制、考核设置，反馈设置等	学校和学院层面的创新创业教育管理制度建设	涉及教学目标、考评、反馈、教师评价等制度
基地建设	学校层面的实践基地场地、设备预算分配、采购、维护、报废制度	实践基地日常的运行、维护、培训等制度建设	实践基地设施、设备在教学过程中的使用规范	对创新创业理论和实践教学开展设备功能培训和安全教育
师资队伍	创新创业教育专、兼职教师的管理、激励、考评规范	专、兼职，内、外聘指导教师的日常管理制度规范	教学前期准备、过程控制、后期考察反馈的制度设计	双创项目的考核评估、自评、学生评价等
资源共享	激励校内院系之间、高校之间、校企之间双创资源共享	双创资源共享的方案细化、组织	双创资源的建立、更新、发布、访问规范	对学生合理使用共享资源的指导、培训、学习考核

二、层次—过程维度组合分析

“三维金字塔”模型中，过程维度相较于层次维度，是从细节方面对制度进行完善的，而层次维度对过程维度的细化划定了管理的层次界限，利于运行管理过程中责任的确定（见表 8-2）。

表 8-2　层次—过程维度组合交叉分解概要

过程维	层次维			
	顶层制度层	运行管理层	教学制度层	教学作业层
课程教学	专业培养的目标落实、实践课程的计划实施	维持教学秩序，遵守示范中心规范	充分利用示范中心选择相应的教学形式	将学生与示范中心结合起来，增强学生的操作能力
基地维护	实验设备管理制度的制定、细化	对设备运行过程进行规范化管理	规范设备使用的注意事项	为实际操作过程提供技术支持
教学考评	针对不同考评对象（实验教师、设备管理人员等）设定考核指标	教学管理过程中对实践课程的考核指标进行细化	对任课教师课程、过程考核的规范化	对创新创业教育效果的考核，包含课程成绩、效果反馈、资源共享等

表 8-2(续)

过程维	层次维			
	顶层制度层	运行管理层	教学制度层	教学作业层
创新创业实践训练	考虑创新创业训练对象、规模、形式等	运行管理的制度设计保障创新创业实践训练的顺利实施	规范对学生创新创业实践训练的管理支持	理论与实践相结合,重在锻炼实践能力

从层次—过程维度来分析“三维金字塔”模型,我们可以使创新创业教育管理体系的各层次制度设计更加细化,以利于创新创业教育管理设计的制度在执行过程中更加顺利。以创新创业教育的教学考评管理为例,教学考核制度应根据教学过程的不同阶段、管理的不同层次设置不同的考核指标。学校在全校层面应对不同创新创业教育对象设定考核指标,并细化考核过程。对创新创业课程任课教师在课程准备阶段的教案设计、大纲设置、实验指导书优化等进行前期监督考核;课程开展过程中通过教师自查创新创业教育进度表、教学督导进行创新创业教育中期检查、专业教师相互听课学习等形式保障实践课程的高质量开展;课程结束后,通过对创新创业教育报告的评改、检查、教师互查等形式,保障以考核推动创新创业教学质量提升的效果。这样,对创新创业教育效果的考评在不同层次和不同阶段设定不同的考核指标,提升了创新创业教育的效果。

同样,对于基地建设、课程教学和创新创业实践训练等创新创业教育开展过程中涉及的各个方面的过程控制,都应根据不同层次、不同部门的要求设置不同的考核标准,以利于提升创新创业教育的整体管理水平。

三、领域—过程维度组合

从领域—过程维度的组合来看,不管哪一个创新创业教育领域(课程教学、基地建设、师资队伍和资源共享等)都要在创新创业教育过程的开展中通过相互协调与配合来完成(见表 8-3)。

表 8-3　领域—过程维度组合交叉分解概要

过程维	领域维			
	创新创业课程	基地建设	师资队伍	资源共享
课程教学	双创课程教学过程中课程的大纲要求、实验指导	创新创业教育过程中理论与实践相结合的场地、设备等的运行与维护	双创课程专、兼职师资队伍的配备与管理	双创课程资源的电子化、网络化共享平台建设

表 8-3(续)

过程维	领域维			
	创新创业课程	基地建设	师资队伍	资源共享
基地维护	双创课程涉及的实践基地软、硬件建设	实践基地建设、运行过程中的常规、专项维护、更新	对双创任课教师进行教学设备的专项培训	制定校内外创新创业教育基地软硬件资源共享的管理机制
教学考评	双创课程的教学过程及教学成果考核设计	对实践基地建设和运行过程中的设备利用率、完好率等进行检查	教学过程中对任课教师的考核及任课教师对双创课程的教学考核	考评过程中加入对教学共享资源的鼓励措施，借鉴微课、公开课等
创新创业实践训练	双创理论和实践教学过程中创新型、综合型实验项目设计	创新创业训练过程中实践基地的申请、开放和管理	任课教师通过创新创业项目，引导学生参与创新创业训练，提升课程综合性和创新性	打通校内各创新创业教育基地软硬件资源的共享，沟通校外实验资源的共享

以创新创业教育资源的共享为例，在各种创新创业教育开展过程中都可以采取相应的措施来提升创新创业教育资源的共享水平。在创新创业教育课程的安排上，高校应尽可能将课程所需的软硬件资源电子化处理，通过对网络平台的建设，丰富网络平台的教学资源内容；在基地建设管理的过程中，可以依据校内外实践基地自身软硬件条件制定校内不同学院、不同专业甚至不同兄弟院校之间软硬件资源共享的制度，提升创新创业教育软硬件资源的利用效率；在教学考评过程中，通过制度建设提升资源共享的激励措施，对重点建设的实验课程从考评手段、考评奖励等方面制定措施，增加投入，强化激励；在大学生创新创业训练计划或创新创业竞赛的开展过程中，为学生提供创新创业实践所需的场所、设备，提升创新创业实践训练的专业水平和科技含量等。

另外，创新创业教育在不同的领域维度有不同的管理侧重点。以大学生创新创业训练计划的开展过程为例，为了提升创新创业训练计划的开展水平，高校应在不同领域维度进行提升，如在实践课程大纲中增加综合型、创新型实验项目设计；实验教师在教学过程中努力引导学生参与创新创业训练计划；打通校内各创新创业教育场所软硬件资源的共享，开放创新创业教育，为大学生创新创业训练计划的开展在各领域提供支撑。

第三节　应用型本科高校创新创业教育质量提升的对策

一、多渠道系统化提升创新创业教育的展现维度

大学生创新创业能力的培养是一个复杂而艰巨的系统性工程，高校应突出地方特色，探索培养管理模式，实现教育综合改革与实践。应在不断学习、研究和创新的过程中逐步完善层次维度、领域维度和过程维度的系统化改革，吸引社会各界和国内外优质教育资源，创建校际、校企、校地、校所以及国际合作的协同育人机制，加快建设产学研一体化，合力助推应用型人才培养，促进创新创业教育持续发展，推动应用型高校又快又好地转型升级。

在具体推进过程中，要强化创新创业教育的管理，成立以校领导为责任人，校内教务、学工、团委、财务、招生与就业等相关部门共同参与的创新创业教育工作领导小组。例如，金陵科技学院高度重视创新创业教育工作，将创新创业教育纳入学校改革发展的重要日程，建立了校院两级创新创业教育工作机制，成立了学校创新创业教育工作领导小组和创新创业教育专家指导委员会，并进一步探索成立了创新创业学院，全面推进学校的创新创业教育工作。上海理工大学设立了创新创业中心，于 2017 年成立了上海理工大学创业学院，于 2019 年更名为上海理工大学创新创业学院，全面推动学校创新创业教育工作。常熟理工学院近年来通过依托大学生创业园主体，整合各专业创新创业教育、创客空间、路演大厅等校内资源，建立大学生创新创业实践教育中心，开展校内创新创业实践。宁波工程学院高度重视创新创教育，成立了独立建制的创新创业学院，出台了《宁波工程学院大学生创新创业教育实施方案》，把创新创业教育融入人才培养全过程，不断加强机制体制创新、制度创新、人才培养模式创新，不断完善创新创业教育体系、扶持体系、孵化体系，在深入推进创新创业教育方面做出了有益尝试。

应用型本科高校应开辟或强化创新创业教育开展的多种渠道，通过大学生创新创业训练计划、教师科研项目、学生自主创业、强化校企合作等多渠道提升创新创业教育的成效。

(1) 大学生创新创业训练项目。通过组织学生申请国家、省(区)、校级大学生创新创业训练计划项目，参加各级政府部门、行业协会、企事业单位举办的创新创业大赛，以项目的开展推动创新创业教育深化，提高学生创新意识和创新创业能力，推动创新创业理论知识与创新创业实践活动相结合。学生在项目培训和竞赛活动中积累

经验，探索知识，增强团队精神。以创新创业项目为依托，通过项目开展过程中的期中验收和创新创业相关竞赛，引导学生查询资料、选择主题，填写申报书和项目小结、研究报告，发表论文，提交结题材料，促进大学生创新创业的实践能力。在项目实施过程中，应将课堂知识与实践相结合，提高学生的知识转化能力、团队合作能力、研究实践能力，实现专业技能和综合素质提升的目标。

(2) 鼓励和吸收优秀大学生积极参与教师科研项目。通过早接触、早参与科研项目，帮助大学生养成创新思维和意识，挖掘学生的科研潜力和资质。鼓励高年级学生加入教师科研队伍，协助教师做好项目前期的基础调研、调查工作，帮助教师查找、检索相关文献资料。

(3) 大学生自主创新创业。大学生凭借学校的政策、资金、环境、平台，依靠自身能力实现创办企业。一般而言，自主创业是在学校老师和企业家指导下进行市场研究、财务分析、撰写商业计划和具体实施等日常管理工作的。鼓励和支持大学生自主创业可以缓解就业压力，提高学生的社会竞争力。

(4) 通过校企合作来进行创新创业实践。通过校企合作，充分利用企业和学校资源，引入企业真实的项目。例如，学生团队可在学校专业教师和企业导师的指导下操作，推销当地的产品，特别是特色产品，实现“学中做、做中学”。学校通过建设校内创新创业实践基地，为开展创新创业的学生提供实战机会，推动产、学、研相结合，同时对接工业园区的真实项目，设置物流、营销、跨境电商、财务管理等工作岗位，辐射到物流、市场营销、国际经济与贸易、财务管理等专业，带动这些专业的转型发展。

二、关注创新创业教育管理体系的整体性和系统性

基于“三维金字塔”型的创新创业教育管理体系，我们需要综合考虑不同维度内容的综合性及维度之间的关联整合。创新创业教育管理体系的运行与管理涉及学校、学院及各专业不同层次的创新创业教育主体，师资队伍、基地建设、实验课程、开放共享等的不同管理领域以及课程教学、教学考评、基地维护、创新创业训练计划开展等的创新创业教育过程。教学主体的协调、管理领域的拓展和创新创业教育过程的控制，每一部分内部的运行管理都决定了创新创业教育是否能顺利开展。但仅仅是创新创业教育的顺利开展还不足以体现创新创业教育管理工作的先进性，通过科学定位、深化改革、完善实践环节、营造良好氛围和完善创新创业教育评价等不同维度的结合与协调才是进一步提升应用型本科高校创新创业教育管理水平的决定要素。

1. 科学定位创新创业教育

大学生创新创业教育，是促进学生全面协调发展，着重培养学生创新精神、发展

创新创业个性品质的教育，因此更加注重大学生全面自由的发展。创新创业教育课程从来就不是教学体系之外的“附属品”，而应该是深刻融入教育教学全过程的重要课程。应用型本科高校理应结合自身的办学定位，制定更为专业适用的质量标准，进一步改进人才培养方案，完善创新创业教育课程体系。

2. 深化教育教学改革

创新创业教育不是独立进行的，而是需要与知识教育和专业教育紧密结合的。这就要求高校在创新创业教育实践中，及时剔除教学过程中陈旧老套的知识，不断增加前沿的新知识以及现代科学技术内容，使学生能够较为扎实地建立起属于自己的知识结构。高校应不折不扣地做好顶层设计，组成创新创业教育工作领导小组，积极协调其他相关部门，推动形成多部门齐抓共管的工作格局。实施大学生创新创业引领计划，建立并完善鼓励师生积极投身于创新创业工作的制度，积极探索校际、校企、校地合作等多方位的创新创业教育育人模式。

3. 完善创新创业教育实践环节

创新创业是一项实践性很强的事业。换句话说，如果在学习中缺少了实践这一环节，就有可能出现学生的创新创业企业“高出生率、高死亡率”的情况。应用型本科高校要想方设法增强创新创业教育实践，建好实践基地，提供政策支持和制度保障，鼓励和引导学生自主设计、开发技术，让更多的学生体验或从事创新创业实践活动，丰富创新创业的经验。

4. 营造良好创新创业氛围

政府和相关教育部门要积极采取有效措施，降低大学生创新创业的门槛与风险。加强舆论引导，推动形成鼓励创新创业、宽容失败的文化氛围。推动高校人才培养从“以教为主”向“以学为本”的方向转变，引导学生自主学习。创新创业教育的最大魅力在于，致力于追求教育的触类旁通、举一反三以及互动交融，而非简单粗糙地培养创新型人才的单方面素质，要努力提供一个能激发学生潜能和兴趣的教学管理环境，使他们的潜能和智慧得到全面发展。

5. 完善创新创业教育评价标准

创新创业教育是一项复杂的系统性工程，涉及教师队伍建设、教学资源开发、教学管理运行机制等诸多方面，需要高度协调。从这个意义上来说，应用型本科高校的创新创业教育评价体系，应包括对资源投入、师生投入、运行机制、激励机制、取得成效的评价等多项内容。

(1) 资源投入评价。众所周知，开展任何教育活动，都需要依靠并消耗一定的资源，创新创业教育也不例外。创新创业教育质量评价体系的重要内容是高校资源投入，这也是高校创新创业教育的物质基础。具体来说，主要包括各级各类“大学生创新创业训练计划”立项数目、创新创业教育经费投入、创新创业平台数量、创新创业课程数量、创新创业团队数量、各级各类学科竞赛数量等。

(2) 师生投入评价。教师和学生是高校创新创业教育活动的两大主体，他们的投入程度将直接决定创新创业教育的质量。对高校师生投入的评价是创新创业教育质量评价的核心指标。教师投入评价主要包括创新创业导师数量比例以及职称分布比例、创新创业经验导师数量和规模、创新创业项目指导数量、教师指导学生时长和频率、学生满意度、教师积极性等方面。学生投入评价包括参与学生数量和比例、创新创业学分数、创新创业课程选修人数、创新创业经费投入与比例、指导教师的满意度等方面(卓泽林等，2020)。

(3) 运行机制评价。应用型本科高校创新创业教育运行机制的评价，主要包括建立统一的管理机制、激励机制、教师绩效考核制度、创新创业学分累加与转换制度、质量评价机制、资源保证体系、制订人才培养计划以及创新创业导师制度等。高校要从校企合作、协同育人出发，完善绩效考核标准和双创教育指导队伍建设的评价机制，建立定期考核、淘汰制度；确定能激励改革创新的、对教学单位考核评价的制度，学校、二级学院和教研室(创新创业教育基地)在三级质量管理体系的基础上融入创新创业教育的理念，建立鼓励教师改革创新的质量管理和评价体系。

(4) 激励机制评价。激励机制是指使激励和被激励者之间相互制约、互相作用的机制，是引导机构更加规范、有序、健康地运行的手段。学校应当建立多元化的创新创业激励制度，全方位、多渠道鼓励大学生积极参与创新创业活动。对科研能力强、富有创新意识的学生，应引导其参与到科研课题研究和创新创业实践中去；设立创新创业奖学金，以此鼓舞和激励学生，提高学生对创新创业的激情和热情。

(5) 成效取得评价。创新创业教育的最终目标是培养出具有双创意识、能力与素质的人才，进而输出一大批具有创造性价值的科研成果与技术专利。创新创业教育成效评价，是衡量高校创新创业教育是否有效的重要指标。高校可以把学生非传统实践(学科竞赛、创新创业竞赛、“大创”项目、发明专利、参与教师科研项目、发表论文、科技社团、社会实践、创新创业项目孵化、自主创新创业等)学习情况作为学业评价的重要内容，制定相应的学分制度，将就业、创新创业情况作为人才培养、毕业生质量评价核心指标，并且作为调整专业结构和招生指标、评价二级学院和有关职能部门绩效的重要依据。

三、通过建立综合信息平台进行不同维度关联整合

不同维度之间既有相互独立性，又存在相互之间的关联性。将不同维度和维度之间的关联通过建立创新创业教育管理综合信息平台进行人员、硬件和软件等方面的整合，发挥信息化平台在创新创业教育运行管理中的整合作用，以推动创新创业教育工作的全方位开展，真正实现应用型本科高校学生创新创业综合能力的提升并积

极发挥创新创业教育成效的示范作用。通过创新创业实践平台，为学生提供创新创业仿真模拟、与导师交流、课程分享等服务；通过强化师资队伍平台建设，建立健全创业导师制，提升老师创新创业指导能力；通过创新创业课程整合，建设课程体系平台，促进课程资源共享。同时，进一步强化信息平台的软硬件建设，实现综合信息平台不同维度的关联、整合。

1. 建立健全创新创业教育师资队伍平台

创新创业教育的顺利开展，需要专职创新创业指导教师、专业任课教师、兼职企业导师、辅导员队伍和行政管理人员的协调配合。为了进一步提升创新创业教育师资队伍的积极性，高校应该对现有创新创业教育涉及人员的职称评定、人员待遇、专业发展等方面的问题进行系统性调整，并建立长效的、可操作的考核机制，为创新创业教育的开展提供人员保障。

在师资队伍建设过程中，要特别重视创新创业导师制的建设。实施创新创业导师制是一种培养适合社会发展的大学生的有效方法。创新创业导师制有助于学生构建合理的知识结构，有助于引导学生学习和适应大学生活，有利于培养学生的自学能力和创新能力，有利于因材施教，有利于优化教师队伍。创新创业导师制对学生选课、就业起到了一定的作用。部分学校的本科生从大二开始，就相继进入导师的课题组，利用课外时间跟踪、了解导师所做的研究工作，参与导师的课题研究，最后在做毕业设计时结合导师的课题完成论文。只有经过这样的科研指导与实践，学生的创新创业能力才有可能得到较大的提升。

2. 强化创新创业教育课程平台的系统化整合

创新创业教育不是孤立的知识教育和专业教育，深化教学内容和课程体系改革，删除旧的、过时的知识，增加前沿的新知识和现代科学技术内容，帮助学生把基础知识和专业知识整合为创新创业的知识结构（仇存进，2018）。建设创新创业教育课程平台需要抓好以下几点工作：① 做好顶层设计，强化组织领导，成立创新创业学院或者创新创业教育工作领导小组；② 全面开设创新创业课程，设置基础教育通识课、专业教育必修课和实践教育课程三大课程模块，使创新创业教育与实践贯穿学生四年的学习全过程，做到全覆盖、无死角、无遗漏；③ 建立学科交叉课程体系，更加专注于培养学生的技术技能和创新创业能力课程体系的建设；④ 结合区域经济发展战略，适当调整专业课程的设置，形成具有地方特色的专业课程，建立紧密对接产业链、创新链的专业体系；⑤ 设置创新创业学分，制定创新创业学分积累和转换制度，使大学生创新创业学分得到保障与认定，确立大学生创新创业教育学分设置标准，例如，通过整合相似课，删除重复课，梳理基础课，选准和优化主干课和核心课，适当增加实践课、简述理论课、选修课、小微课，减少必修课、长时课，强化素质拓展平台，优化课程体系；⑥ 充分运用在线课程的自由性以弥补实践课的不足，将在线课程作为创新创业教育的重要辅助教学手段，学生可以根据自身需要在网上自由选择各种实践课程，自主安排学习时间，实现随时随地想学习就能学习，探索实践“翻转课堂”、线上线下相结合的教学方式。

3. 促进创新创业教育硬件体系的整合

从单一的创新创业教育课程建设到创新创业教育基地建设或创新创业教育基地的整合，涉及如何打破原有的二级学院、学科专业壁垒，优化资源配置，建立跨学科、跨学院、跨学校、校企合作、可共享、开放式的创新创业教育场所。这个过程需要创新创业教育管理体系中对创新创业课程的统一安排、学分互认、教学设备的统一购置与分类管理，实现有计划的和个别需求相结合的创新创业教育资源开放共享，可以提升实践场地和设备的利用率、压缩人员配置，确保创新创业教育人员配置、场地建设、设备采购、运行与维护的高效率。

4. 促进创新创业教育软件体系的整合

基于“三维金字塔”的综合管理思想，软件体系的整合涉及不同层次创新创业教育主体的人员管理，不同管理客体的领域维度，如课程体系、创新创业教育软硬件资源等的开放与共享，以及对课程考核、设备维护、教学考评等过程维度综合管理的信息化系统的整合。软件体系的整合是实现师资队伍人员整合、硬件系统整合等的深化与延伸，是能否实现创新创业教育管理机制科学化、规范化的重要保障。

同时，立足于“三维金字塔”型的管理体系来讨论不同维度之间的关联为创新创业教育的管理创新提供了理论框架和创新的可能。应用型本科高校创新创业教育管理体系设计注重系统性，这为创新创业教育提供管理基础和依托。在不同维度的整合过程中应特别关注创新创业教育课程体系的创新、管理体系的创新和创新创业教育过程与内容的创新等。

四、落脚在开放和共享导向的学生实践能力的提升

学生创新能力的培养和创业实践水平的提升是应用型本科高校创新创业教育工作的落脚点和努力的最终方向。从创新创业教育主体的层次维度、运行管理的领域维度和创新创业教育的过程维度等方面考虑提升创新创业教育效果，既要关注高水平师资队伍的建设、先进的软硬件条件，又要激发学生的积极性，让教师的“教”与学生的“学”有机结合，理论教学与实践训练有机结合。特别是将创新创业教育资源共享与开放和学生的创新创业实践、学科竞赛、专业社团活动等有机结合起来，实现学生创新创业实践能力的系统训练与实践培养的有机结合（黄利利等，2018），让学生体验到创新创业教育的魅力，成为创新创业教育中的主动者，这样才能更好地培养学生的创新意识和创业能力。

应用型本科高校创新创业教育的发展前景毋庸置疑，它得到了政府、高校以及社

会各界的关注。但是要建立一个效果颇佳又能获得长远发展的创新创业教育管理体系需要深入考虑，细致分析。当前，创新创业教育工作的开展处于质量内涵的提升阶段，要取得培养学生创新创业综合实践能力和创新思维能力并得到社会广泛认可的预期效果，应立足于"三维金字塔"型管理体系，进一步完善这个体系，使创新创业教育管理体系的设计更具实践性和可操作性。

第九章　应用型本科高校联盟创新创业教育的管理机制

大学生创新创业实践是培养大学生创新意识、创新精神与实践能力的重要途径，是各高校进行创新创业教育改革的重要组成部分，也是我国实现创新型国家的重要力量。在新发展格局背景下，高等院校，尤其是应用型本科高校应重视将大学生创新创业教育与创新创业实践全过程融入人才培养体系，实现创新创业教育与创新创业实践互动互带，进一步增强学生的创新创业精神和意识，提高创新创业能力和实践水平。

建立大学生创新创业教育实践联盟（以下简称“联盟”）管理平台，可以进一步促进联盟内不同高校间信息资源共享，加快创新创业合作，提高创新创业人才培养质量，实现1+1>2的协同效应。应用型本科高校联盟在创新创业人才培养方面虽然有着一致目标，但在新的时代背景下也面临着转型和提升问题。特别是在“互联网+”时代，如何利用信息化手段实现各应用型本科高校资源整合和优势互补，构建完善的“互联网+”高校联盟创新创业管理系统，为联盟组织合作管理及大学生创新创业提供及时、有效、全方位、全过程的服务，真正实现“开放共享、跨界融合、互联互通、颠覆性创新”，服务于创新创业教育的深度融合与发展，是当前应用型本科高校亟须深入探讨的问题。

第一节　应用型本科高校联盟对创新创业教育的提升作用

一、联盟管理拓展创新创业人才培养模式

1. 应用型本科高校联盟实现大学生创新创业实践管理转型

应用型高校联盟管理大学生创新创业实践，是积极顺应“双创”普惠性时代要求的转型。各个联盟高校间的信息互联，可以形成一个“开源”的联盟管理机制。对不

同区域的高校、各个区域内的不同高校、高校内的不同学科专业，其优势和特点不尽相同，而通过联盟信息资源的共享，催生出更多的高校间创新创业实践合作项目。此外，除了资源和优势互补，人才互补也为培养更多的应用型实践人才提供了契机，"传帮带"的效应能够更快地促进初创者在环境中成长。不同高校之间的优势互补有助于创新创业实践项目进行统一规划和管理调度，有效提高大学生创新创业实践项目的整体水平，提升高校应用型人才培养竞争力。

2. 应用型本科高校联盟扩大培养应用型人才方面的规模效应

大学生创新创业实践的开展需要高校、政府、企业和社会的相互支持和配合。随着高校联盟的开放性不断加强，与新发展格局相匹配的人力资源体系逐步构筑，教育领域综合改革得到全面深化。本章从内部需求、外部环境、对外合作等方面分析应用型高校大学生创新创业实践的现状和挑战，提出大学生创新创业实践联盟管理的"双钻石"模型，以期进一步发挥联盟规模效应和自身培养应用型人才的优势及特色，推动应用型本科高校创新创业经济成果转化，促进应用型人才培养教育改革，提升大学生创新创业综合能力培养的系统性、专业性、有效性，优化教育资源边界，采取措施提高跨区域高校创新创业协调管理效应，完善大学生创新创业实践的管理机制，增强教育改革的系统性、整体性、协同性。

3. 应用型本科高校联盟推动大学生创新创业方面合作管理的耦合升级

在"互联网＋"时代，信息化服务管理创新创业活动合作是高校联盟服务管理的重要手段。"互联网＋"应用型联盟高校创新创业服务管理模型以联盟合作管理大学生创新创业活动为出发点，以互联网信息技术为基础，以课程管理、实践管理、数据管理为服务管理要素，形成层次分明、分工明确的服务管理系统。构建完善的"互联网＋"高校联盟创新创业管理系统，为联盟组织合作管理及大学生创新创业提供及时、有效、全方位、全过程的服务，真正实现"开放共享、跨界融合、互联互通、颠覆性创新"，实现高校联盟合作的突破性尝试。

二、信息化服务助推高校联盟创新创业教育

1. "互联网＋教育"模式已有探索性发展

"互联网＋"是近年来社会发展的新兴理念，在 2015 年一经提出就受到了社会各界的广泛关注，它是互联网思维进一步发展的结晶，通过互联网与传统行业的深度融合，创造出新的业态，激活传统行业活力的同时，衍生出新的价值。"互联网＋教育"模式已经开始在国内探索性地发展起来，主要集中于微课、慕课等形式，其优势也逐渐显现。在创新创业教育方面，"互联网＋"的应用不仅方便各高校获取创新创业的资源信息，更有利于政府部门、高校、企业等主体实现资源整合和优势互补。随着社会发展和人才培养专业化需要，这种模式势必会逐渐成为高校教学改革的主流方向。

2. 高校联盟组织"双创"合作亟待深入

高校联盟组织的重要目标是资源共享，如何调动组织内高校间的积极性，提升联盟整合度和紧密度，使联盟合作更深入，是目前亟须解决的问题。具体来说，首先，当前高校联盟"双创"合作还处在初级阶段。部分联盟合作还停留在校内学生创新创业经验交流层面，高校间的整合度不高，有合约无约束，各联盟成员的利益共同点没有形成，约束机制也没有真正建立。其次，联盟结构较为松散。由于战略联盟不具备独立法人资格，这决定了联盟关系的脆弱性和不稳定性，加之地方本科高校市场化竞争意识，导致地方本科高校联盟缺少内在驱动力。最后，联盟资源碎片化严重。联盟机构目标方向明确，但缺少整体规划和制度约束。高校与高校之间创新创业资源共享程度更低，存在着"本位主义"倾向。这就迫切需要搭建一个基于"互联网＋"的大学生创新创业管理服务平台。

3. 信息化服务管理助力高校联盟统一规划及管理调度

高校联盟创新创业信息化服务管理有助于各个联盟高校间的信息互联，形成一个"开源"的创新创业实践管理体系，对发挥高校之间的优势互补起到直接的连接带动作用，并对创新创业实践项目进行统一规划和管理调度，有效提高大学生创新创业实践项目的整体水平，提升高校应用型人才培养竞争力。"互联网＋"高校联盟创新创业管理服务平台的构建，是通过对高校资源的整合和功能发散而成的，便于高校统一管理大学生创新创业活动，促进双创活动进一步深化。同时该平台能进一步凸显应用型本科高校跨区域管理双创实践"连点成线""资源互补"的优势，实现 1＋1＞2 的协同效应。不同区域的高校、各个区域内的不同高校、高校内的不同学科专业优势和特点不尽相同，而通过联盟信息资源的共享，可以催生出更多的高校间创新创业实践合作项目。除了资源和优势互补外，人才互补也为培养更多的应用型实践人才提供了帮助，"互联网＋"联盟平台环境中"传帮带"效应能够更快地促进初创者成长。

第二节　应用型本科高校联盟创新创业教育管理机制

一、应用型本科高校联盟创新创业教育管理存在的问题

当前，我国国内高校联盟主要包括安徽省应用型本科高校联盟、长三角地区应用型本科高校联盟、四川省应用型本科高校联盟、浙江省应用型本科高校联盟、湖北省应用型高等学校联盟等。为了解当前应用型本科高校联盟创新创业的管理机制，本书选取其中 3 个（不特指，暂以 A、B、C 代称），分析当前管理机制的不足之处，并提出针对性建议。选取依据：一是三个联盟在国内属于合作发展前列，具有代表性和可研

究性；二是三个联盟分属不同地区，可以较好地覆盖全国范围；三是三个联盟之间存在一定差异，A联盟、B联盟属于省内联盟，C联盟属于跨省联盟，从差异性可以进一步分析距离对联盟合作程度的影响。

我们选取A、B、C三个联盟，依次从联盟的组织机构设置、创新创业教育与实践、创新创业的对外合作、创新创业的评估机制四个方面分析联盟的发展现状。A联盟设常任主席单位、秘书处、轮值主席单位，有具体的联盟合作落实、监管的规章制度；重视资源共享；对外联合推动流程式反哺地区经济；暂未形成成熟的评估机制。B联盟设理事会和秘书处，理事会下设专家组和专门委员会，秘书处下设主管部门，颁布了联盟章程；重转型发展，打造联盟品牌；以自主发展和对外合作为主；部分院校纳入院系考核体系和教师业绩考核。C联盟设理事会、顾问委员会、秘书处，暂无管理规章；高校分享交流创新创业教育实践经验；以地方企业合作为主，进行合作经验分享；暂未形成成熟的评估机制。可见，三个联盟组织在上述四个方面都有所作为且还存在较大提升空间。

1. 组织机构设置

从选取的三个联盟来看，其组织结构基本为联盟下设理事会与秘书处，理事会下设专家顾问委员会，秘书处下设主管部门，各联盟之间略有区别。理事会主要负责创新创业项目的实施推进，秘书处负责为联盟高校双创活动合作提供行政服务。经典组织结构包括直线式、职能式、事业部式、矩阵式、星型结构、平行结构、联邦结构等。当前，应用型本科高校联盟的双创活动更偏向职能式管理，部门间的横向联系较弱；联盟组织结构中的理事长、顾问多由高校校长、省教育厅高教处领导担任，缺少在创新创业领域的专业化管理人才；各部门的职责不明确，不利于高校联盟活动高效、高质量地开展。另外，各联盟中的高校多为地方应用型本科高校，可共享的资源相对有限。如何强化区域创新创业教育的联动性，促进资源共享，汇聚社会力量，更有效地达到共享共赢的协同育人目标，是当前高校创新创业联盟的关键问题。

2. 创新创业教育与实践

创新创业高校联盟基本处于“重创新创业理论、轻创新创业实践”的阶段。我国高校的创新创业教育目前仍局限于课堂教学，“重理论、轻实践”。A联盟重视资源共享，实行暑期小学期制，共享优质教育资源、师资资源、实践资源，共同探讨应用型课程教学；B联盟强调转型发展，注重合作共赢，打造联盟品牌；C联盟受地域限制，更多地停留在高校间双创活动的经验交流层面。从选取的代表案例可以看出，联盟组织更强调各高校在创新创业教育方面的“联合建设”“共建共享”“经验分享”，没有突出创新创业实践教育发展的特殊性、实践性和专业化。这主要是由于当前高校创新创业教育师资力量还难以满足创新创业教育实践的需求，同时，创新创业教育也对教学的内容更新、形式多元、学科交叉等方面提出了更高的要求。另外，高校学生创新创业实践的平台不少,但联盟合作实践平台发展仍不成熟。目前,我国不少高校已经建立创新创业学院、科技园、孵化基地等实践基地,但各联盟主体高校间的双创合作较少,联盟主体间的联系还不够紧密,难以形成稳定、系统的创新创业实践平台,大学生创新创业的环境资源变得有限,这在一定程度上限制了创新创业教育的产出效益。

3. 创新创业的对外合作

高校双创活动离不开企业支持,但目前高校联盟组织的对外合作程度差距较大。A联盟通过引进企业在高校建立"嵌入式"研发基地或联办学科专业,推动"订单式"人才培养,对联盟高校转型发展、地区经济等都有极大助推作用。但目前受联盟高校跨地区限制及联盟自身发展目标等影响,更多高校联盟仍处于各自为营的状态,联盟和区域经济发展在知识价值链上还没有实现深度融合。调查显示,66%的高校校长认为高校对区域经济发展的作用不明显,这说明高校发展与区域经济发展脱节,联盟社会网络连接尚待开拓。同时,联盟高校想跨地区与企业进行深入合作也并非易事。从代表案例可知,省内联盟校企合作交流更便利,跨省合作难度较大。这主要是企业出于对风险、成本控制以及自身后续人才吸纳发展的考虑,不愿意过多承担大学生创新创业实践的培养工作。即使在校企合作形成后,如果创新创业实践项目与一些企业的主要发展方向契合度不高,合作也难以深入拓展。受地域限制,联盟主体高校间的企业资源共享尚未形成较为成熟的平台,这也增加了联盟高校对外合作的难度。

4. 创新创业联盟的评估机制

现阶段高校联盟对大学生创新创业的评估基本空白。B联盟中,少数院校将"双创教育"改革成效纳入院系目标责任考核体系和教师业绩考核,把创新精神、创新创业意识和创新创业能力培养作为评价教学质量的重要指标。但大多数联盟创新创业教育评估体系尚不完善,与教学效果监控配合有待提升。创新创业教育评估是创新创业教育过程中非常重要的环节,但在实际操作过程中,由于各高校双创教育开展程度参差不齐,加之当前研究型大学与应用型本科院校的分类评估标准还不明确,超半数的应用型本科院校的双创教育评估体系尚未建成。同时,还有相当一部分学校没有设立专门负责开展双创教育工作的管理部门,对双创教育的效果评价几乎处于空白状态。

二、构建管理机制模型——"双钻石"联盟管理模型

基于联盟自身存在的诸多问题,以及双创教育评估体系的不完善,我们借鉴波特钻石模型,针对应用型本科高校联盟就大学生创新创业教育管理提出"双钻石"联盟管理模型(见图9-1)。模型主要包括应用型本科高校联盟组织机制、创新创业实践联盟管理机制、对外合作机制、评估机制以及外部的资金环境资源和政策环境资源,由此构成"双钻石"的内圈4+2维度,由机构设置、管理规章、创新创业教育联盟、创新

创业实践联盟、政府合作、企业合作、创新创业联盟组织评估、创新创业实践联盟评估、对外合作评估9个因子构成“双钻石”外圈联盟运行体系。

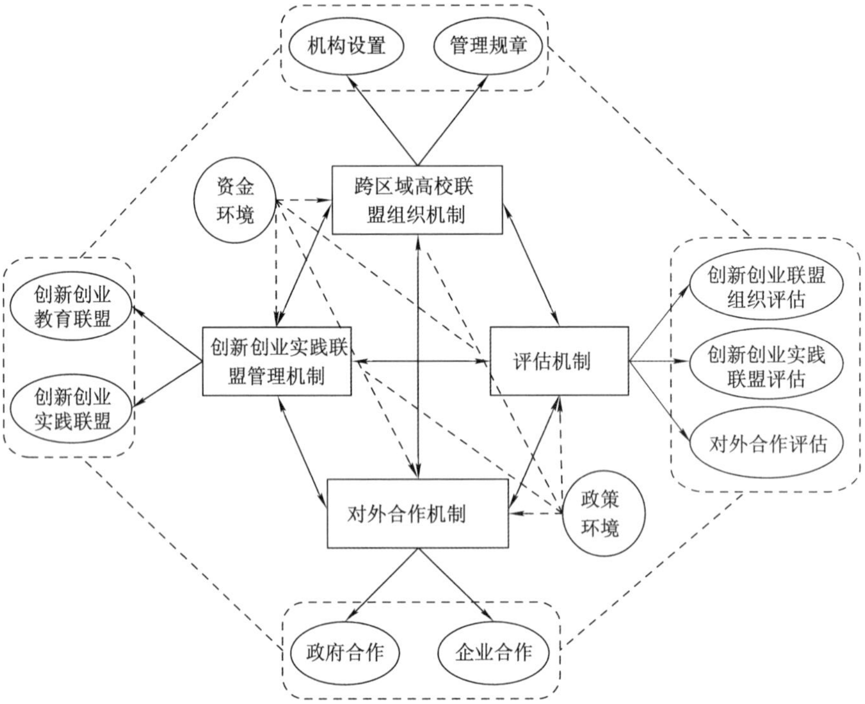

图9-1 大学生创新创业教育“双钻石”联盟管理模型

1.“双钻石”内圈4+2多维度管理体系

(1)跨区域高校联盟组织机制构建是联盟管理双创活动的基础。应用型本科高校联盟组织机制包括组织结构和组织管理规章,是组织成员在不同层次的权责系统中的地位和相互关系,是维持组织内部正常运行的基础。针对当前应用型本科高校联盟双创活动管理横向联系较弱的现状,采用既能保持联盟中各高校主体的独立性,又能优化联盟资源调度的联邦式结构,更符合联盟管理创新创业活动的需求。同时,完备的管理规章可使各高校在合作管理创新创业活动时有章可依,保证活动的稳定有序开展。

(2)创新创业实践联盟管理机制是联盟管理双创活动的核心。创新创业实践联盟管理机制是联盟高校对大学生创新创业教育和创新创业实践进行合作管理的机制,是联盟管理双创活动的核心,包括创新创业教育联盟和创新创业实践联盟。创新创业教育联盟和创新创业实践联盟两者是相辅相成的,创新创业教育是创新创业实践的基础和保障,创新创业实践是创新创业教育的落地和反馈,两者紧密结合才能进一步调动学生的积极性,提高联盟管理的效率,实现高校联盟培养更具有创新精神、更具备创新创业能力、更符合社会需求的综合应用型人才的目标。

(3) 对外合作机制是联盟管理双创活动可持续发展的保证。联盟的双创活动只有不断整合资源，积极对外合作，才能获得持续发展。大学生创新创业教育的出发点和落脚点是培养应用型人才，为社会经济发展增添活力和动力。大学生创新创业离不开经济社会环境的哺育。联盟更应借助平台优势，获得外部企业组织机构的支持，为双创活动提供生命力，并通过人才培养反哺企业组织机构和地区经济发展。

(4) 评估机制是联盟管理双创活动的反馈和提升。通过分析案例我们发现，高校联盟的评估体系严重缺失。评估机制是对双创活动联盟管理的阶段性总结和反馈，我们可以从评估中总结经验、发现不足，并由此改进。建立包括联盟评估机制、创新创业实践联盟评估机制、对外合作评估机制的三位一体的评估体系，通过对联盟组织内部、联盟管理活动、联盟对外合作进行全方位考核，可以有效补充和完善当前高校联盟管理的缺失，促使高校联盟管理双创活动的水平进一步提升。

(5) 良好的资金环境和政策环境是联盟管理双创活动的推动力。良好的资金环境是联盟管理大学生双创活动的血液。无论是来自银行等金融机构的资金，还是企业直接投资支持，都给予双创活动以生命力，也为联盟合作带来更多机会。大学生创新创业作为市场行为，面临着残酷竞争，有利的政策环境则可以有效缓解联盟管理双创活动的压力，在一定程度上提高大学生双创企业的存活率。因此，有利的外部环境可以有效助推应用型本科高校联盟管理双创活动的效益。

2. “双钻石”外圈 9 因子联盟运行体系

“双钻石”外圈是对内圈管理体系的延伸，包括应用型本科高校联盟组织机制的机构设置和管理规章、管理机制的创新创业教育联盟和创新创业实践联盟、对外合作机制的政府合作和企业合作、评估机制的创新创业联盟组织评估、创新创业实践联盟评估、对外合作评估。合理的机构设置和明确有序的规章制度是组织稳定运行的基础和保障，可以有效保证联盟运行的组织性、规范性、积极性。优质便捷的创新创业教育平台可以更好地服务于创新创业实践，而创新创业教育联盟所求取的教育效益和经济社会效益最终需要各联盟高校合作投入来支持大学生创新创业实践项目的实现。政府合作和企业合作是创新创业教育联盟双创活动发展的有力支持。与政府合作，双创活动能更好地服务地方，辐射区域；社会资本可以通过更多元化的方式助力大学生创新创业。最后，确定科学、全面、操作性强的评价标准，建立联盟自主特色的评估机制，完善创新创业评估体系，使三位一体的评估机制跟踪联盟双创活动的全过程，对大学生创新创业活动实施进行实时风险把控和及时反馈，保证实践成果产出。

第三节　应用型本科高校联盟创新创业教育管理服务模型

一、管理服务模型构建的目标

应用型本科高校联盟创新创业管理服务模型的构建旨在及时有效地解决各联盟成员在合作引导大学生创新创业实践时遇到的难题，实现资源齐分享、难题共分担的管理服务宗旨。目前，“互联网＋”技术在高校发展极为迅速，各种微课、慕课等网上教育形式也层出不穷，模型的构建可以帮助、促进联盟成员之间优势教育资源的共享，助力联盟整体创新创业实践成果产出。在了解各成员高校资源差异的基础上，联盟成员可以利用管理服务模型逐步形成高校教育资源信息共享机制，为成员高校优势资源互补提供科学依据。同时借助信息化管理服务平台，各成员高校能及时发现创新创业实践难点，并进行针对性协商和调解，提高大学生双创实践的综合效益，最终实现全联盟内成果、效益、社会协调发展。

二、“互联网＋”视角的管理服务模型构建

“互联网＋”管理服务模型的基本框架主要包括三个层次，即服务对象、服务要素和服务体系（见图 9-2）。在联盟高校相互合作的基础上，运用“互联网＋”技术构建管理服务系统，为各联盟高校的创新创业活动提供全面、及时、有效的服务。

1．服务对象

“互联网＋”管理服务模型主要是为联盟内各高校提供全方位信息。目前创新创业联盟的构建主要还停留在大学城的层面，尚未形成跨区域高校联盟参与的治理机制，而且资源共享还仅局限在双创教育课程方面。随着高校联盟构建进入开放发展阶段，跨区域高校联盟的整体规划更符合当前发展的趋势。“互联网＋”高校联盟创新创业管理服务模型就是利用现代互联网技术，在联盟内重要高校设立信息点，对全联盟进行实时信息监测和反馈，为联盟内各高校提供完整、全面、准确的信息，使各高校能在平等、公正的基础上，从战略全局角度合理分配双创实践资源和制定决策。

2．服务要素

“互联网＋”管理服务模型主要从课程管理、实践管理和数据管理三个方面对联盟进行动态信息管理和反馈服务，并形成相应的应用系统，为各成员高校展现全面、立体、动态的双创信息。全面、细化、精确的管理服务要素能保证信息反馈数据更系统地反映区域基本情况，满足各种人员反馈数据使用的需要，增进联盟高校的互相了

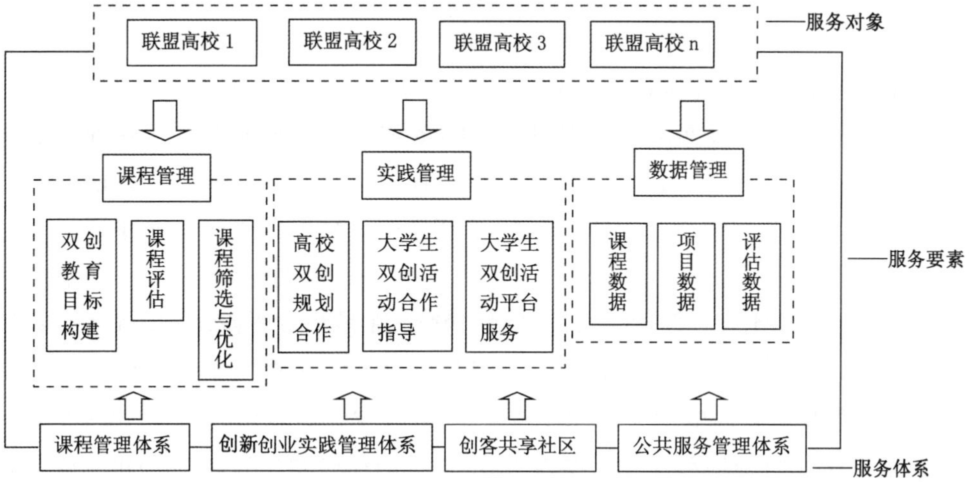

图 9-2　“互联网＋”应用型本科高校联盟创新创业管理服务模型图

解，从而更好地服务联盟的整体预测和决策。课程管理主要是指对联盟高校所拥有的有关创新创业的课程资源进行搜集整理，并经过系统地分析优化，上传到管理服务平台云课堂进行全联盟共享。实践管理部分主要是负责联盟成员间、大学生与各个部门、各个行业之间的协调，为大学生双创活动提供服务和支持，如创新创业培训、理论指导、项目审核、法律解释、经费支持等。数据管理部分主要反映的是课程数据、项目数据、评估数据等。

3．服务体系

“互联网＋”管理服务模型的支持系统主要包括课程管理体系、创新创业实践管理体系、创客共享社区、公共服务管理体系。其中，课程管理体系主要涵盖创新创业意识教育课程、创新创业知识教育课程、创新创业技能教育课程等；创新创业实践管理体系包括创新创业项目申请、创新创业实践申请等；公共服务管理体系主要强化创新孵化平台建设为创新创业活动提供有力支撑，加强重大科技创新平台的建设强化科技研发布局，加快知识产权综合服务平台建设助力联盟科技创新，加快联盟技术市场发展推进科技成果转移转化等；创客共享社区旨在建设创客和创客教育的学习和分享平台，为创客、学生和老师提供丰富的学习资讯、交流论坛、项目分享及学习教程等。

三、服务模型构建的挑战

“互联网＋”管理服务模型的构建对联盟内各高校的管理都具有重要影响，但联盟成员各自的利益诉求不一，各成员高校间的利益平衡及其贡献相关优势教育资源的主动性将是模型平台有效运行的关键。因此，未来“互联网＋”管理服务模型的进一步发展应重点关注以下三个方面的挑战。

1. 利益相关者的多元化

管理服务模型的构建过程错综复杂，涉及的利益相关者类型也各不相同，具体表现在联盟高校之间、企业与联盟之间、政府的参与等方面。各利益主体在管理服务平台的管理与运行中所扮演的角色、拥有的权利和应承担的责任各不相同，这种多元化状态容易因权利、利益冲突引发各种争端，阻碍整个平台的健康有效运行。

2. 模型运行环境的复杂性

由于管理服务模型资源的丰富性、各方利益复杂性以及权益的共享性，模型非管理者往往根据自身战略利益对模型规划管理进行干涉，使管理者变得被动。随着联盟成员的不断增加，模型资源利益主体也不断增加，利益需求更加多样化，运行环境的复杂程度也在不断加深。此外，联盟内各成员能否遵循模型开放共享的原则，主动地把自身的优势资源进行共享，也是一个亟待关注的问题。

3. 模型本身搭建的困难

“互联网＋”管理服务模型的搭建需要投入大量的人力、物力、财力，并需要政府相关部门的支持以及联盟成员的积极配合，这就对各高校提出了更高要求。另外，资金投入方面，模型建设除了需要政府的资金援助，还需要各高校出资建设，这就牵涉到出资份额配比问题。有些高校可能看不到长远的回报，不愿出资，这就需要模型牵头者去做大量的协调工作。当然更需要引入社会资本，模型因此还需要承担社会各方参与者的筹融资风险。

第四节　应用型本科高校联盟创新创业教育管理机制的提升策略及创新价值

一、管理机制的提升策略

1. 精简、优化机构设置，完善管理规章

合理的机构设置是组织运作的前提。首先，除去冗余的部门，简化联盟的组织结构。其次，明确每个部门的具体职责，划分责任范围，同时制定较为完善的联盟规章制度，规范组织的运行。最后，联盟组织可以邀请创新创业领域的专业人才和企业加入联盟，作为常驻指导，对联盟的发展方向和发展方式做出指导与合作。

(1) 明确有序的规章制度是组织稳定有效运行的保障。为更好地发挥集群效应，区域高校双创联盟应建立科学高效的网络连接机制，在构建联盟内部连接的同时加强联盟与外部环境的联系，搭建各式各样的弱连接，促进联盟全面发展。

(2) 建立多元化的沟通机制。区域高校联盟是一种社会关系，联盟的网络连接需要紧密的社会互动来维持。这不仅需要各高校主体间的文化融合，即对彼此的办学理念、发展目标和利益需求有所了解，更要通过联盟网站、共享信息资源、开发网络课程等方式有效连接高校的信息资源，使高校内的人力资本、财力资本、信息资本、文化资本等各种形式的“社会资本流”在联盟内部实现深度融合。

(3) 建立互惠式规范与激励机制。科学合理的激励机制不仅能激发组织内部的生机，而且是组织目标得以实现的重要保障。因此，区域联盟要塑造主体间的共同愿景，统一联盟高校的核心利益和目标。各高校不仅要认清自身优势和目标，而且要关注联盟合作伙伴的实力，选择具有相同利益需求的高校进行合作。同时，区域联盟应建立规范的利益分配体系，合理有效的利益分配体系可以保证联盟的长远发展。此外，区域联盟要实行差异化激励措施。不同层次和不同发展水平的高校利益需求不同，激励、诱导因素也不一样。因此，区域联盟应在深入研究、广泛分析的基础上，根据各高校实际需求采取更有针对性的激励机制。

2. 协调好创新创业教育与实践的关系

内容丰富、结构多样化是高校双创联盟知识资源独有的特征。因此联盟高校可以构建一个创新创业教育资源共享平台。在这个资源共享平台上，通过机制体制的保障和技术的支持，汇集和整合联盟内各高校的创新创业教育优势，让所有教师和学生都可以查阅到自己所需的相关知识。同时还可以搭建以互联网为基础的线上学堂，提取各个高校的精品创新创业课程，将其重新打磨制作，放置在平台上，供学生在线学习或自由下载学习。通过知识的交流、共享、创新，联盟的知识资源和教育资源不断积累，为创新创业人才的培养发挥更大的作用。

同时，各联盟高校可以合作投入支持大学生创新创业实践的项目。高校双创联盟合作是基于组织内部各高校间的信任关系发展的，随着合作的推进，以及联盟组织发展的需要，高校间的信任关系将进一步加强，相互合作开展大学生创业实践，实现风险共担、利益共享。这不仅有利于丰富各高校学生的创新创业实践和实景体验，进一步培养大学生的创新精神和创业能力，对高校人才升级培养，助力区域经济发展也有深远影响。

3. 充分利用政府、企业、社会组织等多方资源

大学生创新创业应学会利用政府资源，主动与政府相关部门合作。近几年，政府创业投资引导基金发展迅猛，政府部门的职能也不再仅限于服务。大学生创新创业一般集中在知识密集型产业，与政府引导基金投入轻资产、高成长性产业的目标相契合。政府资金的投入还能引导社会资本的注入，使大学生创新创业得到更广泛的社会关注，真正营造“大众创业、万众创新”的氛围。

除了资金支持，社会资本还有多种方式支持高校双创活动。企业或社会组织可

以利用自身资源为大学生创新创业提供场地支持，如各类园区、闲置厂房、专业化市场等，并逐步发展建设为大学生校外小企业创业孵化基地或创业园。同时，凭借自身创业实践经验，企业组织可与联盟合作成立培训中心，为大学生创新创业提供专业培训、能力培训和见习培训，建立创业指导服务中心、创业能力实训中心、虚拟创业工作室、"创星坊"创业示范园、创业培训基地等，增强大学生创新创业的信心。

4. 构建完整的评估体系

（1）联盟评估机制。建立联盟伙伴选择的评估机制。高校联盟的目的是联盟伙伴选择的主要考虑因素，不同的联盟意图选择的联盟伙伴也不同。出于共享资源目的的联盟，应强调资源的对等性和互补性，对等性体现在资源的质量和规模上，互补性体现资源特色上。只有资源对等，高校间才有联盟的空间，互补性则为联盟的收益提供了保证。而对于强调风险共担的联盟，则侧重于评估高校发展风险程度和风险种类，只有风险程度和风险种类近似的高校通过联盟才能有效降低风险威胁。

（2）创业实践联盟评估。学校可以设立专门的创新创业服务管理机构，负责建立并完善创新创业评估体系。具体来说，一是聚焦创新创业教学效果。这一环节重点评估开展创新创业教育的软件和硬件。软件包括创新创业课程体系、创新创业教育师资建设、各类创新创业比赛等。硬件包括校内实验室及校外实习基地的配备、开发和利用情况等。二是聚焦创新创业人才培养效果。这一环节的重点是对学生校内外实习表现以及毕业之后的发展情况进行全过程跟踪反馈，是创新创业教育的最终考量目标。为提高评估结果的精准性，评估过程中应尽可能地运用定量和定性相结合的方法。三是聚焦创新创业项目效益。这一环节重点评估校内创新创业教育保障体系和校外创新创业教育援助体系的完善性和合理性，并对参与创新创业的大学生所运作的创新创业项目的成果转化、成长性、盈利性等进行评价。另外，学校应制定配套的激励政策，鼓励更多的教师投身到创新创业教育的第一线，为大学生创新创业保驾护航。

（3）对外合作评估。高校需要与合作企业充分沟通，从企业岗位对创新创业素质要求的角度共同建立科学、全面、操作性强的评价标准，通过有效的评价方法和手段获取评价数据。高校通过对评价数据的挖掘，进一步优化创新创业教育的层次构建、平台搭建、项目选择、师资队伍等要素，改进培养体系，不断提高人才与企业需求的契合度。

二、管理机制的创新价值

1. 为我国应用型本科高校双创实践管理提供理论贡献

高校联盟进行大学生创新创业实践合作教育，不仅为联盟高校运转提供组织保障，实现联盟管理的高校开展创新创业教育；同时也有助于进一步提升资源共享和利用，实现优势发展和优化资源配置，扩大大学生创新创业成果覆盖率。因此，对高校联盟合作管理大学生创新创业实践进行相关研究，可以为我国教育改革提供理论指导，特别是为应用型本科高校联盟提供理论指引。

2．为大学生创新创业实践合作管理提供理论支撑

创新创业实践研究发展时间较短，我国的创新创业实践研究还处于起步阶段。在大数据、物联网、移动互联网等新一代信息技术快速发展的时代背景下，应用型本科高校联盟在大学生创新创业活动方面真正实现"开放共享、跨界融合、互联互通、颠覆性创新"，做出了突破性尝试。

3．整合兄弟院校资源，提升创新创业活动联盟管理的规模效应

大学生创新创业实践联盟管理的优势在于将所有参与高校的优势全部放大，产生 1＋1＞2 的效果。这不仅得益于原本不对称的信息更加透明化，更是不同优势院校之间优势互补的结果。通过这些优势形成的正效应，提高联盟管理机制的应用价值，优化教育资源边界，提升大学生创新创业培养过程的系统性、专业性、有效性，使应用型本科高校联盟真正成为创新创业联盟管理的共同体。

第四篇

实践研究篇

第十章　应用型本科高校创新创业教育的实践案例

第一节　金陵科技学院创新创业教育实践

深化高等学校创新创业教育改革，是国家实施创新驱动发展战略、促进经济提质增效升级的迫切需要，是推进高等教育综合改革、促进高校毕业生更高质量创新创业就业的重要举措。拥有探索未知领域的自觉意识是获得创新创业灵感、驱动创新创业行为的前提。金陵科技学院坐落于六朝古都南京，是一所以培养高素质应用型人才为任务的公办全日制普通本科院校，是教育部应用科技大学改革试点战略研究单位、中国应用技术大学(学院)联盟创始单位、长三角地区应用型本科高校联盟主席单位。学校秉承“厚德兴业”的校训，坚持“需求导向、能力为本、知行合一、重在创新”的人才培养理念，不断深化产教融合、校企合作，积极探索创新人才培养模式，切实培养适应地方经济社会发展需要的用得好、站得住、有作为、受欢迎的高素质应用型、复合型、创新创业型专门人才。

学校积极响应国家“大众创业、万众创新”的号召，大力扶持师生创新创业实践。学校主办的“金科创客汇”被科技部认定为国家级众创空间，作为南京市首家荣获国家级“众创空间”金字招牌的大学生众创空间，“金科创客汇”被科技部纳入国家级科技企业孵化器管理服务体系，在市场化机制、专业化服务、网络化手段、资本化途径、集成化应用和国际化链接等多方面给予建设指导，发挥了“以科技创新支撑创新创业、以创新创业带动高质量就业”的特色优势，为以创新创业教育和创新创业实践为两翼推动新一轮人才培养教育模式改革提供了实践平台，有利于大学生创新创业教育的实施和创新创业活动的开展，现已入驻孵化了一批国家高新技术企业、省科技型中小企业、省民营科技企业。学校在向新型应用型本科转变发展和向软件为主导特色的大学转型发展的过程中，将创新创业教育纳入学校综合改革方案，切实采取措施，形成体系整体推进，在提高毕业生创新创业就业质量上，取得了积极的进展。学校将创新创业提高到学校继教学、科研、服务、文化传承四大职能之后的第五大职能的高度，将学校长远发展方向确定为创新创业型大学；制定规划，全面推动学校转型转变，强化创新创业教育理念引导，加大制度、资金扶持力度，以高质量的创新创业就业为目标；在实施产教融合校企合作，改革课程体系、优化专业设置，构建多元化的师资团队，强化支撑平台建设等方面进行了深化改革，把办学思路真正转到服务南京市域经济社会发展和应用型人才培养上来，转到增强学生创新创业就业能力上来，全力打造具有创新创业特征的江苏一流、国内高水平新型应用型大学。

一、创新创业教育实践的开展情况

1. 大学生开展创新创业教育的理念引领

拥有创新创业理念才能引领学校创新创业教育活动。学校着重强化了以下两个方面的理念。

第一，创新创业教育是创新创业型大学的基本任务。不同类型的大学都能够成为创新创业型大学，不同类型的大学创新创业特征是不一样的。新型应用型本科高校的“地方属性”要求建设创新创业型大学只有融入所在城市，为城市做出贡献并获得所在城市的认可，才能获得支撑学校创新创业发展的办学资源，学校的创新创业特征也才能得到显现。从本质上看，这就是学校和城市的互动与交换，学校能够提供给城市的主要是知识资本、学术资本、技术资本、人力资本等，这些资本且只有通过创新创业活动才能获得和累积。学校的创新创业教育是要通过创新创业教育活动实实在在地做出来的。学校坚持深化建设“实践型大学、服务型大学、绩效型大学”的理念，将创新创业教育通过制度保障推进落实。

第二，创新创业教育是新型应用型本科人才培养的核心。虽然国家不同文件中分别提到了技术型、技能型、创新型、创业型、实用型、复合型、应用型、应用技术型等多种人才类型，但对社会来说，能够自行创造就业岗位的人一定是具备创新精神、创造能力、创新创业意识并且能够取得创新创业成果的人才。因此，我校坚持“需求导向、能力为本、知行合一、重在创新”的人才培养理念，实施全程化的创新创业教育活动，培养学生的创新意识与创新精神，提高学生的创新创业能力，并支持学生在创新创业实践中获得知识产权成果。

2. 大学生开展创新创业活动的制度扶持

创新创业的思想理念和规划只有落实到制度体系上来才能产生创新创业活动。我校从正式招收本科生起，就印发了支持和鼓励学生科技创新创业的管理办法，并对该办法进行了多次修订。在管理体系方面，学校成立学生科技创新创业指导委员会，该委员会负责制定学生科技创新创业的主要政策措施，听取创新创业计划进展情况汇报，审查学生科技创新创业基金的使用情况，决定对做出突出成绩的集体和个人给予奖励等；学生科技创新创业指导委员会下设“学生科技创新创业办公室”，办公室设在团委，负责落实学生科技创新创业指导委员会的各项工作部署以及专项基金的管理和使用，聘请专家评定、审核、指导学生科技创新创业项目，定期向学生科技创新创业指导委员会汇报工作等；各院（部）成立学生科技创新创业领导小组，负责组织、领导和协调本院（部）学生科技创新创业工作。

为了促进大学生科技创新创业活动的开展，学校采取了多项相关措施。① 充分利用学校应用型人才培养的学科优势开展学生科技创新创业，形成由学校、院（部）、学生组织等共同参与的多层次创新创业活动体系。② 加强对学生创新创业思维、创新创业能力的培养与引导，在教育教学过程中，主动为学生开展科学研究创造条件、提供指导。③ 加强学科间的交叉与融合，鼓励学生跨学科申报应用性研究项目，鼓励学生结合实验、实习、毕业设计开展科研活动。④ 把学生科技创新创业与社会实践活动有机地结合起来，积极推行社会实践的项目化运作机制。鼓励学生在社会实践过程中充分发挥专业特长，把社会实践的内容与创新创业结合起来。⑤ 通过邀请校内外专家学者为学生开设讲座和报告会，创建学生科技创新创业网站，创办学生科技创新创业刊物，开设大学生科技论坛及组织开展校园“科技节”等活动，全力营造校园浓厚的科技创新创业氛围。⑥ 加强科技创新创业基金资助的项目取得的科技成果的知识产权保护，成果的转化和转让需要获得校学生科技创新创业指导委员会、二级学院和项目负责人三方共同允许，并签订协议。

为了进一步提升学生参与科技创新创业的积极性，学校还提出了多项奖励措施。① 对于已立项的学生科研项目，学生科技创新办公室在研究条件（包括书籍资料、仪器设备等方面）上给予协调和支持。② 对结项项目的主持人可按学生综合素质测评有关规定给予加分。③ 对成果良好的项目，将推荐申报更高级别的科研立项或课题，推荐参加省级和国家级各类学生科技创新创业竞赛。④ 根据学生科技创新创业所取得的成果，定期评选学生科技创新创业工作“先进单位”“十佳科技创新成果”和“科技之星”。⑤ 每年按学生科技创新创业经费总额的 10％设立奖励基金。对在国家和省、市科技创新创业活动中成绩显著的学生、指导教师，授予校学生科技创新创业“先进个人”和“优秀指导教师”称号，并给予适当的奖励。

同时，学校多方筹措资金保障创新创业教育的顺利开展。学校专门设立“金陵科技学院学生科技创新创业基金”，资助、表彰在学生科技创新创业活动中表现突出的集体和个人，奖励优秀的学生科技创新创业成果，扶持有发展前景的应用型科技成果的转化与开发。学校不仅采取免费为大学生提供创新创业场地、免费帮助申请知识产权、将学生创新创业纳入学生奖励等措施，还引导 21 个省市重点建设的学科专业将获得的财政资金和学校配套建设资金使用到学生创新创业方面来，更是每年投入近百万元的专项资金用作学生科技创新和创业的基金。学校教育发展基金会每年拿出50万元设立卓越奖学金，许多校友还定向捐资设立奖学金，奖励在创新创业方面做出优秀成绩的学生。学校与南京紫金创投公司联合投资成立了金科院大学生创新创业投资公司，支持学生创新创业项目的孵化，首期投入100万元。

在学校“质量战略”的推动下，学校进一步发布了《关于深入开展在校大学生创新创业工作的意见》《大学生创新创业实施办法》《大学生创新创业训练计划项目管理办法》等一系列文件，鼓励学生利用课余时间结合所学的专业知识在教师的指导下从事科技创新、技术攻关、专利开发、创新竞赛等活动，允许学生采取半工半读的形式开展创新创业项目，允许学生休学1～2年进行创新创业，同时，对入驻学校大学生创新创业园经营的项目可以延缓至毕业后两年迁出。

3. 大学生开展创新创业教育的课程体系设计

(1) 按照创新创业教育规律开设创新创业课程。创新创业教育需要专门的创新创业课程体系。创新创业活动是专业性很强的工作，有着很强的规范化、职业化要求，需要适应时代消费需求的服务理念和适应信息时代社会发展潮流的技术手段，只有创新创业的速度和效度提高了，创新创业的成功率才会大大提高。学校围绕“大一培养创新创业意识、大二塑造创新创业精神、大三训练创新创业能力、大四积累创新创业经验”的安排，开设了“大学生职业规划”“创新创业导论”“就业指导”三门公共基础课，纳入学分管理，引入“大学生创新创业基础”“大学生职业生涯规划”两门课程，还通过引入30门网络课程等方式在公共基础课中开设了必修课、选修课、讲座课和实践课。各专业根据专业特点和要求，开设了研究方法、学科前沿、创新创业基础等必修课和选修课，将其纳入学分管理，还广泛开展第二课堂活动。通过修改教学计划不断优化课程的知识体系，将创新创业课程、创新创业理念渗透并嵌入专业教育课程中，激发学生的创新创业意识，培养创新创业品质，增强创新创业能力。每年都有一批大学生参加江苏省的就业指导SYB培训获得创新创业证，提升了创新创业的规范化、职业化水平。

(2) 推动专业与地域产业对接，形成创新创业专业方向。有效度的创新创业需要将专业学习与地域产业需求对接起来，即形成“专业＋产业”的方向。金陵科技学院认为，大多数人在产业行业环境中积累的知识和信息的广度、深度达到一定水准时才会产生有效的创新创业灵感。围绕产业需求进行持续创新才能提高创新创业的针对性，学校需要通过专业学习将这样的环境提供给在校学生，按照区域产业发展需要设置创新创业型的专业方向是培养创新创业人才的基础。因此，学校将专业教育与创新创业教育有机融合，在进一步加强支撑创新创业的应用型本科专业设置的同时，根据南京六大类9个方向战略性新兴产业发展需要布局二级学院与学科专业，组织每个本科专业在进行地域真实需求情况调查后设置创新创业型专业的方向，提高所设专业方向与职业的结合度、融合度、认可度，为学生开展创新创业活动提供产业行业环境。在此基础上，学校 21 个支撑本科专业建设的平台被南京市遴选为南京市“争先进位计划”重点建设项目。

(3) 建设“专业＋商业”混合课程体系加强实践教学。成功的创新创业需要“专业＋商业”混合课程体系使学生具备知识、能力和素质。我们认为，创新是因，创业是果。应用型人才的创新主要是在技术、管理和服务等领域的创新，应用到产业领域内的创新创业就是创办新的企业，而企业成功的核心要素是服务。因此，创新创业教育课程体系要为专业技术向商业的成功转化搭建桥梁，专业课程应教给学生技术创新的生存能力，创新创业课程应教给学生服务的意识和获取创新创业信息等发展能力。学校围绕应用型人才培养目标，积极调整专业课程设置，增加创新创业类的课程，构建由理论课程、实践课程、综合素质拓展课程组成的三大课程体系，突出应用型本科实践能力的培养，制度化提升实践教学环节的学分数占专业课总学分的比例，培养学生探索精神、科学思维、实践能力、创新创业能力和就业及社会适应能力。学校人文社科类专业实践教学学分达到 20%，理工农科类专业实践教学学分达到 30%，学生在校期间参加实训实习的时间累计达到一年，使大学生在毕业之前就积累丰富的创新创业经验，体验创新创业的特殊历程。

4. 多元多样化的创新创业教育师资队伍建设

多元多样化的创新创业教师才能培养出多元多样的创新创业人才，才能形成丰富多彩的新型应用型大学特色。因此，学校在鼓励教师到中兴通讯等行业重点企业挂职锻炼的同时，着力推进以下工作的开展。

(1) 引进行业师资，构建自有的创新创业教师团队。学校集中精力从中兴、华为等行业龙头企业大力引进技术、生产、管理、服务领域具有丰富实践经验的高层次人才，将具有不同经历、不同经验、不同特长的教师组合成为优势互补的创新创业教学团队。例如，动物科学与技术学院的创新创业导师团队中的骨干，包括从江苏省农科院引进的从事肉鸽养殖和疾病预防的专家教授、从镇江恒顺醋业公司引进的教授级工程师、野猪与家猪的杂交育种专家等，指导学生运用创新成果创办企业。

(2) 与科研院所及企业合作组建混编教学团队。学校通过双薪双聘等途径柔性引进科研院所及企业工程技术人才与学校教师混编组成创新创业教学团队，共同制定人才培养标准、方案、课程，共建实践基地，共同教学，共同评价。比如，学校的南京软件研究院教师与中科院软件所的研发人员及一线工程师混编组成软件工程专业本科层次卓越工程师教学团队，将国家重大科技攻关项目及软件所下属企业的技术攻关课题分解为学生实践项目，让学生在真实的项目攻关中培养科技创新意识和创新能力。

(3) 构建全员育人机制，深入推进本科生导师制工作。紧扣学校人才培养理念，以加强学生专业学习、科技创新和创新创业就业的指导为目标，由学生工作处(部)牵头，教务处、人力资源处、招生与就业指导处、财务处、团委及各二级学院主管教学院长、分管学生工作书记共同参与，分别设立学业指导导师、科技创新导师、创新创业指导导师和企业职业导师。通过为学生提供专业辅导、科技创新指导、创新创业指导和学科竞赛指导等来加强学生的专业能力、科技创新能力和创新创业能力，通过构建第一课堂与第二课堂协同育人机制，提升高级应用型人才培养质量。

(4) 围绕创新创业实战需要推进教学方法改革。① 通过制度化推行贴近实战的创新创业教学方法。通过考核引导各个专业扩大创新创业教学的项目案例教学法和模拟练习，广泛开展启发式、讨论式、参与式教学，实施多样化考核，培养和开发学生创造性思维、创新创业能力。② 在创新创业实战中进行教学。学校将老师带领学生参加科技攻关及项目开发作为创新创业教育的基本方法，将应用科技进行创新创业的能力作为本科层次应用型人才培养质量的核心指标，推动第一课堂和第二课堂无缝衔接。学生广泛参与专利开发等科技创新创业活动，以及学科竞赛、创新创业大赛、专利开发等创新创业活动。例如，学校艺术学院与南京禄口皮草小镇在长期良好合作的基础上，成立了“金陵科技学院国际皮草产业研究院”，将人才培养工作落实到“服务地方经济”和“实现文化传承，促进非遗产业转化”的具体实践当中，取得了一系列可喜成效。研究院通过项目化教学，指导学生以赛促练，接连在禄口皮草服装设计大赛、全国美育成果展等赛事中斩获金、银、铜奖 11 项，专项奖 4 项；《非遗衍生品开发——以“禄口皮毛加工制作技艺”为例》成功申报了江苏省大学生创新创业项目。

5. 强化校企合作的创新创业教育支撑平台建设

(1) 校企协同共建创新实践教学平台。在充分开发利用学校各级各类实验室及实验教学示范中心资源的基础上，学校引入 GE 智能平台、ABB、西门子、中兴通讯等行业龙头企业的教育资源，建设具备教学、实训、创新实践等综合功能的实践教学平台，推动课程内容与职业标准对接、教学过程与生产过程对接，借用合作企业的人才、设备装备及生产管理实践环节等资源，丰富实践教学内容，提升学生应用能力，用国际先进标准培养创新创业人才。

(2) 与校企共建科技服务创新平台。学校不仅将专业资源延伸到南京市相关产业园区，与政府及企业合作共建科技产业园区，还与企业合作在校内共建了 30 多个市级以上的工程技术(研究)中心、工程实验室等科技创新平台，直接为产业企业提供技术攻关与项目开发服务，并为学生进入企业学习、工作与生活提供了载体与空间。学校安排高年级本科生随同教师进入平台直接参与企业项目攻关，锻炼学生技术研发创新能力，为企业提供可转化的技术产品与服务，提升企业的市场竞争力与获利能力，降低企业的研发成本，实现学校教学科研与企业研发生产的共同成长。

(3) 学校开放实验室打造创客空间。学校将 3D 打印实验室、动漫实验室等一批拥有先进设备的实验室对校内相关专业的学生开放，不同专业的学生聚集在一起，通过交流分享，确立一个点子，然后把设想的东西做成实物。以驶上上海 F1 国际赛车场赛道的“金陵科技学院龙蟠号”节能赛车为代表的一大批科技创新成果就是在这样的环境中被创造出来的。

(4) 学校创新创业基地直接孵化。学校创新创业指导中心在大学生活动中心设置了“103 学生创新创业项目工作室”，每年都有十几个创新创业项目入驻集中孵化、集中辅导，促进不同团队创新创业灵感的碰撞。2014 年初，计算机专业的大三学生翟思宇和他的团队就是在这个创新创业孵化基地研发出“金科院助手”微信公众平台，成为江苏省内高校唯一进入全国排名前十的校园自媒体，并于 2015 年初注册成立传媒公司“南京轻舟文化传媒有限公司”，2018 年更是拿到一笔数百万元的天使投资。

(5) 师生共建创意空间。学校在校图书馆免费提供一百多平方米的空间向在校的学生创新创业团队公开招标，由老师带着学生创办完全商业模式的“南京动漫咖啡吧”，已经成功持续运营多年，创新创业团队中的学生已经换了多届。学生自己负责咖啡吧的商业策划与经营管理，先后推出了网上订餐和微信订餐等一系列现代经营措施；通过留言本与顾客访谈等途径收集了数千条顾客意见与建议，改进生产与服务；引入艺术专业学生及艺术类社团学生的作品装点空间，许多学生在这个休闲餐饮空间成为艺术作品的创客，创作的作品在吧内展示并销售；真实的商业文化培养出一批又一批具有创新创业意识和创新创业能力的学生。还有一大批学生在这里互相碰撞有意思的想法形成了创新创业计划，比如，文创达人、视觉传达设计专业学生查正笠正是在这个空间中形成了创意，将摄影技术与南京文化结合，出版了纯手工打造的书籍——《中国的城市·南京》。

二、提升创新创业教育质量的措施

通过对创新创教育的一系列改革和实践，金陵科技学院的创新创业教育和实践在专业整合、人才培养、政产学研合作、知识产权保护、提升学生创新创业能力、服务地方产业发展等方面不断取得突破，为学校向软件为主导特色的、具有创新创业特征的、新兴应用型科技大学的目标的迈进起到了促进作用。

1. 实施“软件＋专业”计划促进多专业融通

专业复合，特别是传统专业与信息类专业的复合，是培养应用型人才持续创新创业思维与能力的重要途径。产业问题往往需要综合运用多学科专业的知识与方法来解决，学校的专业群全面对接城市产业链、创新链、产权链，努力打通专业中相近学科专业的基础课程，开设跨学科专业的交叉课程，探索建立跨院系、跨学科、跨专业交叉培养创新创业人才的新机制。特别是抓住转型创建软件主导特色应用型大学的机会，大力实施“软件＋专业”计划，对非软件类学科专业进行软件化改造，促进人才培养由单一专业型向多专业融通型转变，契合了国家“互联网＋”的战略需求。

2. 以“对接式”思维提升创新创业人才培养

创新创业人才不仅应具有创新创业思维、创新创业能力、创新创业人格，还应该有创新创业业绩的累积才能提高创新创业的成功率。学校将进行技术技能创新与积累，获得创造性成果作为衡量培养创新创业人才的重要指标，以“对接式”思维，制定专业教学质量标准，修订人才培养方案与人才评价标准，设计和改革学校人才培养的全链条，推进多样化的创新创业训练。近五年，在各类学科竞赛中获得省级以上奖励的学生达到5 100人次，相当多的学生利用学科竞赛成果申请了专利和著作权等知识产权，为创新创业提供了知识产权资本。

3. 推进政产学研合作，促进创新创业教育的模式创新

混合模式是在清晰责权利之前推进改革的重要手段。美国学者研究创新创业型大学的共识就是这类学校拥有“模糊地带”的特征，这种组织模式是混合形成的，在互相依存和彼此独立原则之间张力的消除是同时实现这两个目标的混合组织形式产生的动力。公办本科高校的改革，一方面受到国家政策的严格约束，另一方面受到来自习惯大锅饭的教师压力。金陵科技学院一方面采取与政府、企业等合作共建研究与教育机构的办法，将外部办学资源集聚到学校来，推进创新创业人才培养工作；另一方面在政策允许的范围内与合作方保持模糊地带，推进学校的改革发展。学校的产学研合作载体努力布局到南京市的产业集中区及街道乡镇，还与南京市江宁区、高淳区、秦淮区、栖霞区等多个区合作共建大学科技园区，形成了大学科技园“一园四区”的格局，学校、政府、科研院所及企业共同投资，共有产权。例如，学校和南京市政府、中科院软件所、中科院南京分院在校内共建的南京软件研究院，机构、编制、人才、项目、成果等资源共享，共同组织人才培养项目与产业项目研发，混合所有，创新发展，突破了原有体制机制的局限。

4. 以知识产权为导向推进专利的研发与转化

知识产权交易是新型应用型本科高校服务区域经济发展必须面对的新事物。和学校从弱小逐渐壮大的规律一样，新型应用型本科高校的专利转换也必然要经历从无到有、从小到体系化这样一个渐进的转化过程。学校特别注重推动应用科技成果、新技术、新方法、新手段、新工艺的转化，注重提升服务产业的速度、幅度、精度和贡献度，并在应用科技研发过程中加强知识产权的申请、转化和经营。学校集中人、财、物等资源抓著作权、产权专利，注重向企业推广应用科技成果、新技术、新方法、新手段、新工艺，进行技术与项目的开发转化，把专利转化的数量提上去，打造南京实用型、应用型、市场型科技成果的研发、培育和孵化地。在提升服务南京产业发展的能力与质量的同时，为学校办学提供新的经费来源。学校专利工作连续多年在江苏全省高校排名前十，江宁驻区高校前三，多项学生专利作品在“挑战杯”“创青春”等省级以上大

学生科技创新竞赛中获奖，大量的专利成果转化为企业经营成果，直接创造了经济价值。机械自动化专业2015届毕业生周翔翔一人拥有10项国家实用新型专利，获得了“中国大学生自强之星提名奖”。学校还基于大数据分析技术引擎，开发了南京专利导航服务平台，为政府制定产业政策及产业布局与发展决策提供依据。

5. 创造实战机会提升学生创新创业能力

创新创业艰难，成功创新创业不仅需要“专业＋商业”的复合应用型人才，更需要创新创业实践的历练来积累经验。学校按照学历教育与职业需求统一融合的思路，引导各个专业牢牢抓住创新创业质量这个牛鼻子，支持教师以对外转让、合作转化、作价入股、自主创新创业等形式将科技成果产业化，带领学生创新创业。学校不仅每年举办科技节，开展技术创新大赛，还每年遴选出上百项创新创业项目进行辅导。学校联合南京市政府部门与投资公司发起的南京市女大学生创新创业大赛形成了品牌。学校努力创造机会让更多的学生在校期间就经历真正的创新创业实践，自“金科创客汇”成立以来，在校大学生创业项目数量明显增长，仅2016年就涌现出20个应届毕业生创业项目，2017届毕业生创业项目数达28个，参与创业实践的学生人数逐年增长。学校先后遴选出150多个优秀创客(团队)项目，其中经过培育、孵化成立公司运营的有68家。目前“金科创客汇”已拥有5 000平方米的载体。

6. 服务地方产业发展，助推创新创业教育开展

坚持“金陵科技学院的事就是南京市的事，南京市的事就是金陵科技学院的事”的校市一体化理念，学校以南京城市主人的态度主动融入城市的创新创业发展体系，主动为中小企业提供“四技”服务，这是新型应用型本科高校推动区域产业经济发展的重要任务。由于新型应用型本科高校的科技研发底子薄，总体实力还不够高，被企业主动找上门来要求提供科技服务的机会少。金陵科技学院坚持将科技创新与服务工作作为培养创新创业人才的重要教学方法，在抓好教学部门与企业生产部门合作教学的同时，学校研发机构与企业研发机构主动对接，搭建公共技术攻关平台，主动寻找中小企业的技术攻关需求，服务城市产业创新，将学生带进科技攻关项目，引导学生开展基于知识产权的科技创新创业活动，申报著作权与专利等知识产权，培养学生创新能力，推进专利转化，提升南京产业竞争力，全力创造基于知识产权创新的“南京价值”，带动学校整个办学体系的改革发展。比如，由学校承担的“南京青奥会云打印支撑技术集成应用研究”项目，针对特大型赛事活动的应用需求，研发系列云打印平台软件，成功服务南京青奥会。学校积极响应南京市创新名城建设要求，组织ASIP芯片研制关键技术产业化实验室、U＋智能制造实验室、工业智能实验室、互联网软件技术实验室等申报“南京市科创实验室”。学生既可在实验室中开展专业实习，使教学内容与实际生产精准对接；又可将自己的想法在实验室中进行验证研究；还可将企业实际需求在实验室中进行分析研究，催发出大批高质量创新创业成果。

第二节 “互联网+”的视角项目实践案例（以南京云之印有限责任公司为例）

一、项目简介及背景

南京云之印有限责任公司项目是金陵科技学院学生开展创新创业训练计划的实践成果。该项目是以云计算技术为依托，采用共同管理、交叉经营的连锁模式创办的高新技术企业，该企业致力于移动平台、网站的开发研究与运营。公司以云打印服务平台为核心产品，集软件开发、运营推广、设备制造为一体。公司针对大学生、办公场所、个人等的个性文印问题，研发了一套全面的文印解决方案，竭诚解决用户的打印需求。

本项目是以教育部立项的2012年度国家级大学生创新创业训练计划项目——《云打印服务模式构建与提升对策研究》（项目编号：201213573001）以及江苏省科技厅立项的2012年度江苏省科技创新与成果转化（重大科技支撑与自主创新）项目——《南京青奥会云打印支撑技术集成应用研究》（项目编号：BE2012604）为基础的。因此，南京云之印有限责任公司的初期发展紧紧依附于南京青奥会平台。

云打印技术充分运用软件平台，为用户提供及时便捷的打印服务。一方面，利用南京青奥会的契机，以南京青奥会云打印示范点为载体，积极推广云打印技术，对外树立良好的南京科技城市的形象；另一方面，也对解决南京用户越来越多打印需求的问题提供帮助。据统计，南京打印量逐年增长，人均打印页数达300张。因此，南京青奥云打印示范点是一项便民利民、面向大众、将科技运用实践的服务机构，极具存在的必要性和潜力。

公司主要开发的产品是“云之印”，是一种“互联网+云打印”的文印服务系统平台，实现文印设备资源在互联网环境下的集成调度和资源共享。该系统不仅能够为用户提供随时随地快捷方便的文印服务，为设备拥有者带来一定量的线上经营业务，拓展设备运营商的经营区域与范围，也可为文印设备供应商、文印耗材供应商、设备维护保养服务提供商推送定向的市场需求信息。

公司技术主要可以实现以下功能：

(1) 将“循环经济+分享经济”通过B2C、O2O、C2C等复合电商模式进行融合，将文印服务提供商、文印设备供应商、文印耗材供应商、设备维护保养服务提供商整合于本系统平台中，最大限度满足不同类型用户的需求，并构建商业模式的价值实现体系。

(2) 通过应用云计算调度、GIS云、大数据分析、云存储等技术，实现计算机、手机、平板电脑等终端设备对不同文印设备的控制，真正实现文印服务的云操作。

(3) 开发云打印手机客户端 App 免费软件，为用户提供基于互联网平台的手机云打印、手机 U 盘、手机云盘的功能服务，以便快速、低成本地构建文印服务的大数据采集系统。

(4) 为用户构建基于"GIS 云＋Wifi"环境下的"手机＋计算机＋文印设备"的互联互通网络办公室环境，为用户提供快捷高效的自动化办公服务，以提升云打印服务的品质，并扩大服务平台的影响力。

本项目产品前期服务于南京青奥会，以南京青奥会为契机，以南京青奥会云打印示范点为载体，积极推广云打印技术，对外树立良好的南京科技城市的形象。其打印示范点覆盖了青奥会场馆内部及周边、公共社区、相关企事业单位等(见图 10-1)。

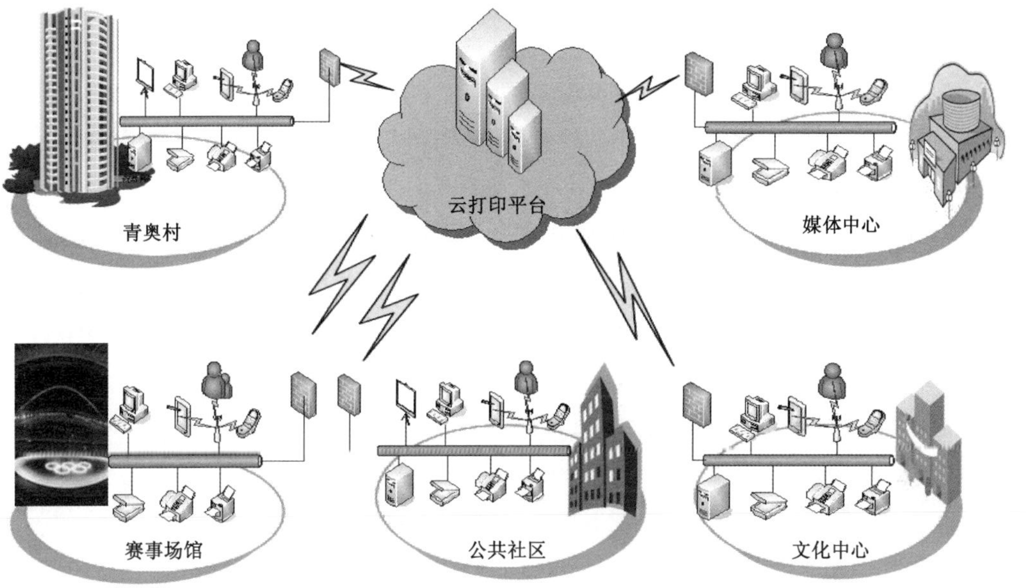

图 10-1　云打印示范点覆盖图

(1) 青奥会内部及周边包括青奥会各体育场馆内、青奥村等，可以提供的相关服务如下：

① 为进行采访的媒体提供相应的打印复印服务；

② 为各场馆比赛日的比赛情况做宣传，打印宣传资料、宣传手册、纪念性印刷品等；

③ 提供 DIY 自制打印服务和特色照相服务；

④ 在青奥云打印中心内开辟青奥会宣传介绍区域以及青奥会个性商品专卖店，供游客志愿者参观选购，并更好地推广青奥理念。

(2) 公共社区包括南京各社区，可以提供相关服务。

借助多彩的文娱活动与智能信息化的手段，我们可以利用云打印技术更好地为社区居民普及青奥知识，更好地将青奥与社区结合，真正将青奥精神融入市民心中。

(3) 相关企事业单位是后续业务开展的主要服务对象。

企事业单位需要大量的打印服务。青奥会期间，云打印示范点为南京青奥会的赞助企事业单位提供服务，比如，打印企事业单位编撰的《奥运观战手册》，并为其印发业务宣传单。另外，可以将企业产品与青奥会相结合，在赞助单位生产的产品上印刷相关青奥会文化图。青奥会之后则会面向广大市场，为更多的企事业单位带来便利。

该项目团队开发的产品具有以下显著优势：

(1) 该项目团队获得了金陵科技学院校方在知识产权、场地、人力资源等方面的大力支持，为创新创业团队起到了良好的孵化作用，降低了企业创立初期的竞争风险。

(2) 由于该平台是一种新型文印运营的商业模式，较容易被 90 后的大学生所接受，并可带领更多的应届大学生自主创新创业，与传统文印业形成差异化竞争，因此，同业竞争风险较小。

(3) 该项目服务的既有的文印商户、分享服务提供者、文印设备供应商、文印耗材供应商、设备维护保养服务提供商等产业链成员，不存在有与其竞争的情况，因此可以实现互利共赢的局面，在文印产业领域中无明显的竞争压力。

随着市场和经济的发展，在研发团队和专家顾问团的支持下，该企业将会在原有产品的基础上，引进先进技术，开发迎合市场需求的高效产品；同时，以技术为依托，拓宽研发思路和方向，开发研究相关领域的产品。

二、项目市场分析

1. 行业及市场概述

目前，云打印系统主要有谷歌云打印和以惠普云打印为代表的各文印设备制造商如佳能、施乐、理光等企业，基于自身设备所开发的云打印软件平台。惠普公司及其他文印设备制造商所开发的云打印软件平台主要是与其生产的特定设备绑定，以促销产品为目的，目前还没有真正意义上完全开放的云打印系统在全国范围内成功部署与应用，这给本团队的创新创业带来一定的市场机遇。

据统计，有一定规模的在册文印企业，仅南京地区就有 1 300 多家，整个江苏省有 5 200 多家，北上广三个一线城市平均有 3 200 多家，全国有74 000 多家文印店。现仅以平台中的文印商户这一个环节的利润来看，如果本系统平台每年平均从文印商户的服务中获得 1 000 元的利润，则南京市范围内可以创造 139.1 万元的年产值，江苏省可以创造 526.8 万元的年产值，如果将全国的文印企业接入该系统则可创造

7 424.6 万元的年产值。如果以整个产业链各个环节所产生的价值来估算，保守估计可以创造 3.5 亿元的年产值。

2. 项目产品(服务)市场存在的问题

(1) 文印店的开设过度集中于城市的中心地段，布点密度不合理，无法满足不同用户的实际需求。具体表现在文印店的业务来源对开设的地理位置依赖较大，往往市口好的文印店的业务量较大，但由于城市级差地租的影响，这些文印店的租金成本昂贵，从而影响了文印店的实际利润。

(2) 办公文印、工程文印、广告文印、个人图文等的文印需求千差万别，因此所需设备的使用成本也各不相同。为满足所有用户的需求，文印店势必配置多种专业文印输出设备，从而造成设备投资额的增加，给文印店的经营带来固定资产投资风险，不能充分发挥市场调度手段来合理化分配用户需求，定制化满足不同客户的个性需求。

(3) 办公文印在商业文印中占较大比重，约占 80%，但办公文印存在着如下问题：① 员工随意打印，造成浪费，缺乏有效的管理机制；② 企业通过支付押金、租金的方式获得文印设备后，其后续的管理不能有效跟进，从而造成维护成本升高，此外还会出现涉密文档信息的随意打印，造成重要信息外泄，形成信息安全隐患；③ 文印设备低效且不科学的配置，造成文印设备的冗余分配，从而导致大量能源及文印耗材的消耗。

(4) 文印设备使用单位往往无法有效地管理和处理设备的废旧耗材，从而造成废旧耗材污染工作环境，如粉尘漂浮物超标，危害员工身体健康等。

(5) 文印设备往往无法获得价格合理、服务到位、响应迅速的长期设备维保服务，从而给设备使用的可靠性带来严重的危机。

(6) 文印设备使用者无法明确地获知其文印业务需求的设备的品牌、型号和功能，同时文印设备的制造商和供应商也无法及时了解市场对所制造的文印设备的功能、型号、数量的需求信息，从而无法实现集约化生产、定制化产品销售，产业急待升级与改造。

3. 项目产品(服务)的目标市场

本团队所开发与经营的“云之印”平台是基于互联网的“云打印”综合服务平台，是将“循环经济＋分享经济”的思想通过 B2C、O2O、C2C 等复合电商模式进行融合，构建“互联网＋文印商户＋分享服务提供者＋文印设备供应商＋文印耗材供应商＋设备维护保养服务提供商＋客户”的全方位、全产业链的服务平台，最大限度满足不同类型用户的需求，并构建该系统商业模式的价值实现体系。

本项目的技术产品应用场景广阔，目标市场囊括了整个文印服务产业链，具体市场目标对象分述如下。

（1）通过大数据分析，将用户的定制化需求和文印店的实际状况进行优化匹配，适时向文印店经营者推送线上订单业务，从而降低文印店对城市地理环境的依赖程度，降低文印店的租金成本，拓展文印店的利润空间。该项服务有效地将客户的需求和文印店的实际经营相结合，并实现了本平台对该项服务的价值。

（2）“云之印”服务平台系统通过线上大数据获得用户对办公、工程、广告、个人图文等不同文印需求信息，整合与调度线下不同文印单位或设备拥有者的资源信息，实现设备的分享运营与服务协作，从而降低文印店经营者的固定资产投入成本，进一步提高经营者的利润空间，同时实现平台系统的增值业务。

（3）针对商业文印中的大户，即办公文印，企业可利用本平台帮助企业进行文印设备的优化配置与资源调度，并为企业提供经济合理的再制造文印设备的销售与租赁服务，高效地为企业提供完善的设备后续管理与维护，有效地管理电子化文印文档。在大幅度降低企业文印成本的同时，提高企业信息的安全性。以上服务实现了平台的价值增值。

（4）基于再制造文印设备的销售与租赁业务的开展，平台可整合设备使用单位的维保需求，通过与文印设备维保单位合作，来实现对文印设备使用单位全方位的售后维保服务，为本平台提供稳定可靠的维保业务及收入。

（5）通过对文印服务用户的需求信息、文印设备使用单位的需求信息和使用信息进行大数据分析，获得准确的市场对产品的需求信息，并定向推送给文印设备的制造企业。通过该项服务，获得平台的增值收入。

4. 本项目市场竞争力分析

（1）谷歌云文印。谷歌云文印系统基于谷歌公司强大的云技术的开发与应用能力，构建了有一定商业运营价值的谷歌云文印运营平台。但由于种种原因谷歌公司的相关业务已从中国大陆地区退出，因此，在国内大部分地区，谷歌云文印无市场份额。

（2）惠普云打印。惠普公司及其他文印设备制造商所开发的云打印产品，主要以促销产品为目的，无法实现完全开放式云打印系统在国内的成功部署与应用。

（3）国内的打印业务外包运营商。目前，国内的打印业务外包运营商开发的云文印平台的打印范围只局限于文印服务的专业化外包业务，部分涉足设备的销售，没有形成全产业链、全方位的运营平台。

（4）本项目的服务平台。本项目服务平台的核心技术来源于南京青奥会云打印支撑技术集成应用研究项目中所开发的核心模块，该项目获得了省政府100万元的资助，产生了具有自主知识产权的核心技术，并通过与南京本地环星复印机再制造企业的产学研合作，建立了云打印研究院，为本项目的顺利开展提供了坚实的技术基础和企业支撑。

三、项目运行计划

对于该项目未来的发展，主要制订以下发展计划。

第一阶段，该项目在金陵科技学院校园内已经有了一定时间的应用示范，目前需要通过整合学校的资源平台，通过系统的应用示范形成有效的商业运营盈利模式。

第二阶段，通过校际的推广将这种盈利模式辐射到整个江宁大学城。

第三阶段，重点向南京各个大学城如仙林大学城、江浦大学城等进行辐射，进一步带动更多的年轻用户群体与创新创业群体，帮助该系统平台在整个南京城区的运用推广。

第四阶段，进入该阶段时该系统平台将拥有较为可观的用户数及大数据资源，并具备了一定的资本投入的价值，可以在该阶段考虑风投的介入，并与大公司、大平台（如百度、腾讯等）进行合作，以提升整个系统的价值。

第五阶段，借助大平台的资本，为创新创业板上市 IPO 创造条件，从而走向国际化企业的发展。

四、项目技术与产品服务实现

1. 项目创新内容

（1）商业模式创新。将“循环经济＋分享经济”通过 B2C、O2O、C2C 等复合电商模式进行融合，将文印服务提供商、文印设备供应商、文印耗材供应商、设备维护保养服务提供商整合于本系统平台之中，最大限度满足不同类型用户的需求，并构建商业模式的价值实现体系。

（2）服务平台创新。构建“互联网＋文印商户＋分享服务提供者＋文印设备供应商＋文印耗材供应商＋设备维护保养服务提供商＋客户”的全方位、全产业链的服务平台，其具体架构，如图 10-2 所示。

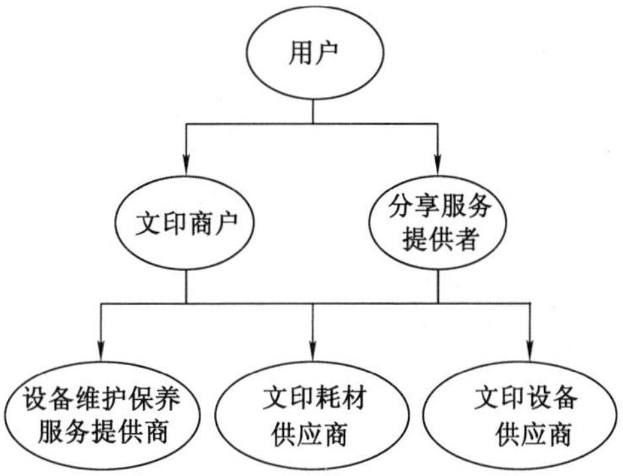

图 10-2　全方位、全产业链服务平台架构图

(3) 系统架构创新。通过应用云计算调度、GIS 云、大数据分析、云存储等技术，实现计算机、手机、平板电脑等终端设备，对不同文印设备的控制，真正实现文印服务的云端操作。系统框架结构图，如图 10-3 所示。

图 10-3　系统框架结构图

(4) 应用软件创新。开发云打印手机客户端 App 免费软件，为用户提供基于互联网平台的手机云打印、手机 U 盘、手机云盘的功能服务，以便快速、低成本地构建文印服务的大数据采集系统(见图 10-4)。

(5) 服务环境创新。为用户构建基于“GIS 云＋Wifi”环境下的“手机＋计算机＋文印设备”的互联互通网络办公室环境，为用户提供快捷高效的自动化办公服务，以提升云打印服务的品质，并扩大服务平台的影响力(见图 10-5)。

图 10-4　本团队所开发的
用户版手机 App 软件

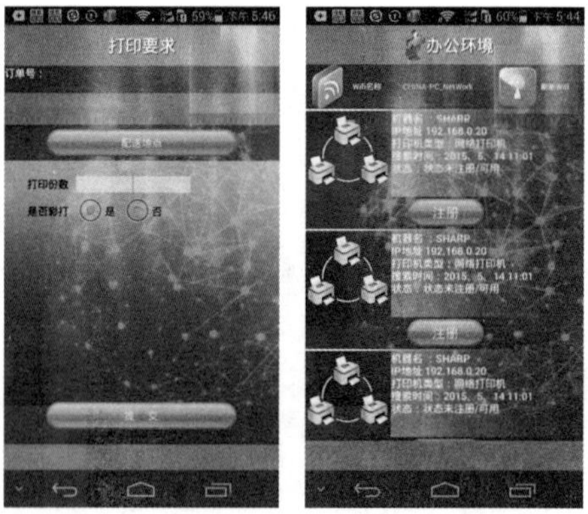

图 10-5　本团队所开发的 GIS 云＋Wifi
环境的移动终端软件平台

2. 与项目相关的知识产权情况

本创新创业团队所拥有的相关软件著作权如表 10-1 所列。

表 10-1　相关软件著作权表

软件著作权申请号	软件名称	著作权人	许可说明	法律状态
2014SR11L256674	大型活动云打印软件服务系统版本号 V1.0	张晓晨、郑李明、钱海忠	著作权	授权
2014SR169107	赛事云打印服务软件	钱海忠、郑李明、王池社	著作权	授权
2014SR169468	基于电商模式的云打印服务平台软件	钱海忠、王池社、郑李明	著作权	授权
2013SR127734	金科云打印服务软件 V1.0	颜新云、王池社	著作权	授权
2014SR093144	云打印客户端服务系统	张晓晨、郑李明	著作权	授权

本团队已申请的发明专利如表 10-2 所列。

表 10-2　相关受理专利表

专利申请号	专利名称	专利人	许可说明	法律状态
201410599863.5	一种实现异类地址网络互联的方法	钱海忠、王池社、郑李明、顾晓燕	发明	受理
201410599820.7	一种实现打印机与打印服务器跨网段通信的自助打印技术	钱海忠、顾晓燕、王池社、郑李明、	发明	受理
20140287212.2	基于云商模式的云打印实现方法	张晓晨、郑李明、钱海忠	发明	受理
201510331308.9	一种自动感知左右手操作手机并确定拇指活动热区的方法	张晓晨、郑李明、崔兵兵	发明	受理

3. 项目技术开发可行性

当前国内外研究与实施"云打印"技术的以"谷歌云打印"和"惠普云打印"系统为主，他们各自对云打印进行了开发和布局，尚未形成统一的标准和体系。

谷歌云打印已进入试运行阶段，实现的是任何可在 Chrome OS 中运行的应用程序，可通过应用编程接口(API)来支持云打印技术标准。如此一来，Chrome OS 用户就可直接通过应用程序来执行打印命令。这一功能不但可以让远程无线打印成为现实，更解决了手持设备打印不方便的问题。

而惠普云打印则现在只支持其自身品牌的打印设备，将其云打印概念命名为 HP ePrint，并将这一概念定义为惠普提供的一项服务，允许通过向支持云打印的打印机发送电子邮件来直接打印。有了这项功能，用户就可以用任何智能手机或计算机进行打印，而无须安装任何特殊驱动程序或软件。

如上所述，由谷歌和惠普两家公司所主导的云打印系统仅仅针对了智能手机及计算机等终端设备，为用户提供了基于云平台的打印功能，但还没有能够充分利用云存储和云计算等技术，为终端用户开发出能充分利用有限的打印设备资源，最大限度满足用户需求的商业打印及打印服务集成运营系统。

本项目的目的是针对现有的云打印系统所存在的局限性，开发出一种实现专业打印设备资源在互联网范围内集成调度与资源共享的系统平台，该系统能为用户提供随时随地快捷方便且成批量的打印服务，为拥有设备资源的运营商提供一定量的低成本、高收益的经营业务。具体来说是开发出一种基于云商模式的云打印实现方法，应用云存储、云计算等技术实现利用有限的打印设备资源，支持不同厂商的打印机设备、支持文档的综合管理，同时具有 B2C、O2O、C2C 等几种复合电商模式，最大限度地满足用户需求的商业打印及文印服务需求。

4. 项目核心技术

(1) 通过对现有云计算系统的层次化服务模型研究与分析，构建本项目云打印系统的服务模型架构体系。

通常的云计算系统是一组有层次的服务集合，并被划分为硬件服务层、基础设施服务层、平台服务层、软件服务层以及云客户端，而服务层次中的再制造复印机设备供应与维护、物流配送及网络通信服务、基于广域网的业务受理、分配及调度平台、基于特定用户需求的软件系统以及由各种固定和移动电子终端组成的客户端，构成了本项目云打印系统的服务模型架构体系，如图 10-6 所示。

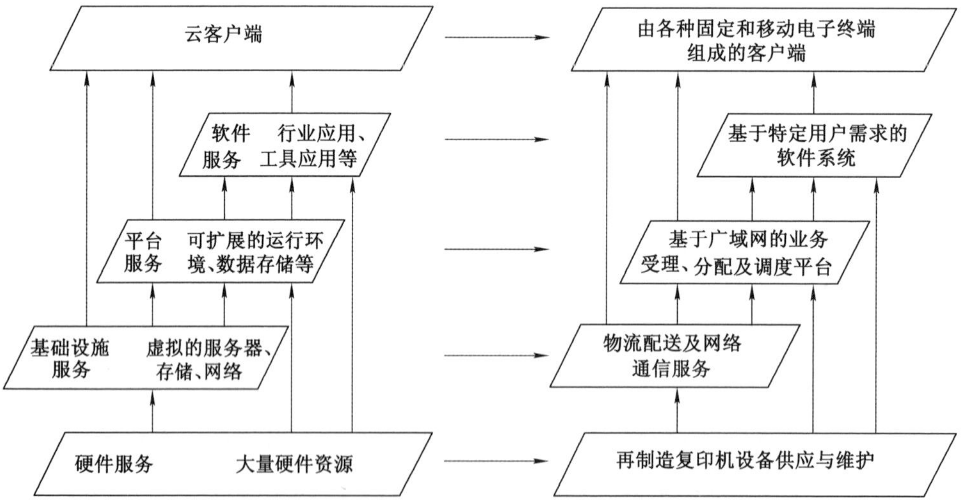

图 10-6 本项目云打印系统的服务模型架构体系图

(2) 通过对 PCL 和 PostScript 打印机控制语言的研究与分析，构建能支持不同图文格式的通用型打印机页面解析算法，使之成为云打印系统构建核心的基础软件模块。

打印机控制语言(printer command language，PCL)是惠普公司针对其打印机产品推出的一种打印机页面描述语言。PostScript 语言是 Adobe 公司以相对设备独立的方式描述影像提供的一种页面描述语言。这两种语言在文本输出与图像输出等方面各有特点，也是目前打印机系统通用的两大控制语言标准。在云打印系统中，本项目团队构建出了不同图文格式文件对该两种语言的解析算法，实现了对世界上几乎所有打印机设备的输出控制。

(3) 深入研究 Xlet 开发技术及理光、佳能等复印机设备的应用程序管理器架构，在复印机设备上开发能与本项目的云打印平台实现数据交换、任务接收与执行的云打印嵌入式应用模块。

针对当前复印机制造商都开发出了能采用 Xlet 开发技术进行功能扩展的应用程序管理器系统，通过在复印机设备上开发能与本项目的云打印平台实现数据交换、任务接收与执行的云打印嵌入式应用模块，为本项目所开发的云打印平台对接，对在云客户端的打印设备资源进行调度与控制提供解决方案。

(4) 开展基于多维服务质量(quality of service，QoS)和云打印设备资源负载均衡调度研究，开发基于 QoS 的云打印资源调度算法软件，为云打印系统构建核心的基础软件模块。

将用户对任务 QoS 需求表示成时间、成本、质量、安全性、可靠性等，并将其通过函数表示成隶属度函数，通过运用蚁群优化算法、遗传算法及匈牙利算法等，实现云打印设备资源负载均衡调度，并开发出基于 QoS 的云打印资源调度算法软件，为云打印系统构建核心的基础软件模块。

5. 项目技术成熟性。

(1) 本项目团队所使用的软件核心模块为南京青奥会云打印支撑技术集成应用研究项目中所开发的核心模块，该核心模块通过"砳砳云打印平台客户端服务软件"及"青奥会云打印服务平台软件"成功在青奥会期间得到应用。该平台主要服务于青奥村 16 个相关部门中的近 400 多位工作人员在赛事准备及比赛期间的公共信息文档打印需求。2014 年 8 月 8 日～2014 年 8 月 28 日青奥会期间，该系统工作稳定可靠，共完成 554 项打印任务，总打印量为 2 732 张，该项目的应用获得了青奥村团队的肯定与好评。

(2) 本项目研究团队针对金陵科技学院的云打印大学生创新创业活动的实际需求开发出基于云商模式的云打印集成运营系统平台，在金陵科技学院校园内建设了金科云打印中心，并对该系统进行了多年的应用示范。

五、项目风险、对策及撤出分析

1. 外部风险

虽然云打印服务有众多优点，但技术的不成熟使其本身有很多不足之处。在这项大胆的策划方案运行的过程中，必将遇到若干风险，而我们可以预测到的和能够想到的解决方案主要是以下几个：

（1）需要将打印文档通过邮件或者客户端送到云平台运营商的服务器上，有很大的隐私和安全问题。2011 年 12 月，多家知名网站被黑客入侵，包括人人网、猫扑、多玩等网站部分用户数据库被传到网上供人任意下载。

（2）打印文件类型有限，而且打印格式与原文档存在偏差。未能实现文档格式转换为中间格式或者电子印刷领域事实上的工业标准。

（3）打印响应速度较慢。由于网络基础建设的不均衡，导致网络条件不能很好地支持云打印服务。

（4）主要定位是个人用户应用，而企业商务应用开发相对较少，适用于企业的云打印服务管理系统不成熟。

针对以上问题，项目团队可以采取以下应对策略：

（1）自主知识产权开发与保护。自主研究，创造中国人自己的品牌和完全自主知识产权的云打印技术。通过学校与企业多方合作，利用学校强大师资力量并依靠企业资金支持自主研究，开发出适合中国企业的云打印服务技术。同时形成知识产权，并申请专利进行保护。

（2）完善云打印平台建设。

① 软件平台建设。将传统 PC 打印、手机打印、无驱动在线打印和基于邮件技术的“狭义云打印”统一在一个软件平台上，以实现完整的云打印概念，使云打印更为方便快捷。

② 硬件平台建设。努力实现硬件打印标准的协调统一，使任意品牌和型号的打印机对手机、传统 PC 等设备都能有更好的支持，以突出云打印方便快捷的特点，提高打印效率与速度。

③ 协议转换平台。开发不同的打印文档格式（图片、HTML、Office 等）向相同打印格式的转换，如统一转换为 PDF 格式，使得云打印平台格式处理简单化，让打印变得更加简单，无须过多修改，简单操作便能获得所需文件。

④ 网络平台建设。适应网络强国战略需要，大力加强网络基础设施建设。同时，进一步加强互联网行业管理，强化网络信息安全建设。

（3）提升用户云打印体验。

① 准确定位市场，针对不同的市场用户提供针对性服务。对于企业市场，应注重私有云和公共云相结合的概念，使云打印服务成本降低，最大限度地利用云计算。同时，强化后端打印管理能力，企业使用云打印服务后需要更多的售后服务，需要定期对企业云打印系统进行维护修理，提高企业云打印服务质量。

② 配合使用习惯，保留打印的直观体验（预览、版面、份数等打印设定），使打印

服务更加人性化,并可依据用户需要量身定做云打印服务。

(4) 信息安全保护的提升。

① 相关行政管理要到位,政府及相关行业部门的法规及标准要能准确引导和督促云计算服务商依法经营、安全经营,创造良好的云环境。

② 云计算服务商应建立完善的安全解救方案,例如,采用防火墙措施,杜绝非法访问,同时对网络内容与行为进行监控,防止病毒和黑客入侵。

③ 用户应该提高对重要文件的保护意识,可对文件进行加密处理,在选取信誉较好的云计算服务商的同时管理好自己的账户。

2. 内部风险

(1) 随着示范点的发展,各项服务走入正轨,内部结构逐渐完善,人事方面的管理问题有可能成为打印店进一步发展的内部困扰。人事风险主要包括员工的职务调整、离职、新员工招聘培训等。

(2) 当示范点发展到一定阶段,由于创新创业团队人员自身能力有限,管理经验跟不上、分工不明确、赏罚不明晰、权责不到位等,不能对示范点进行有效管理,导致示范点运营混乱,可能带来巨大风险。

针对以上问题,项目团队可取以下应对策略:

(1) 示范点起步阶段,服务人员都是学生,对工作岗位不熟悉,项目团队需要对他们进行有针对性的岗前培训,使他们尽快胜任这份工作。在职务调整与离职时,应当进行好交接工作,明确责任。

(2)针对服务方面可能出现的问题,应当大力加强对员工的职业素质培训。然而树立服务至上的思想需要较长的一段时间,我们可以设立顾客建议与投诉信箱,以便及时处理这些问题,真正做到服务优先。

(3) 创新创业团队要不断加强学习,通过专业化培训等多种方式不断提高自身管理能力;聘请有关行业的专家作为企业顾问,提高决策的科学性;聘请有经验或者有相应管理专业背景知识的人参与企业管理;管理者制订比较详细的财务预算和周密的生产运营计划,并严格按照预算和计划行事。

3. 行业竞争风险

纵观国内外,云打印发展速度快,竞争者很多。而市场容量是企业发展的关键,随着社会的发展,云打印技术的进步可能导致消费者外流。

针对以上问题,项目团队可以采取以下应对策略:

(1) 在选择目标群体方面。我们比竞争对手选择的目标群体更加细化,主要是大中型企业。

(2) 以消费者为核心,充分为消费者考虑,开发新的打印产品,紧跟市场需求。

4. 市场风险

(1) 市场价格方面。商品价格关系到产品的销售和企业的资金回笼。价格高了可能影响销售,影响顾客的满意度、美誉度和忠诚度;价格定低了,又会影响企业的资金流动,进而影响企业的后续发展。市场价格竞争较为激烈,特别是竞争双方轮番降价,经常造成两败俱伤。

针对以上问题,项目团队可以采取以下应对策略:

① 充分了解竞争者产品服务和价格体系,准确识别自身企业的市场定位和战略目标。

② 明确目标群体的消费偏好和消费能力,制定符合企业长期发展、独具特色的定价体系。

③ 以独特的产品体验和服务来提高消费者忠诚度,降低价格对消费者行为的影响,规避风险损失,提高经营效益。

(2) 市场适应方面。随着云概念的普及与大众云意识的增强,作为云计算实际应用的云打印,逐渐成为未来的一种打印趋势,因而技术创新对市场的预测可能不够充分。任何一项新技术、新产品最终都要接受市场的检验,如果不能对技术的市场适应性、先进性和收益性做出比较科学的预测,就会使创新的技术在初始阶段存在风险。这种风险可能是新产品不被市场接受,或投放市场后被其他同类产品取代,会产生技术创新开发、转让转化过程中的损失。

针对以上问题,项目团队可以采取以下应对策略:

① 重视技术方案的咨询论证,就技术方案的可行性进行研究,对项目方案的风险水平与收益水平进行比较,对方案实施后的可能结果进行猜测。

② 应改善内部组织,建立有利于技术创新的生产过程组织。

③ 建立健全的技术开发风险预警系统,及时发现技术开发和生产过程中的风险隐患。

④ 建立健全的有关技术的内部控制制度,加强对技术资产的监督。

第三节　生态经济的视角项目实践案例(以“换然益心”环保科技有限公司为例)

一、项目简介及背景

1. 项目简介

“换然益心”环保科技有限公司项目是金陵科技学院商学院学生在老师指导下开展创新创业训练计划的实践成果。该项目通过对南京市江宁大学城各高校废弃物与国内外废弃物处理的现状和经验进行研究分析,把传统废弃物逆向物流与“互联网

+"结合，对高校废弃物逆向物流发展提出创新性想法和展望。该项目在促进"绿色南京"建设，改善城市生态环境，优化企业效率方面做出积极尝试。

从 2013 年开始，项目组学生以金陵科技学院青年志愿者协会为主体，开展了"绿色寝室"活动，呼吁在校大学生以塑料瓶兑换寝室盆栽，培养大家的环保与公益责任意识。在 2016 年 10 月的绿色寝室活动中，回收塑料瓶 8 000 个，书籍 50 公斤；在 2017 年 11 月绿色寝室活动中，回收塑料瓶 8 500 个，纸板箱 150 公斤，书籍 70 公斤。2017 年军训结束后，通过"衣网情深"活动，项目组回收了 600 套军训服。在这些活动背后，项目组与"绿色之友"公益组织进行合作，将回收的衣物、书籍捐给了贫困山区的孩子们。随着参与活动的大学生数量逐年增长，活动的影响力逐年扩大。在互联网时代，项目团队也紧跟时代步伐，引进了互联网技术，替代以前的人工操作流程（图 10-7、图 10-8 为项目组活动照片）。

图 10-7　项目组开展公益活动照片

图 10-8　项目组开展校园废弃物回收照片

2017 年 6～8 月暑假期间，小组成员对整个江宁区高校的校园废弃物处理情况、校园垃圾站与校外汇总垃圾站进行了实地调研（见图 10-9），并在学生群体中以调查问卷的方式了解了同学们日常生活废弃物的可回收价值与自主分类的意识。

图 10-9　项目组成员校外垃圾站实地调研照片

为了进一步提高项目的知名度和影响力，2017 年 3 月份，项目组同学对“换然益心”项目回收的模式与整体框架进行设计，并在 2017 年全国高校商业精英挑战赛物流管理竞赛获得二等奖（见图 10-10）。

图 10-10　2017 年全国高校商业精英挑战赛物流管理竞赛获奖照片

2017 年 10 月份，项目组同学对“换然益心”项目回收的流程进行了详细的设计，并在“大有杯”江苏省第四届工业工程致善大赛中获得二等奖（见图 10-11）。

图 10-11　参加江苏省第四届工业工程致善大赛照片

2017 年 6 月 20 日《新华日报》第 10 版以《金陵科技学院探索废弃物逆向物流新模式》为题，对项目调研进行了专题报道（见图 10-12）。

2018 年 1 月，项目团队与校外投资商取得联系，开始洽谈项目的落地推广和设备的开发。该项目团队在立足本校的情况下，希望在南京市各大高校和社区、商场等开展业务，并更多地关注环保公益活动的开展。

（1）业务依托本校并拓展到南京各大高校。

金陵科技学院探索废弃物逆向物流新模式

随着世界经济高速发展，资源短缺、环境污染等问题日益突出，生产和生活废弃物对环境的影响日益严重。如何有效节约废弃和污染治理成本，并将废弃物转化为再生资源进而产生良好的经济效益？金陵科技学院物流管理专业邓安怡、马嘉钰、李坤知、邹鹏4位大学生的调研报告《高校校园废弃物逆向物流与循环经济结合的设想》，对南京市江宁大学城各高校废弃物与国内外废弃物处理的现状和经验进行研究分析，把传统废弃物逆向物流与"互联网+"结合，对高校废弃物逆向物流发展提出创新性想法和展望，为促进"绿色南京"建设，改善城市生态环境，优化企业效率方面做出积极尝试。

"逆向物流"是与传统的正向物流相对而言的术语，是指废旧物品回收利用过程中产生的物流活动，是废旧物品从消费者向生产者的实体流动。指导老师张瑜、吴远征介绍说，目前逆向物流的研究在国内尚处于起步阶段，我国对废弃物的处理水平也相对落后。废弃物作为一种"放错地方的资源"，如果可以充分回收利用，其生产的价值是人们难以想象的。

4位学生走访了江宁大学城各高校、各垃圾中转站和废弃物回收站，了解高校校园废弃物逆向物流的全过程。他们设计的调查问卷，从垃圾分类知识、可回收再利用的资源、鼓励机制、大学生对垃圾分类的支持率和满意度等多角度了解校园废弃物物流发展情况。在此基础上，团队将"互联网"和"云物流"相结合，提出"互联网+"与废弃物逆向物流的新模式。初期设计了针对高校校园及大学城区的废弃物回收分类平台与面向校园的激励机制，对各物流节点进行配置及运输路线安排，将高校、回收点、预处理中心、仓库、再制造中心、废物处置点等有效结合起来，形成网络结构，促进校园废弃物资源的有效利用。后续通过项目实施及平台功能的逐步完善，将这种模式推广成一种社会主流废弃物回收处理模式。"这个新模式是一个由小循环到中循环再到大循环的渐进发展的过程。校园废弃物逆向物流是个小循环，大学城废弃物逆向物流是个中循环，推广到整个南京市，可以形成一个较大的废弃物逆向物流的大循环。"吴远征说。

金陵科技学院物流管理专业通过"产学研用"深度交叉融合的物流应用型人才培养机制，与南京市政府相关部门、行业协会和企业开展合作，形成"目标—涉软—专业—基础"四层独具特色的物流管理专业课程体系。该校商学院积极指导学生参与物流专业学科竞赛、发表科研论文、申报大学生创新创业训练计划等学生科技创新创业活动。张瑜副教授表示，该项目的实行有利于校园环境的发展与学生环保观念的养成，在提升废弃物利用率上有较大经济利益挖掘。这种具备网络特性的逆向物流系统不仅能降低成本、节约资源，而且将经济、社会和环境形成有机结合，实现利益的共同增加。未来，该团队将进一步调研完善系统的运行模式，进行软件的开发应用与新模式的试点运营并逐步推广，最终使这种模式成为一种符合"绿色生态"观念的废弃物回收处理模式。

孙 嫣　王东红

图 10-12 《新华日报》对项目调研报告的专题报道

在短期内，铺开设备的覆盖范围，以大学城为发展目标，发展规模经济效益与宣传效益；并进一步得到政府政策、资金支持；长期角度来讲，希望能在铺满大学城之后，再由大学城向周边社区推进，形成点—线—面发展的模式。

(2) 积极拓展社会服务扩大业务影响力。

线下根据具体地理位置在社区、商场等地方放置回收机，务求使每个回收机辐射尽可能多的人，供人们捐赠物品，不致出现想捐没处捐的尴尬情况。线上将 App 推广给更多的人，社会人士可以通过捐赠物品来获得积分，个人积分的作用和高校的一样，即通过积分在线下机器上投放广告（根据积分的多少来选择投放力度）等。

(3) 借助项目开展持续关注公益事业。

由于废品回收项目线下机器设备较多，App 的活跃人数较多，该项目具备较大的机会在服务对象中产生较大的影响力。团队可以利用线上 App 和线下回收机投放公益性广告，这样不仅能够服务社会，还能更好地提升项目的知名度。在征得捐赠者同意的情况下，可以选出捐赠数目较多的人，举办"十大捐赠者"之类的公益活动，在某个时间段将其展示出来，在捐赠者获得自我价值实现的同时扩大项目自身的影响力。影响力大了，获得投资的机会就多，就可以做更多的公益性事业，从而形成良性循环。

通过该项目的实践，创新创业团队希望在取得经济效益的同时更多地促进环境保护和公益活动的开展：① 在校园范围内，促进大学生自主垃圾分类的习惯养成与环保意识的培养。培养大学生对当代绿色环境建设的社会责任心，促进低碳环保理念的推广。② 减少需要焚烧或填埋处理的垃圾，降低政府处理生活垃圾的压力（目前垃圾日生产量大于处理能力）。③ 与"绿色之友""爱之源"等环保组织展开合作，将自己回收所得捐助于公益事业的建设。

"互联网＋"背景下，高校废弃物逆向物流创新模式的研究项目立足于"物联网＋大数据分析、高校环保、垃圾分类处理及公益"的服务宗旨，以改善环境、提升大学生环保意识为己任，从校园非营利性社团运作的组织形式——大学城校园废弃物逆向物流开始，设计“趣味性”回收活动与设备，以物联网技术为基础，采集相关大数据，分析高校师生废弃物处理的基本规律，力争逐步提升高校师生在环保方面的人文情怀。

2. 行业背景

(1)环保产业概况。

我国的环保产业仍然处于起步阶段，具有较大的发展空间。其中，固体垃圾回收利用是这个领域当中技术要求最高的，也是我国目前环保领域比较薄弱的环节。在许多发达国家，垃圾发电、垃圾处理的资源化已经成为新的投资热点，并逐步形成比较完善的产业链。我国在这方面还处于起步阶段，在塑料、玻璃、纸张等固体废料的回收利用领域仍然有很多的文章可以做。在国民经济发展进程中，随着环保行业日趋发展进步，回收行业也亟须转型，需要以更加高效的工作方式与工作效率适应这个社会。

2017 年 3 月，国家发改委、住建部发布《生活垃圾分类制度实施方案》，在全国 46 个城市率先实行生活垃圾强制分类，并从机关单位、公共场所、校园以及宾馆饭店等入手，要求到 2020 年底，生活垃圾回收利用率达 35%。建议通过“互联网＋”等模式，促进垃圾分类回收系统线上平台与线下物流实体相结合，提升垃圾的分类回收和处理水平，推动企业和社会组织开展垃圾分类服务。

目前，从事再生资源回收利用的企业已经有 5 000 多家，回收加工厂有 3 000 多家，从业人数有 140 多万人，网点有 16 万个，遍布全国各地，并且在一些重点地区形成了不同的产业规模。目前我国十大类废旧物资年回收量突破 2.46 亿吨，年回收废旧物资总值 5 149.4 亿元。

作为循环经济不可或缺的组成部分，再生资源回收产业发展的重要性不言而喻。从行业来看，我国已将资源循环利用产业列入战略性新兴产业。但同时也应该看到，回收产业还存在诸多问题。目前，全球已废弃 70 亿吨塑料垃圾，只有不到 10%的塑料垃圾得到有效回收利用；市场上废旧家电有八成落入游走商贩手中，实现正规拆解的只有两成；国内废旧电子产品回收进入正规回收渠道的不足 20%；国内塑料垃圾回收利用率约为四分之一；我国每年废铅蓄电池产量过百万吨，正规回收量却不足半数。特别是，由于该行业具有经营品种杂、网点分布广和准入门槛低的特点，这个行业有着“正规军与非正规军”两股力量共同作战。其中，非正规军在工商局没有经过备案，没有营业执照，价格达不到正规军的价格，甚至以非法手段垄断市场。而正规军则能够为客户、社会创造较大价值，其证照齐全，回收价高，服务好，环保达标。

这些问题的出现意味着我国废弃物处理想要真正实现有效循环再利用的目标仍然任重道远。也正因为这样的形势，我国正在加大力度对再生资源利用领域进行政策支持和制度规范，并从各个层面加速推动固废处理与再利用，尤其是资源回收再利用方面的发展。目前这个行业中也涌现出了很多想要通过创新模式颠覆行业的人，他们采取了一些新的方式，如废品回收的承包制、保洁和废品回收的一体化、“互联网+”的模式等，但是都各有利弊。在未来的发展过程中这一行业也有可能与目前的大多数行业相同，由若干个超大型企业与众多小型企业组成。

（2）政策扶持及公众意识提升。

“十三五”规划中明确指出，要健全再生资源回收利用网络，加强生活垃圾分类回收与再生资源回收的衔接。商务部积极配合城乡住房建设部推动生活垃圾清运网络和再生资源回收网络两网衔接工作，支持部分省市开展两网衔接试点工作，探索上游分类、中游运输、下游处理的系统工程，完善垃圾回收处理设施，减少垃圾二次分类，在提高再生资源回收利用效率的同时，达到建立生活垃圾减量化、资源化、无害化处理体系的目的。例如，北京市大胆改革，将再生资源回收职能由北京市商务委划归北京市市政市容委，由北京环卫集团整合全市再生资源回收网络，进一步提高回收效率；上海市在长宁区试点垃圾房改造，将垃圾分类点与再生资源回收站同步建设；广州则制定低值回收物的补贴政策，促进两网协同发展。

2017 年 10 月，习近平总书记在党的十九大报告中指出，坚持人与自然和谐共生，必须树立和践行绿水青山就是金山银山的理念，坚持节约资源和保护环境的基本国策。十九大报告还突出强调，在推进生态文明建设中，应充分发挥市场和企业的作用。报告指出，要“构建政府为主导、企业为主体、社会组织和公众共同参与的环境治理体系”，“构建市场导向的绿色技术创新体系，发展绿色金融，壮大节能环保产业、清洁生产产业、清洁能源产业”，在环境治理体系中，企业要承担起主体作用。

本项目的初衷，就是利用互联网这个平台，在帮助大学生培养废弃物分类习惯的同时，培养大学生的环保意识，同时利用废弃物收益去帮助一部分社会弱势群体。让大家意识到社会责任感是每个人都应该具备的，这样才能以一种良好的发展态势向全社会普及绿色生活、绿色消费理念，达到人人参与的效果。

二、项目市场分析

1. 高校废品回收市场废弃物组成

在校园垃圾中，废纸与包装箱约占 20%，塑料包装约占 10%，电池、碎玻璃约占 5%，餐饮垃圾比重较大，约占 55%，其他垃圾 10%。总体上看，教学区的垃圾以废纸为主；食堂主要是餐饮垃圾，包括塑料餐盒和食物等，宿舍区主要有塑料食品包装、瓜皮、果核等。

（1）可回收物，指适宜回收循环使用和资源利用的废物。主要包括：① 废纸，包括教学楼、办公楼、校园、打印社以及其他校园服务中心产生的废旧包装纸、办公纸、学习用纸、印刷用纸等。② 废塑料，包括塑料瓶、一次性塑料包装、塑料薄膜、塑料制品、塑料容器等。③ 废金属，包括废铁、废钢材、废有色金属、易拉罐、废电线、罐头盒等。④ 废玻璃，包括破碎的玻璃、啤酒瓶、低值玻璃瓶、供化学实验使用的玻璃仪器等各种实验用途的玻璃容器。

(2) 不可回收物，指在自然条件下易分解的垃圾，如果皮、菜叶、剩菜剩饭、花草、树枝、树叶等。其中包含一部分清洁废物，如灰尘、灰土、石子、纸屑、动物粪便等。

(3) 有毒有害垃圾，指对人体健康或者环境造成现实危害或者潜在危害的废弃物，也包括含有对人体健康有害的重金属或有毒物质废弃物，如废电池、废荧光灯管、水银温度计、打印机墨盒等。

2. 高校废旧物产生量影响因素

校园废旧物品不仅构成复杂，而且还受多种因素影响，如校园所在地气候条件、在校人数、学生综合素质、学校建设规模、学校办学特色等。不同国家不同城市地区的大学校园生活废物的构成有着一定的差别。城市固体废物产生的因素、校园普通废物的产生影响因素主要包括以下几方面。

(1) 大学的招生规模。大学生在校人数直接决定了食堂餐饮的供应量、公寓建设规模、教学楼建设面积、教学设备仪器及配套服务业的供应规模等，因此，大学生的人数也直接决定了如纸张、金属、玻璃、织物、电池、课桌、塑料等废旧物品的产生量。并且在校学生人数直接和校园的年度招生规模有着紧密关系，随着近几年研究生扩招制度的执行，大学校园在校学生人数的与日俱增也会形成对后勤服务管理的严峻考验。

(2) 城市的经济发展水平。校园所在城市的经济快速发展，市民生活水平的提高，必然会引起市民消费意识的转变，从而带动消费结构变化。大学校园属于城市的特殊组织单元，必然会受到城市大环境的影响，即城市经济发展水平的变动也必将影响大学生这一特殊群体的消费水平和消费模式。而校园群体在消费数量和消费结构方面的变化又必然影响着校园废物数量。

(3) 学生的综合素质。每一位学生个体的素质，如生活行为习惯、消费习惯、节能环保意识、主人翁意识、节约意识、集体主义意识等，直接影响了废旧物品产生的数量，也间接影响回收管理工作的进行。

(4) 后勤的管理水平。严格高效的后勤化管理不仅在制度上能很好地约束在校群体的垃圾分类行为，也能增强学生对环保的重视，而且可从宣传、教育、引导、监督等多个渠道间接控制垃圾废物的回收量。因此，后勤在环保卫生规范化方面管理水平的提高对废旧物品量的产生有着重要的控制作用。

(5) 校园的建设规模。校园楼宇建筑数量、规模、覆盖范围越大，保洁区面积也越大，产生的垃圾量也会越多。

3. 高校废品回收市场规模分析

2017 年，全国在校大学生人数为 2 695.8 万人。以南京市为例，高校在校生为 83 万左右(见图 10-13)，其中江宁区便有 20 万左右的在校生。

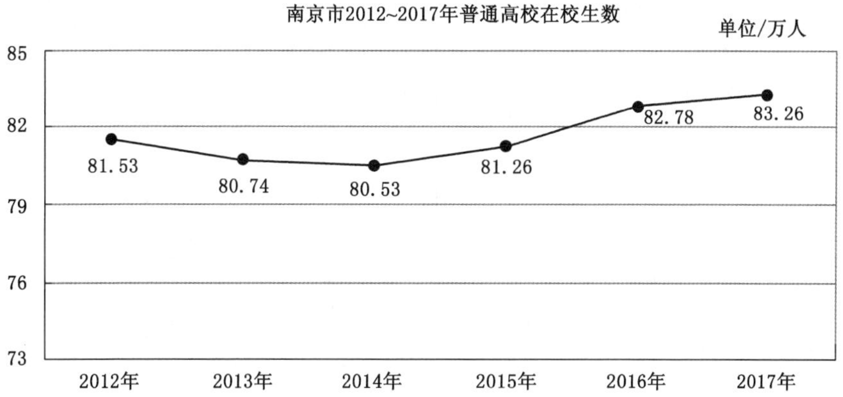

图 10-13　南京市 2012～2017 年普通高校在校生数

大学生作为一个特殊群体，具有新兴的消费观念、模式和价值观。他们对物资的要求较高，对时尚的追求、生活的观念也与其他年龄层有着显著的不同。大学生拥有的同类产品数量多，商品淘汰更新的速度快。大学生的网购人群基数巨大，校内的菜鸟驿站等每天也会产生大量的包装废弃物。大学生的学习资料、试卷、报纸书刊以及生活中的各种包装废旧纸张用量很大，对玻璃瓶、塑料瓶等外包装消耗也较大，并且大学生所产生的废弃物可回收利用率也比较高。

同时，以回收与公益为主体，还可链接许多大学生消费频率较高的行业，如食品业、服装业、通信行业等，市场规模巨大。

4. 未来校园废品产生数量预测

可回收废物的产生量可用比率推算法进行预测，这里的比率是指大学校园可回收废物的产生率。根据比率推算法，具体的预测步骤如下。

（1）历史资料统计。分别对大学校园中的教学区、学生住宿区、学生食堂、其他服务区进行调查研究，选取有代表性的分区进行调查统计。可根据工作量和校园建设规模而确定调查时间，应坚持每天对各调查地区的垃圾产生量进行跟踪、统计、估计并观察垃圾组成成分。

（2）数据分析。通过对大学校园的实地调查，获得各抽样点可回收废物量的基础数据，数值可以是校园保洁人员的经验估计值，详见表 10-3、表 10-4 和表 10-5。

表 10-3　各种类回收废品量调查统计数据

区域		废品种类	星期一	星期二	星期三	星期四	星期五	星期六	星期日	天平均	天人均	周总数
教学区	教学楼	塑料瓶/个	1 276	1 256	828	601	1 382	118	223	812	0.040 6	5 684
		废纸/kg	34	43	22	39	35	9	3	26	0.001 3	185

表 10-3(续)

区域		废品种类	星期一	星期二	星期三	星期四	星期五	星期六	星期日	天平均	天人均	周总数
生活区	学生公寓	塑料瓶/个	2 426	2 882	2 294	3 234	2 843	4 087	3 758	3 075	0.153 7	21 524
		废纸/kg	67	59	65	46	58	61	64	60	0.003 0	420
		书本/本	68	73	64	77	61	84	48	68	0.003 4	475
		衣物/件	98	124	119	109	148	114	108	117	0.005 9	820
	食堂	塑料瓶/个	71	86	82	78	79	79	84	80	0.004 0	559
其他区域	图书馆	塑料瓶/个	92	266	417	344	257	398	381	351	0.0175	2455
		废纸/kg	16	11	14	9	18	10	13	13	0.000 7	91
	体育馆	塑料瓶/个	289	348	140	241	153	267	197	234	0.0117	1635
	快递服务点	废纸/kg	74	71	80	62	97	85	61	76	0.003 8	530

表 10-4　校园内废弃物统计总数　　时间:周

种类	塑料瓶	废纸	书本	衣物
总数	4 551 个	175 千克	68 本	117 件
人均	0.23 个/人	8 克/人	0.003 本/人	0.006 件/人

按照创新创业初期大学城内高校约 2 万人的市场容量估算,可得到表 10-5 中的数据。

表 10-5　市场容量估算表(人数约 2 万)

时间	塑料瓶	纸板	书籍	其他类
2017 年 12 月	5 600 元	6 720 元	6 160 元	3 000～4 000 元

5. 高校废品回收市场区域及推广计划

在市场区域分布上,项目团队在前期主要在校园较密集的大学城进行连锁推广,发挥规模效益,交叉宣传。与此同时,在外部商家合作上,选择大学城附近的热门商家,将部分目标市场定在大学校园的企业(如三只松鼠、移动联通、服饰卖家等)。

校园推广主要指针对高校大学生这一细分群体进行的市场推广活动。校园市场规模大,相关产业多;校园中以大学生为主力,素质普遍较高,分类环保的意识较强;市场稳定而且前景广阔;以互联网模式进行宣传,经营理念也很新颖,符合现代大学生的生活模式。

(1) 校园市场的特点。

封闭性:信息多来源于广播和互联网,信息的普及和传播主要是靠同学间的口耳相传。

容量大:2017 年,我国高等教育在校生的人数约为 2 700 万,如果大学生年平均消费每人 5 000 元,年消费将高达 1 350 多亿元。

成本低:校园内竞争不激烈,企业进入校园市场比其在一般市场上成本低得多。

集中性:校园市场消费集中,企业能够通过各种活动进行有效的宣传推广。

延续性:校园市场是有未来导向性的,具有连续性。

独特性:新生代的高校学生热衷于各种时尚、潮流的文化娱乐方式,以此作为彰显个性的方式。

(2) 校园回收的活动形式。

① 策划活动:兑换积分送绿色环保盆栽或明信片;举办有奖问答竞赛;集体献爱心植树等。

② 冠名活动:与投资商进行合作宣传,借用第三方公司的名气和公众的信任度来宣传本公司进行的活动。

③ 网络宣传:可以通过各大高校的 BBS、百度贴吧来进行公司宣传,也可利用微信公众号来进行活动的推广。

④ 文章推广:利用各大高校自己的杂志、报纸、网络媒体等提高曝光度。

⑤ 班级演讲:通过班级巡回演讲的方式宣传,受益面广且具有直接性。

⑥ 校园宣传:校园大使在重要会议、演讲要展示幻灯片的时候,往往附带宣传网站,利用该方式来打造本公益项目的知名度。

⑦ 促销活动:可以通过送礼品、注册等方式获得优惠。

⑧ 横幅宣传:校园横幅的宣传效果往往很大,尤其挂在主干道上的横幅,更能吸引人群的日光。

⑨ 特色宣传:在图书馆门前以赠送精美书签的方式获得用户的青睐,提升公司的知名度,同时以公益为主体,结合校园活动举办宣传活动。

(3) 校园回收的活动目标。

① 前期大力宣传组织形象,增加组织在公众面前的曝光率,吸引不同的客户群体主动上门。

② 为了稳定组织的业务和正常运行,组织需要有稳定的合作伙伴,因此,需要培养目标客户群体来稳定组织经营现状。

③ 使学生了解垃圾的危害,参与社会生活的意识,增强环保意识和社会主人翁意识。

三、项目运行计划

1. 设备与功能介绍

(1) 书本回收垃圾箱。外观设计为书本的样式,符合回收书本的使用目的(见图 10-14)。用户要使用时,需要先将自己的学生卡等有效证件放入下方的读卡区,在确认显示屏上显示的基本信息无误后即可开始捐赠书本。用户将书本放入上方的回收区后,机器会自动扫描并生成二维码粘贴在书本上,然后自动将书本放入储存区内,在显示屏上显示"投放成功,谢谢"后即可开始捐赠下一本书。

投放的广告可在设备正面最下方、侧面的广告区不断滚动播放,设备内置扬声器,可播放商家的语音广告或者组织的活动信息和公益宣传语。我们想借此设备来提高学生的分类意识并培养分类习惯。

(2) 塑料瓶回收箱。外观设计为塑料瓶的样式,符合回收塑料的使用目的(见图 10-15)。用户要使用时,需要先将自己的学生卡等有效证件放入下方的读卡区,在确认显示屏上显示的基本信息无误后即可开始捐赠塑料瓶。用户将塑料瓶放入上方的投递口后,机器会自动扫描并生成二维码粘贴在塑料瓶上,然后自动将塑料瓶放入储存区内,在显示屏上显示"投放成功,谢谢"后即可开始捐赠下一个塑料瓶。

图 10-14　回收书本类智能垃圾箱构思图

图 10-15　回收塑料瓶类智能垃圾箱构思图

投放的广告可在设备正面最下方、侧面的广告区不断循环滚动播放,设备内置扬声器,可播放商家的语音广告或者组织的活动信息和公益宣传语。我们想借此设备来提高学生的分类意识并培养分类习惯。

(3) 衣物回收箱。外观设计为唐装的样式,符合回收衣物的使用目的(见图 10-16)。用户要使用时,需要先将自己的学生卡等有效证件放入下方的读卡区,在确认显示屏上显示的基本信息无误后即可开始捐赠衣物。用户将衣物放入上方的回收区后,机器会自动扫描并生成二维码粘贴在衣物上,然后自动将衣物放入储存区内,在显示屏上显示"投放成功,谢谢"后即可开始捐赠下一个衣物。

投放的广告可在设备正面最下方、侧面的广告区不断循环滚动播放,设备内置扬声器,可播放商家的语音广告或者组织的活动信息和公益宣传语。我们想借此设备

图 10-16　衣物类智能回收机构思图

来提高学生的分类意识并培养分类习惯。

2. 积分兑换服务(面向学生)

学生捐赠垃圾后可获得积分,根据垃圾捐赠的多少而决定积分的数量。用户积分累积到一定的数额后,可以用积分来兑换服务(见图 10-17)。

图 10-17　回收流程

3. 广告与活动宣传(面向企业与商家)

作为将目标市场定位为校园的回收企业,本身的收益率会十分低,在扣除员工工资与公益支出之后,可能很难有较大发展。因此,我们必须将“羊毛出在猪身上,狗来买单”这一互联网思维发挥起来。以某校园媒体为例,一个校园广告箱的价格为 2 400元/月。目前,我们在校园中时常能看到移动、联通、网易等大型企业的校园宣传推广,而我们作为一个具有实际功能的企业,在发挥线下设备功能的同时,将箱身广告、定期的活动营销与线上宣传推广相结合,能为合作企业带来良好的公益宣传效果与实际用户量的转换。

四、项目市场环境分析

1. 项目环境分析(PEST 分析)

(1) 政治环境分析(P)。

① “十三五”规划纲要中明确指出,要健全再生资源回收利用网络,加强生活垃圾分类回收与再生资源回收的衔接。

② 2017 年 3 月，国家发展改革委、住房城乡建设部发布的《生活垃圾分类制度实施方案》指出，要加快建立分类投放等垃圾处理系统，将生活垃圾分类作为推进绿色发展的重要举措。到 2020 年底，基本建立垃圾分类相关法律法规和标准体系，在 46 个试点城市(江苏范围内包含南京、苏州)先行实施生活垃圾强制分类。

③ 2017 年 10 月，习近平总书记在党的十九大报告中指出，坚持人与自然和谐共生，必须树立和践行绿水青山就是金山银山的理念，坚持节约资源和保护环境的基本国策。

④ 2017 年 7 月，国务院办公厅印发《禁止洋垃圾入境推进固体废物进口管理制度改革实施方案》，提出全面禁止洋垃圾入境，完善进口固体废物管理制度，切实加强固体废物回收利用管理。我国再生资源公司的原材料受到了巨大影响，全国范围内的回收价格都有 20%左右的提升。

(2) 经济环境分析(E)。

① 宏观经济环境。2017 年，中国国内生产总值(GDP)实际增长 6.9%，增速比上年提高了 0.2 个百分点。国民生产总值与国民收入均处于稳步提升的状态，在此情况下，国家每年在节能环保方面的支出也越来越大。

② 微观经济环境。我们的目标用户是南京市地区的大学生，南京市作为一个中国经济发达的强省省会，其一线城市的地位也保证了这一区域内的经济活跃度。这些大学生的生活水平较高，素质也较高，更偏好于消费时尚、先进的东西。

(3) 社会环境分析(S)。据中国城市环境卫生协会统计，我国每年产生近 10 亿吨垃圾，其中生活垃圾产生量约为 4 亿吨，建设垃圾为 5 亿吨左右，此外，还有餐厨垃圾为 1 000 万吨左右，中国的垃圾总量是世界上数一数二的。首先，随着我国城镇化进程的加快以及人民生活水平的提高，城镇生活垃圾还在以每年 5%～8%的速度递增。垃圾围城正在给中国的城市敲响警钟。社会资源浪费严重，环境污染成为一个非常棘手的问题。其次，目前我国人均生产垃圾的体积与重量在逐渐变大，以南京市为例，2020 年全市生活垃圾产生量为 9 904 吨/日，其中需要填埋的废弃物为8 210吨/日，但实际总处理能力达 5 600 吨/日。为实现原生垃圾零填埋，还需再造垃圾焚烧站来处理多余的垃圾(见表 10-6)。但实际上，垃圾焚烧也无法做到完全处理，还会产生一定量的有害物质。因此，从源头上减少需要焚烧的垃圾就成为一件非常重要的事。

从个人层面讲，高校学生作为综合素质较高的群体，更容易接受这种“互联网＋”的线上平台与线下上门回收结合的方式。该项目从源头上减少生活垃圾产出量，为最终的垃圾处理提供便利。

表 10-6　南京市 2020 年垃圾量

区域	2020 年常住人口(万人)			2020 年垃圾量(t/d)		
	城镇	农村	合计	城镇	农村	合计
玄武区	70.95	0	70.95	724	0	724
秦淮区	112.18	0	112.18	1 145	0	1 145
建邺区	55	1	56	561	6	567
鼓楼区	123.5	0	123.5	1 260	0	1 260
栖霞区	130	5	135	1 235	25	1260
雨花台区	54	2	56	513	10	523
江宁区	178	33	211	1 602	165	1 767
浦口区	95	16	111	855	80	935
六合区	87	43	130	783	215	998
高淳区	32	24	56	256	72	328
溧水区	40	26	66	320	78	398
合计	978	150	1 128	9 253	651	9 904

(4) 技术环境分析(T)。我们主要通过“互联网＋”的模式，集中在互联网平台的搭建，完成用户与平台的数据沟通，从而带动线下的实际回收行为。将系统后台统计的各种数据进行可视化分析，包括交易数据分析、可回收物投递种类分析、分类正确率、积分统计、客户信息数据库、投递参与率等。这对目前的网络技术手段来说，是可以达到的。微信公众平台、网页、App、微博等的多样化宣传和服务，能极大地助力项目的发展。

2. 项目的 SWOT 分析

近年来，全国各地已有不少相似企业开始谋求发展道路，其主要目光放在了社区或地铁站等地方。不同的市场区域人群所能带来的回收物也是不同的。以社区为例，厨余垃圾的比例相比地铁站、校园要大很多。而作为校园学生的我们，纸类废弃物与塑料瓶等可回收物所占的比例较高。因此大学校园是一个巨大的市场，且大学生更加容易接受新兴事物。同类型的企业，一方面是我们的竞争对手，另一方面也是我们学习与发展的榜样。项目团队需要对项目的内外部环境进行详细的 SWOT 分析(见表 10-7)。

表 10-7 项目的 SWOT 分析

内部分析	外部分析	
	优势(S) 1. 市场广阔：校园市场规模大，相关产业多 2. 外形设计：外观设计成装饰品，既美化了周边环境，又能避免传统垃圾桶不美观的特点 3. 新媒体宣传力度大，普及范围广	劣势(W) 1. 学生废弃物分类意识欠缺 2. 市场针对校园，局限性大 3. 资金支持较少 4. 专业人力资源缺乏 5. 新技术需要不断改进 6. 设备价格高昂
机会(O) 1. 结合互联网，经营理念新颖独特 2. 公众对环保越来越重视，市场较稳定且前景广阔 3. 符合国家政策发展方向 4. 学校、企业对环保公益的支持，PU 平台的使用	SO 战略 1. "互联网＋回收"战略 2. 合理的奖励机制拓展废弃物回收市场 3. 新兴媒体的传播速度快	WO 战略 1. 宣传、普及分类知识 2. 寻求企业、政府等外部合作 3. 初期校园试点，中期区域性推广，后期以可复制模式推广
威胁(T) 1. 废弃物回收行业竞争激烈 2. 校园废弃物可回收品种少 3. 废品收益低	ST 战略 1. 迅速抢占市场 2. 提高可回收品种利用率	WT 战略 1. 模式推广 2. 提高分类回收效率

五、项目风险、对策及撤出分析

1. 项目的风险分析

项目开展的风险主要来自行业发展、市场环境变化、财务风险及内部管理等方面。

(1) 行业风险。此类公益项目是新兴产业，同行竞争较小。但是新事物的发展道路往往是曲折的、螺旋式上升的。由于项目初步建立，缺乏完备的经验指导和成熟完善的管理制度，加上同行企业的排挤和经济压力，公司的发展道路还是充满挑战性的。同时，新事物的发展总是无限与曲折的上升结合，一方面我们知道未来很残酷，另一方面我们该相信未来的前景，对我们的"换然益心"项目充满信心。

(2) 来自用户的风险。公众垃圾分类回收意识的培养是漫长的过程，不是一项短期内立竿见影的工作，因此，本公益项目的开展和维护将是漫长而艰辛的。由于用户个人废弃物分类意识欠缺，导致整体参与率低，无视分类规则随意投放，增加二次分类负担；设备运行初期遇到问题，导致用户满意度下降；回收品价格波动，市场行情难以把控。同时，校园回收工作枯燥乏味，缺乏类似综艺节目的趣味性和曝光度，公众参与度较低。特别是活动举办初期，项目如何获得用户信任，提升用户参与度也是需要考虑的问题。

(3) 来自项目管理的风险。

① 本公司是新兴企业，在市场立足未稳，提供产品、公益活动的开展需要建立在公众信任的基础上。若没有取得客户信任、支持，公司就难以持续发展。公司刚成立，一时难以获得公众的信任，信息沟通不及时，废品回收账目信息不透明的问题可能会带来公众信任危机。

② 由于项目管理人员决策失误，导致企业无法经营下去。由于本公司从事公益事业，所以员工招募以及薪酬也存在着一定的问题。

③ 投资费用高，平台使用率低，业务量不足以达到收支平衡。由于流动资金供给不足或周转不灵，可能导致公司资金断裂。同时，项目带有一定的公益性质，前期推广需要一定的资金投入，如何做到收支平衡、维护运转是公益项目的一个瓶颈。

④ 前期设备投入资金数额较大，且设备供应商不够稳定，会造成设备的维护、更新的困难。同时，资金投入也是随着市场的发展、科技的进步而不稳定的，线下分类回收设备与线上平台建设资金高，升级维护较困难。另外，普通衣物类的回收和电子类设备的回收不同，而电子类的回收设备随着科技的不断换代需要不断投入资金维修和更新。且会出现线上回收平台出现漏洞等被人恶意利用，线下回收箱被利益相关方恶意破坏的情况。

2. 项目风险的对策分析

为了尽可能避免项目运行过程中的风险，可以关注以下规避项目风险的对策。

(1) 市场方面。

① 加大公益宣传力度，在市中心、重要街道、大型广场进行宣传，可以发传单的方式吸引顾客主动上门；也可以与电视台、淘宝直播等合作，增加在公众面前的曝光率，提升可信度。

② 以本校为基础，承接学校内部业务，实行发展计划。

(2) 行业方面。

① 树立专利意识，积极申请专利。关于涉及专利方面的问题要依法申请专利保护。

② 完善公司制度，借鉴一切可以学习的经验，坚决不走闭门造车的路线。

③ 抓住新兴企业的优势，牢牢抓住在市场，不断发展和壮大公司的实力，尽早实现公司资金的收支平衡。

(3) 设备方面。

① 寻找稳定的设备提供商作为合作伙伴，降低设备投入资本并构建相关人才培

养体系，促进公司的良性运营。

② 加强全体公司员工对设备运行的相关学习，增强业务素质，提高社会服务能力。

③ 聘请大学生志愿者群体参加日常设备宣传工作，可以在中心市场地区、商贸市场、居民居住小区等地方向公众演示设备的运行。

④ 通过每个用户投入的回收物对应一个二维码的形式定位回收物投放者，利用目前流行的物联网、二维码等技术手段，实现垃圾投放的有源可溯。

(4) 财务方面。

① 创新创业初期减少在固定成本方面的投入，缩短投资回本的时间。

② 可以适当多拉赞助商和寻找可靠的合伙人来充实资金。

③ 预先留好公司的储备金。

④ 由于是公益项目，要定时增加资金账目的公众曝光度，理清账目清单，并明确收益将会如何继续投入公益事业的循环，这样也可提升公众的信任度。

⑤通过“互联网＋分类”这一模式呼吁更多的人投身到环保行业中，实现垃圾的减量化。本身不以收益为唯一出发点，希望前期能有学校或者企业的资金支持。

(5) 内部方面。

①加强对线上线下平台的监管力度，防止恶意破坏和投机取巧现象的发生。

② 初期由团队成员一起出力，后期邀请专业人才加入。

③ 加强内部的财务监督，完善财务监督机制，建立科学、适用的预算制度，杜绝资金混乱和贪污腐败的现象。

(6) 用户方面。

① 本项目将通过垃圾分类手册发放、有奖活动、环保主题讲座、微信公众号推送、网站建设等实现线上与线下相结合，即新媒体宣传与传统媒体宣传相结合的方式对公众进行宣传教育，强化公众环保意识，从而呼吁更多用户参与到废弃物分类回收中来。

② 对回收来源进行追溯。通过每个用户投入的回收物对应一个二维码的形式定位回收物投放者，对正确投放的用户给予积分奖励，而不正确投放的用户采取扣除相应积分等惩戒措施，这样可以有效防止随意投放现象的发生。

3. 项目风险资金的撤出机制

风险资金成功退出的关键取决于公司业绩和发展前景。结合本项目的风险因素，如下撤出机制可供参考。

(1) 转售。将手中的股份卖给另外的设备投资者，让资金更雄厚的投资者来维持本项目继续进行下去。

(2) 购并。公司未来投资收益比公司的市场价值高时把公司出售给收购者。股票回购是一个备用的退出方法，包括两种办法：一是给普通股的持股人以股票赎回的卖方期权；二是优先股的强制赎回。

（3）破产清算。如果遇到企业经营不善、创新创业团队发生重大变动、企业受到市场和环境的重大不利影响而遭遇失败、无法继续经营时，只能选择破产清算的方式减少投资损失。

参考文献

[1] GRAEVENITZ G,HARHOFF D,Weber R. The effects of entrepreneurship education[J]. Journal of Economic behavior & organization,2010,76(1):90-112.

[2] GUSTON,DAVID H,et al. Updating the social contract for science. [J]. Technology Review (00401692),1994.

[3] KATZ J A. The chronology and intellectual trajectory of American entrepreneurship education 1876-1999 [J]. Journal of Business Venturing, 2003, (18): 283-300.

[4] LEYDESDORFF L,ETZKOWITZ H. Emergence of a Triple Helix of university-industry-government relations[J]. Science and Public Policy,1996,(5):279-286.

[5] SHANE S,VENKATARAMAN S. The promise of entrepreneurship as a field of research[J]. Academy of Management Review,2000,(1):217-226.

[6] SMILOR R W, et al. The Entrepreneurial University Role of Higher Education in the United States in Technology Commercialization and Economic Development[Z]. UNESCO,1993:1-11.

[7] VESPER K H,GARTNER W B. Compendium of Entrepreneur Programs[Z]. Los Angeles,University of South California,Lloyd Greif Center for Entrepreneurial Studies,2001.

[8] ZARYAB A,SAEED U. Educating entrepreneurship:a tool to promote self-employability[J]. International Journal of Entrepreneurship and Small Business, 2018(2):143-161.

[9] 陈诗慧,张连绪.新常态下高职创新创业教育的现实困囿与推进路径[J].职教论坛,2017(4):71-77.

[10] 陈小虎,聂影,鲁宇红,等.新建地方本科高校打造创新创业教育体系的支柱与着力点[J].金陵科技学院学报(社会科学版),2015,29(3):1-5.

[11] 程杏花.双因素激励理论视角下高校创新创业教育师资队伍激励策略[J].中外

企业家,2018(21):173-174.

[12] 崔健,尚海洋.人力资源管理理论嵌入高校创新创业教育的内在逻辑与实现路径[J].黑龙江高教研究,2020,38(6):122-125.

[13] 董生,庄学村.大学生创新创业教育师资队伍建设:意义·困境·路径[J].重庆科技学院学报(社会科学版),2020(6):113-116.

[14] 范迅,常维亚,吕建明,邢鹏,赵莉,朱郴韦.以创新教学为载体 全面实施本科生导师制[J].中国大学教学,2015(8):26-28.

[15] 扶雄,周恒洋,曾新安.研究型大学"三位一体"精准本科生导师制研究——基于全面质量管理的视角[J].现代教育管理,2019(12):58-62.

[16] 高志刚,战燕,王刚.论高校创新创业教育课程教学体系构建[J].黑龙江高教研究,2016(3):93-95.

[17] 苟延杰.地方高校实践教学模式改革探究——构建"一心·两点·三线·四面"实践教学模式[J].中国职业技术教育,2019(8):31-36.

[18] 郭广军,赵雄辉,钟建宁等.新时代高职教育供给侧结构性改革的推进策略[J].现代教育管理,2018(3):77-85.

[19] 郭玉莉.应用型高校大学生创新创业教育绩效评价指标体系构建[J].西昌学院学报(自然科学版),2019,33(2):110-115.

[20] 郝杰,吴爱华,侯永峰.美国创新创业教育体系的建设与启示[J].高等工程教育研究,2016(2):7-12.

[21] 何继新,李露露.高校创新创业教育体系框架与科学范式:一个学术和产业双元视角[J].黑龙江高教研究,2019,37(1):29-34.

[22] 侯龙真,赵杰.应用型高校创新创业师资管理策略探析——基于现代人力资源管理的视角[J].菏泽学院学报,2020,42(6):64-68.

[23] 黄利利,唐俊峰,张海生.创新创业教育背景下松江大学城实验室资源共享模式探索[J].实验技术与管理,2018,35(11):245-248.

[24] 黄颖.高校创新创业师资协同培养模型建构与路径探究[J].福建江夏学院学报,2021,11(5):101-111.

[25] 李高申,张锡侯.民办大学人文教育与创新创业人才培养[J].黄河科技大学学报,2012,14(5):1-3+15.

[26] 李娜.新时代大学生创新创业能力结构与现状研究[D].长春:东北师范大学,2019.

[27] 李青,闫宇.新技术视域下的教学创新:从趣悦学习到机器人陪伴学习——英国开放大学《创新教学报告》(2019版)解读[J].远程教育杂志,2019,37(2):15-24.

[28] 李同彬.普通本科院校创新创业教育师资队伍建设研究[J].安阳师范学院学报,

2017(6):112-115.

[29] 刘辉.校企共建实践教学基地的运转及其不确定性的克服——以某实践基地为例[J].高教探索,2020(7):80-84.

[30] 刘思云.地方院校加强职业能力培养的实践教学模式的创建[J].云南大学学报(自然科学版),2006(S1):402-404.

[31] 刘占彦.应用型本科院校创新创业师资队伍建设的创新机制[J].改革与开放,2018,(18):155-157.

[32] 罗斯托.世界经济:历史与展望[M].得克萨斯大学出版社,1978:392.

[33] 仇存进.我国高校创新创业教育课程体系研究[J].江苏高教,2018(11):82-85.

[34] 施永川.劳动教育如何融入高校创新创业教育?[J].国家教育行政学院学报,2021(7):38-45.

[35] 孙翠艳.新木桶理论视角下高校创新创业教育师资队伍建设研究——以广西高校为例[J].创新创业理论研究与实践,2019,2(14):14-16+79.

[36] 王峰.应用型本科院校应用型创新创业师资培育研究[J].高教学刊,2017(16):160-162.

[37] 王建华.为何及如何创建创新创业型大学[J].华东师范大学学报(教育科学版),2021,39(12):99-106.

[38] 王丽燕,王建萍.高校创新创业教育师资队伍建设的现状、困境及对策[J].职业教育研究,2019(3):49-53.

[39] 王丽燕,张杰,蒋丽凯.高校创新创业教育中优化师资队伍结构的实证研究——基于辽宁省 7 所高校的调查[J].广州大学学报(社会科学版),2018,17(1):72-77.

[40] 王占仁.中国创业教育的演进历程与发展趋势研究[J].华东师范大学学报(教育科学版),2016,34(2):30-38+113.

[41] 王志鹏,高晟,张启望.美国高校创新创业师资队伍建设的启示[J].黑龙江高教研究,2017(1):63-65.

[42] 王志强,王通.如何构建"创新创业教育生态系统":高校的"位"与"为"[J].杭州师范大学学报(社会科学版),2021,43(5):62-69.

[43] 王重润.新文科背景下新财经教育改革路径及案例研究[J].黑龙江高教研究,2020(12):57-62.

[44] 魏芬,孙跃东,单彦广,等."双创"背景下高校创新创业教育师资队伍建设的探索与实践[J].上海理工大学学报(社会科学版),2019,41(1):96-100.

[45] 吴学松.应用型本科院校创新创业教育现状、问题与对策[J].教育与职业,2020(5):56-61.

[46] 夏雪花. 新时代高校创新创业教育与思想政治教育融合的途径探析[J]. 思想理论教育导刊,2021(8):136-140.

[47] 肖永明,潘彬. 书院教育传统与现代大学教育的融合——岳麓书院实施本科生导师制的探索与思考[J]. 大学教育科学,2017(2):40-46+124.

[48] 谢丽. 新时期学校创新创业教育师资队伍建设研究[J]. 山东商业职业技术学院学报,2020,20(1):104-107.

[49] 徐小洲,倪好. 面向 2050:创新创业教育生态系统建设的愿景与策略[J]. 中国高教研究,2018(1):53-56+103.

[50] 宣晓,段文奇. 供给侧改革背景下应用型高校创新创业教育人才生态化培养模式[J]. 教育与职业,2019(15):84-90.

[51] 杨冬. 我国高校创新创业教育政策变迁的轨迹、机制与省思[J]. 高校教育管理,2021,15(5):90-104.

[52] 杨婧. 高校创新创业教育师资队伍建设研究[J]. 齐鲁师范学院学报,2016,31(6):29-32.

[53] 姚昊,叶忠,卢红婴. 大学生创新创业教育支持体系运行机制研究——基于江苏省 25 所高校的实证分析[J]. 重庆高教研究,2019,7(6):105-115.

[54] 姚圣卓,王传涛,田洪森. 应用型高校创新创业教育师资队伍建设的问题与路径[J]. 教育与职业,2020(13):69-74.

[55] 余魅,王冠,彭小丹. 构建"普惠性"大学生创新创业教育体系的探索与实践[J]. 中国大学教学,2018(4):48-50.

[56] 曾令奇,王益宇. 高校创新创业教育师资队伍建设的审思与推进[J]. 上海第二工业大学学报,2020,37(3):235-240.

[57] 张晨阳,梅汉成. 高校创新创业教育:问题、对策及保障措施[J]. 东南大学学报(哲学社会科学版),2020,22(S1):114-117.

[58] 张华峰,史静寰. 中国大学生课堂积极表达行为的影响因素分析[J]. 高等教育研究,2020,41(03):86-93.

[59] 张继明. 我国高校本科教学改革的审视与现代化治理路径——基于 20 余年来改革历程与治理模式的分析[J]. 高校教育管理,2020,14(4):115-124.

[60] 张士威. 我国高校深化创业教育改革的创新路径[J]. 江苏高教,2020(10):97-100.

[61] 张翔,杨川. 高校创新创业教师的素质要求及培育路径[J]. 教育研究,2018,39(5):66-69.

[62] 赵燕,陆国栋,张光新,等. 我国高校工科专业实习状况与影响因素分析及其对策[J]. 高等工程教育研究,2020(3):98-103+108.

[63] 周倩.应用型高校开展创客教育的价值、问题与对策[J].教育与职业,2021(20):72-77.

[64] 周群华.高校创新创业教育师资队伍建设的优化策略研究[J].创新创业理论研究与实践,2021,4(1):76-78.

[65] 卓泽林,任钰欣,李梦花,等.创新创业教育绩效评价体系建构——基于全国596所高校的实证研究[J].中国电化教育,2020(8):48-54.

[66] 卓泽林,赵中建.高水平大学创新创业教育生态系统建设及启示[J].教育发展研究,2016,36(3):64-71.